BIBLIOTECA NUN

MESOPOTAMIA

NUN
BIBLIOTECA

Juan Luis Montero Fenollós

Mesopotamia

Historia de la tierra de Gilgamesh

ERASMUS
2025

BIBLIOTECA · NUN

EGIPTO Y PRÓXIMO ORIENTE

ERASMUS EDICIONES

MUSEO LICEO EGIPCIO

Primera edición:	abril de 2025
©	Juan Luis Montero Fenollós, 2025
© de esta edición:	Editorial Almuzara S.L., 2025
Dirección editorial:	Raúl López López
Corrección:	Jesús Quintano
Diseño de colección (exterior):	Antonio Cuesta
Diseño de cubierta:	estudiodavinci
Maquetación:	JesMart
Imagen de cubierta:	*Lamassu* asirio de Dur-Sharrukin. Paul-Émile Botta y Eugène Flandin, *Monument de Ninive*, tome I, París, 1849.
Imprime y encuaderna:	Liberdúplex
www.erasmuslibros.com	www.editorialalmuzara.com
pedidos@almuzaralibros.com	erasmus@almuzaralibros.com

Parque Logístico de Córdoba. Ctra. Palma del Río, km 4 C/8, Nave 12, nº 3.
14005 - Córdoba

ISBN:	978-84-10199-31-6
Depósito legal:	CO-478-2025

A Abbas Faraj y su familia, en agradecimiento por su amable acogida en la aldea de Qara Quzaq, junto a las aguas milenarias del río Éufrates

A Bea, Lucía y Pablo con amor
A mi familia lorquina, por estar siempre ahí (a pesar de la distancia)
A mi familia ferrolana, por acoger con agarimo *a este inquieto nómada*
A Juan Fra, por su inquebrantable amistad
A Hanoos y Kasem, «embajadores mesopotámicos» en Madrid, por su incondicional apoyo

A Manuel Molina y Gregorio del Olmo, por darme la gran oportunidad de descubrir el antiguo Oriente
A Emilio Olávarri, mi primer guía en un tell mesopotámico. In memoriam
A mi gran maestro, Jean Claude Margueron, con gratitud eterna por sus enseñanzas y por ser fuente permanente de inspiración. In memoriam

A Francisco, Ignacio, Felip, Jordi, José Gabriel, Cruz, Jorge, Pascal, Béatrice, Eloy, Víctor, José, Jaime y Lucía, compañeros de aventuras arqueológicas y bíblicas en tierras de Oriente Próximo

«Por estas tierras desérticas avanzaron los exploradores. Bajo el pico de los excavadores han reaparecido civilizaciones milenarias. Se las creía muertas, pero no estaban más que dormidas».

ANDRÉ PARROT, *Mundos sepultados*, 1962.

«Platón afirmó que el círculo era la mayor de las perfecciones: pero fue tres mil años antes cuando, bajo el signo del círculo y del rectángulo, comenzó la gran aventura urbana del hombre [en Mesopotamia]».

JEAN CLAUDE MARGUERON, *Cités invisibles*, 2013.

ÍNDICE

PRÓLOGO

Permítanme empezar este prólogo con un viaje en el tiempo hasta nuestra juventud, la del autor de este libro y la mía. Vayamos a Barcelona, en una mañana calurosa de finales de septiembre de 1997. En el aula 20 de la hoy desaparecida Facultad de Geografía e Historia de la Universidad de Barcelona, en el Campus de Pedralbes, nos hemos reunido un centenar de alumnos. Hoy empiezan las clases de una asignatura que jamás se había ofrecido antes en el plan docente de la licenciatura: Historia y Civilización Mesopotámica. Lógicamente, la expectación es alta. Acostumbrados a estudiar asignaturas de Egipto, y sobre todo de Grecia y Roma, la posibilidad de adentrarnos en el mundo desconocido de la antigua Mesopotamia genera un interés especial y comprensible. Con puntualidad británica aparece por la puerta Juan Luis Montero Fenollós y, desde entonces, a algunos de los allí presentes nos cambia la vida para siempre.

Dejamos ahora el siglo XX aunque continuamos en Barcelona. 6 de febrero de 2025. Montero y yo comemos en un restaurante del barrio del Camp de l'Arpa y me comenta que va a publicar este libro. Me pregunta si me apetecería escribir el prólogo. Acepto de inmediato con una ilusión difícil de explicar. Han pasado casi treinta años desde que nos conocimos, y durante ese tiempo Montero ha dejado de ser mi profesor para convertirse en maestro y amigo. Escribir este prólogo, por lo tanto, es más que un honor.

Dejémonos de «batallitas» y vayamos a lo importante, vayamos a *Mesopotamia. Historia de la tierra de Gilgamesh.* Tras leer el libro compulsivamente durante dos días, llego a la conclusión de que esta obra es un regalo que Montero nos hace a todos aquellos que nos dedicamos al estudio de la antigua Mesopotamia. Ya en plena época de madurez, tras muchos años de investigación y docencia universitaria, el autor nos obsequia ahora con una síntesis de sus vastos conocimientos arqueológicos e históricos sobre la materia. Montero nos ofrece su legado intelectual. Siguiendo los pasos dibujados por su maestro Jean Claude Margueron en el ya clásico *Los mesopotámicos* (1996), Montero no se limita a escribir una historia de Mesopotamia al uso, sino que va mucho más allá. A lo largo del libro deconstruye la esencia misma de las antiguas civilizaciones del Tigris y del Éufrates, aísla sus elementos principales y constituyentes y nos los explica con claridad, rigor y precisión. El libro se organiza en torno a una serie de siete bloques temáticos (agua, ciudad, realeza, escritura, justicia, religión, muerte) a partir de los cuales Montero es capaz de reconstruir con maestría el núcleo fundamental de las antiguas civilizaciones mesopotámicas y su particular devenir histórico. Además, como buen historiador, el autor utiliza hábilmente tanto las fuentes textuales como los datos arqueológicos, para ofrecernos un lienzo completo y bien equilibrado.

Pero que nadie se equivoque. El presente libro no es la típica obra críptica, casi impenetrable, apta únicamente para especialistas versados en la materia. Montero tiene el talento suficiente para explicar de forma sencilla y amena conceptos y procesos históricos complejos. Así, en las páginas que siguen, el lector podrá comprender fácilmente cuestiones como la importancia que tuvo el imperialismo europeo en el redescubrimiento de la antigua Asiria, cómo se forma un *tell*, el origen histórico del mito del Diluvio (a partir de la sucesión de inundaciones periódicas y catastróficas), el surgimiento y desarrollo de la denominada revolución urbana, o la concepción de la muerte en Mesopotamia y su plasmación en prácticas funerarias (inhumación primaria, inhumación secundaria, cráneos modelados...) y rituales concretos (cantos, banquetes, plegarias, sacrificios, ofrendas...), por poner solo algunos ejemplos escogidos.

Asimismo, quiero destacar un elemento que, a mi juicio, constituye uno de los grandes aciertos del libro. Me estoy refiriendo a la presencia frecuente de la voz de su autor. Intento explicarme. Lejos de haber propuesto una narración aséptica, fría, estrictamente académica, Montero salpica las explicaciones con apuntes, glosas, aclaraciones y experiencias personales, que convierten el relato en un texto vivo y vibrante. La suya no es una sabiduría exclusivamente libresca, sino que se ha construido también sobre el terreno, durante horas y horas de excavaciones y de estudio de materiales. Y, por suerte, todo ello se nota a lo largo del libro, y de ello nos beneficiamos sus lectores, que así podemos acompañar al autor en su trabajo en yacimientos tan emblemáticos como Mari (Siria) o Dur-Sharrukin (Iraq). Quiero destacar especialmente episodios como la narración acerca del hallazgo de la tumba de la princesa de Qara Quzaq (Alepo) o el estudio de los objetos de bronce depositados por Thomas E. Lawrence (el famoso Lawrence de Arabia) en el Ashmolean Museum de Oxford, unos episodios protagonizados por Montero en primera persona.

Hacer pronósticos siempre es arriesgado, pero me atrevo a decir que *Mesopotamia. Historia de la tierra de Gilgamesh* es un libro que ha llegado para quedarse. Como mínimo, les puedo asegurar que mis estudiantes van a pasar muchas horas leyendo sus páginas. Espero que las disfruten tanto como las he disfrutado yo.

Jordi Vidal
Catedrático de Historia Antigua
Universidad Autónoma de Barcelona
Barcelona, 8 de febrero de 2025

1

ÉRASE UNA VEZ MESOPOTAMIA

La antigua Mesopotamia fue el escenario de extraordinarios avances de la humanidad. En aquella región de Oriente Próximo, regada por las aguas de los ríos Tigris y Éufrates, tuvieron lugar acontecimientos históricos de indiscutible relevancia. Hace más de cinco mil años, sus habitantes inventaron la primera escritura de la historia. No conozco un invento más revolucionario. ¿Se imaginan un mundo sin escritura? Los textos más antiguos fueron sencillos documentos de contabilidad de materias primas y de productos manufacturados con los que gestionar una actividad económica cada vez más compleja y sofisticada.

Los primeros signos escritos con uso estrictamente económico dieron paso, con el transcurso de los siglos, a verdaderas obras de literatura impresas sobre tablillas de arcilla. Entre estas se encuentra el primer poema épico que nos ha llegado de la Antigüedad, un texto excepcional que tiene como protagonista al rey Gilgamesh (fig. 1). Soberano de la ciudad sumeria de Uruk, Gilgamesh fue un individuo excepcional que luchó baldíamente por alcanzar la eterna juventud. La epopeya nos relata las extraordinarias aventuras de este monarca encaminadas a alcanzar un sueño: la derrota de la temida muerte. Tras la encarnizada lucha librada por nuestro protagonista, la evidente inutilidad de su empresa se impuso. La inmortalidad era privilegio de los dioses y no de los hombres.

Gilgamesh reinó en la bien amurallada Uruk, una de las primeras ciudades del mundo. No en vano, la ciudad y el modo de vida urbano fueron otra creación de los mesopotámicos. Todo esto hace de Gilgamesh un personaje excepcional, una especie de héroe semidivino. Salvando importantes diferencias, sería el «Ulises mesopotámico», que personifica la esencia más pura de la cultura y de la historia de Mesopotamia. Las inquietudes que movieron al viejo rey de Uruk en su exploración quimérica no murieron con él. Gracias a la recuperación en la ciudad asiria de Nínive de una serie de tabillas de barro con escritura cuneiforme, hoy podemos deleitarnos con la lectura de sus peripecias por el «país de los dos ríos». La muerte, un tema atemporal, ha hecho que Gilgamesh haya dejado de ser un héroe mesopotámico para transformarse en un ser universal, que trasciende fronteras. En gran medida, Gilgamesh ha conseguido ser inmortal. Seguimos hablando de él en pleno siglo XXI. ¡Gilgamesh vive (o sobrevive) en la cultura occidental!

Mesopotamia, en tanto que tierra inventora de la ciudad y de la escritura, la podemos definir como una de las principales cunas de la civilización. A pesar de su relevancia histórica, se trata de un mundo poco conocido por el gran público y, generalmente, mal enseñado en nuestras facultades universitarias. Este universo solo parece accesible a un minoritario y selecto club, el de los asiriólogos y arqueólogos orientalistas, los únicos capaces de leer la escritura cuneiforme y los estratos de las polvorientas colinas de adobe que ocultan antiguas ciudades.

Con la finalidad de hacer accesible a todos cuál fue la contribución de Mesopotamia a la historia de la humanidad, nace la presente obra inspirada en el profundo significado cultural que encierra la figura del héroe Gilgamesh. Solo así se podrá apreciar y valorar con justicia este legado excepcional, único e irrepetible, que, por desgracia, se ha visto amenazado por los conflictos armados acontecidos en los dos grandes países mesopotámicos, Siria e Iraq.

Prácticamente todo el mundo ha oído hablar de las siete maravillas del mundo antiguo. Aunque no está claro quién elaboró

1. Representación de un hombre de cinco metros en un bajorrelieve asirio de Khorsabad, que ha sido identificado con Gilgamesh, hoy en el Louvre (J. L. Montero).

este primer inventario, parece que se trata de un producto de la época helenística nacido probablemente al amparo de la biblioteca de Alejandría, en Egipto. Filón de Bizancio fue el enigmático autor que difundió este listado en su breve guía de viajes. Entre los siete monumentos descritos, solo dos no pertenecen al mundo clásico: la gran pirámide de Egipto, los jardines colgantes y las murallas de Babilonia, el templo de Ártemis, la estatua de Zeus, el mausoleo de Halicarnaso, el coloso de Rodas y el faro de Alejandría. Todas estas obras de la Edad Antigua fueron escogidas por su carácter poderoso y descomunal. Las murallas de Babilonia fueron una obra magnífica, levantada para proteger la ciudad a lo largo de un perímetro de ocho kilómetros. No está claro, sin embargo, que la última capital mesopotámica tuviera unos jardines colgantes como los que describen los autores grecorromanos.

Al margen de este elenco de prodigios antiguos, narrado con mayor o menor acierto en las fuentes clásicas, Mesopotamia tuvo sus propias maravillas que la hicieron célebre entre los pueblos de la Antigüedad. Así, emulando esta histórica lista, me he tomado la libertad de elaborar un inventario personal de lo que pienso fueron las siete grandes maravillas mesopotámicas. Esta selección la he materializado en siete grandes áreas temáticas que considero claves para entender el verdadero significado histórico y cultural de Mesopotamia, a saber: el agua, la vida, la realeza, la justicia, la escritura, la religión y la muerte. Esta elección de siete temas, que tiene su correspondencia en varias maravillas (naturales, escritas y construidas), no es el fruto del azar o de la casualidad, sino de una profunda reflexión basada en una larga experiencia de investigación arqueológica en yacimientos de la cuenca sirio-mesopotámica.

Veamos, a continuación, cuáles son las maravillas que me servirán para explicar la grandeza de la civilización mesopotámica y la relevancia de su herencia:

a) El agua está representada por el Tigris y el Éufrates, los ríos gemelos, que hicieron de elemento estructurante de la geografía regional a través de una extensa red de canales de regadío y de navegación. Mesopotamia fue una civilización fluvial, casi acuática, por su estrecha relación con el agua. Creo no exagerar al afirmar que Mesopotamia fue, ante todo, agua.

b) La ciudad de Babilonia, declarada patrimonio mundial por la Unesco en 2019, personifica la vida, la vida urbana, en su máximo esplendor. Simboliza la apoteosis de una civilización milenaria. No menor, aunque efímera, fue la magnificencia de la ciudad soñada por el rey asirio Sargón II, la antigua Dur-Sharrukin.

c) El rey, el 'hombre grande' como se le llamaba en los primeros textos arcaicos, encarnó el poder por antonomasia en Mesopotamia. Creó, a su medida, su propia residencia, una 'casa grande', esto es, un palacio. El gran edificio palacial de Mari, la capital del medio Éufrates sirio, es uno de los mejor conservados.

d) La ley más antigua tuvo su origen en Súmer, en el sur de Mesopotamia. Entre todos los códigos legales conocidos, el mejor conservado es el del rey Hammurabi de Babilonia, cuya estela puede verse hoy en el Museo del Louvre.

e) Tras inventar la escritura para uso contable, los autores de la literatura mesopotámica cultivaron diversos géneros, desde epopeyas cultas a sencillos refranes populares. Los dioses y los reyes fueron los grandes protagonistas de esta rica producción escrita sobre tablillas de barro. La ciudad asiria de Nínive, en el Tigris, nos ha proporcionado una excepcional biblioteca, posiblemente la primera de la historia. Entre sus fondos, se hallaba el *Poema de Gilgamesh*.

f) La religión fue un elemento omnipresente en la vida de los mesopotámicos. Las ciudades estuvieron llenas de templos, entre los que destacaba un edificio muy singular, una torre escalonada llamada zigurat. El más famoso de estos monumentos fue, sin duda, el que se construyó en Babilonia, universalmente conocido como la torre de Babel.

g) El ciclo biológico de la vida termina, como es obvio, con la muerte. La tumba era la puerta de acceso al inframundo, el «país sin retorno». De todas las necrópolis de Mesopotamia, la más fascinante (por el ritual y la riqueza de los ajuares) es el llamado cementerio real de Ur.

¿A QUÉ LLAMAMOS MESOPOTAMIA?

Gracias a los autores de la Biblia y de los textos de época clásica, se mantuvo vivo en Europa un recuerdo de algunos de los pueblos que habitaron en Mesopotamia. Pero ¿existieron los mesopotámicos? Si somos estrictos, la respuesta es no. A lo largo de su historia, en el «país de los dos ríos» nunca nadie se identificó como tal, como mesopotámico. Mesopotamia es un concepto posterior a Mesopotamia. ¿Cómo se puede explicar esta contradicción? La respuesta es sencilla. Es un antiguo término de origen griego, que significa '(tierra) entre ríos'. ¿Qué tierra y qué ríos? Nos hallamos en el país del Tigris y del Éufrates, un territorio que hoy se corresponde con Iraq, Kuwait, la parte oriental de Siria y el sureste de Turquía (fig. 2).

El topónimo Mesopotamia fue acuñado por los geógrafos griegos cuando las antiguas entidades políticas preclásicas, que ocuparon esta región de Oriente Próximo, ya habían desaparecido. Flavio Arriano, en su obra *Anábasis* (VII, 7), al hablar sobre las campañas orientales de Alejandro Magno afirma que: «De estos dos ríos, Tigris y Éufrates, que sirven de límite a la parte de Siria que entre ellos queda y de donde le viene a la región el nombre de Mesopotamia, con que sus habitantes la conocen [...]». El término griego Mesopotamia, acuñado en tiempos del gran general macedonio, debió de inspirarse en las expresiones

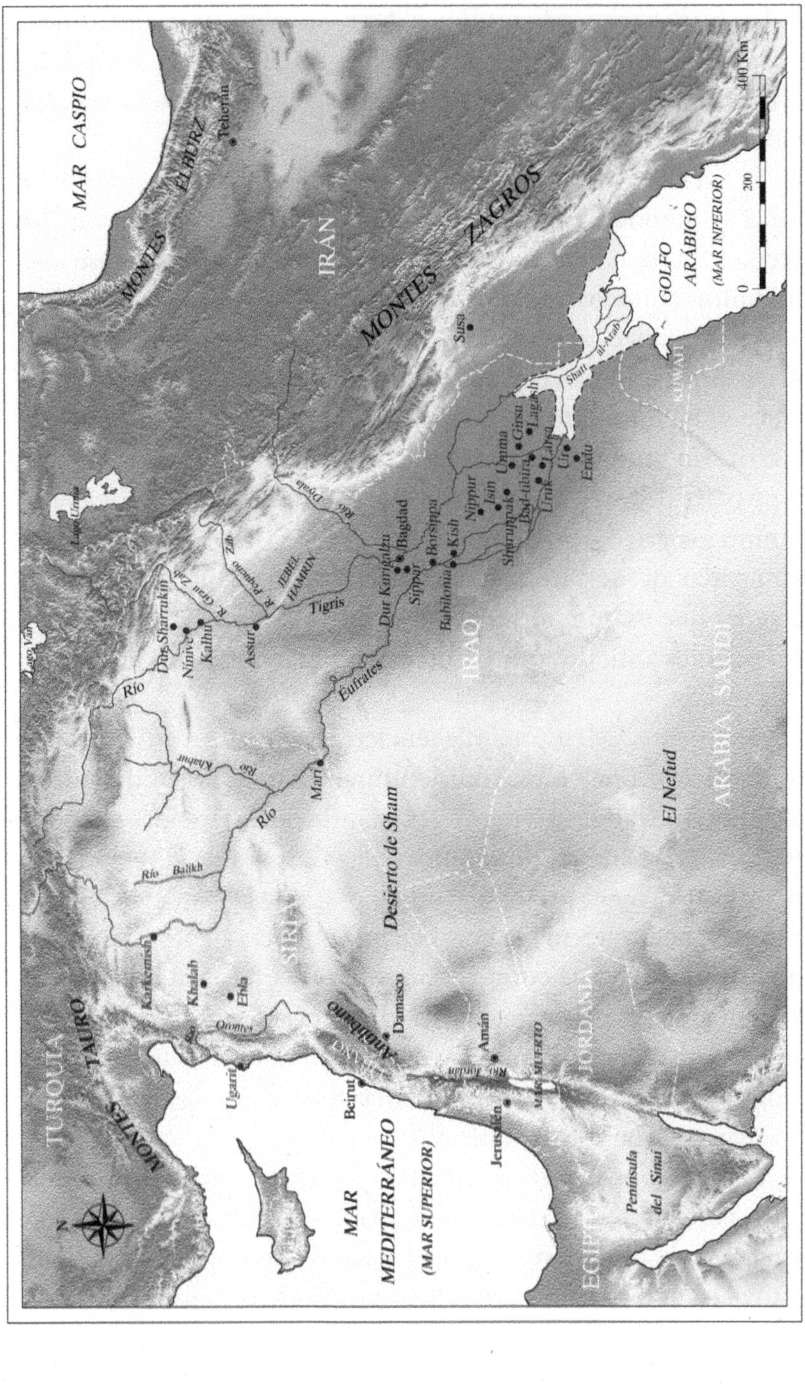

2. Geografía de la antigua Mesopotamia: ríos, relieves y principales ciudades (J. G. Gómez).

locales *birit narim*, en acadio, y *beyn nahrim*, en arameo, que podemos traducir de forma literal por 'entre ríos'. Esto no quiere decir, sin embargo, que su significado geográfico fuera exactamente el mismo que Mesopotamia.

Es un hecho innegable que los protagonistas de este libro nunca se autodenominaron mesopotámicos. Por esta razón, lo adecuado sería hablar de sumerios, acadios, babilonios, asirios, mitannios, arameos, etc. Mesopotamia es un concepto geográfico extemporáneo, que oculta y simplifica una realidad histórica muy compleja. A pesar de ello, el peso de la tradición historiográfica se ha impuesto entre los académicos a la hora de referirse al territorio antiguo que, en la actualidad, tiene su corazón en Iraq y parte de Siria. Hoy se habla de Mesopotamia, ya que es un término genérico que, a falta de otro mejor, no molesta a nadie a sabiendas de que nunca existió. No es más que un cómodo paraguas que usamos arqueólogos e historiadores para referirnos a los pueblos antiguos que habitaron junto a las riberas del Tigris y el Éufrates.

Realmente, Mesopotamia encierra tras de sí un universo multiétnico y, por tanto, multicultural. Fue un crisol de culturas, un mundo abierto y permeable a influencias llegadas desde el exterior a través de las dos grandes vías fluviales de la región. Lo importante es tener presente y no ignorar que la llamada civilización mesopotámica fue la consecuencia directa de los diferentes grupos humanos que convivieron, de forma pacífica o violenta, en un mismo escenario geográfico durante casi tres milenios. Esa convivencia milenaria confirió cierta cohesión, en particular religiosa y cultural, a las distintas etnias que se instalaron cerca de las aguas del Tigris y del Éufrates.

Vista la controversia que rodea al concepto griego Mesopotamia, por su carácter anacrónico, ¿cómo llamaron realmente sus antiguos pobladores esta región? Desde nuestra óptica moderna, no tuvieron un término geográfico preciso para definir su tierra. Ellos se consideraban simplemente los habitantes del 'país', que en lengua sumeria se decía *kalam* y en lengua acadia, *matu*. Esta designación, vaga en apariencia, alcanzó tal arraigo, que tuvo su reflejo en la titulatura utilizada por las primeras dinastías. Los monarcas sumerios emplearon, junto a la denominación de soberano de la ciudad que dominaban política y militarmente (caso de Umma, Uruk o Lagash), el título tradicional de «rey del país». ¿De qué país? Dirán algunos, no sin razón. Para los antiguos habitantes de la región, no había más país que el suyo.

En la Biblia se empleó una terminología diferente para referirse a Mesopotamia. En el libro del Génesis (10, 8-12) se nos cuenta que un heroico cazador, llamado Nimrod, fundó un reino en las ciudades de Babel (Babilonia), Erek (Uruk), Akkad y Kalneh en el país de Shinar. Y, desde aquí, viajó hacia el norte, donde edificó Nínive y Kalah (Kalhu). Dado que todas estas ciudades se encuentran en la geografía recorrida por los ríos Éufrates y Tigris, se piensa que Shinar es la referencia bíblica a Mesopotamia. En otros libros y capítulos del Antiguo Testamento se utilizó la denominación hebrea *Aram Naharayim*, 'Aram de los dos ríos'. No hay acuerdo, entre los autores, sobre cuáles son esos dos ríos, a excepción del Éufrates. Se han propuesto el Tigris, el Khabur (un afluente del Éufrates) y el Orontes (en la Siria occidental). En la Septuaginta, la versión griega de la Biblia hebrea, *Aram Naharayim* es traducido de forma vaga por Mesopotamia. En este contexto, parece que se refiere no a su totalidad, sino a parte de la misma, esto es, a la Siria mesopotámica.

Mesopotamia formaría parte de lo que hoy se conoce como el Oriente bíblico que, en un sentido amplio, abarcaría los territorios que van desde la antigua ciudad Ur, la patria originaria del patriarca Abram de acuerdo con el Génesis (11, 31), hasta el país del éxodo, en el Egipto de los faraones. Es lo que el profeta Isaías (19, 23) calificó como «una calzada de Egipto a Asiria».

Existe otra denominación que es empleada de forma frecuente como sinónimo de Mesopotamia. Es la de Creciente Fértil. Esta es una expresión acuñada en 1916 por el arqueólogo estadounidense James Henry Breasted para localizar dentro de Oriente Próximo las tierras en las que nacieron las primeras culturas agrícolas. Se trata del gran arco de tierra, o luna creciente, que abarca lo modernos países de Jordania, Israel, Palestina, Líbano, el oeste y norte de Siria, el sureste de Turquía, el norte de Iraq y el oeste y sureste de Irán. Allí tuvo lugar la llamada «Revolución Neolítica». Esta geografía no encaja con el concepto griego de Mesopotamia. Es, además, una concepción geográfica totalmente ajena a la mentalidad babilónica, que se basaba en una visión cruciforme de su mundo (es la idea de las cuatro regiones, o puntos cardinales, que usaron muchos reyes mesopotámicos en su titulatura).

Mesopotamia fue un sistema geográfico y cultural complejo, lleno de matices, en el que podemos distinguir diferentes entidades políticas desde finales del IV milenio a.C. A grandes rasgos, los historiadores suelen diferenciar entre la baja Mesopotamia, en el sur, y la alta Mesopotamia, en el norte. La Mesopotamia meridional estuvo dominada durante el III milenio a.C. por Súmer, Akkad y Ur, y durante el II y I milenio a.C. por Babilonia. Por su parte, la Mesopotamia septentrional fue sometida a lo largo del II y el I milenio a.C. por Asiria. A partir del 612 a.C., tras la caída de la capital de los asirios, Babilonia se hizo con el control de la totalidad de Mesopotamia hasta el 539 a.C. Con la conquista de Ciro, Babilonia y, por tanto, Mesopotamia perdieron su autonomía política pasando a formar parte de otra entidad superior, el Imperio persa aqueménida.

Durante casi tres mil años de historia, Mesopotamia estuvo sometida a la alternancia de fases de organización geopolítica fundamentada en la bipolarización (centros de poder rivales en el norte y el sur) y fases de monocentrismo (un único centro de poder dominante). En gran medida, la historia mesopotámica puede entenderse como la lucha por cambiar sus fronteras. Estas no eran de carácter estático, sino dinámico. Las fronteras se movían. Cada reino trataba de extender sus dominios para gloria de sus monarcas y de sus dioses. Este objetivo era cuestionado por los reinos vecinos con pretensiones expansionistas similares. En teoría, esto era garantía de una armonía territorial en función, como es obvio, del equilibrio de fuerzas existente.

Con el objetivo de que la frontera fuera fácilmente reconocible, era habitual que esta estuviera materializada por una serie de hitos fronterizos. Estos podían ser naturales o artificiales. Entre los últimos, el más común era la estela conmemorativa colocada en la frontera por orden del rey. La estela, que portaba su nombre y su efigie grabados sobre ella, actuaba como un sustituto de su presencia, es decir, simbolizaba la dominación política que este ejercía sobre ese territorio. Entre los hitos naturales, uno de los más frecuentes era el concepto de «puerta», esto es, canales de comunicación de fácil control (rutas terrestres y fluviales) que servían de acceso a otros reinos o imperios. Estas «puertas» actuaban como una especie de filtro frente a las posibles amenazas que pudieran llegar desde el exterior.

La frontera en Mesopotamia no se veía como una línea que definía superficies, sino como una delimitación de ciudades y aldeas cuya existencia gravitaba en torno a una cuenca fluvial y alrededor de un determinado palacio. Más que dibujar un límite preciso, lo que interesaba era esclarecer la dependencia política y administrativa de cada asentamiento. La definición de las fronteras se hacía en forma de listados de lugares habitados, en los que se especificaba la vinculación política, económica y administrativa a un palacio. No hay textos mesopotámicos en los que se mencionen los límites precisos o las líneas divisorias de un reino. Lo que sabemos, por el contrario, gracias a la correspondencia mantenida entre la capital y los asentamientos provinciales, es qué ciudad o qué aldea estaban bajo la órbita de la primera. Así mismo, el uso de determinados títulos reales («rey de Súmer y Akkad», «rey de Asiria», «rey de Babilonia», etc.) nos permite acercarnos, aunque de una manera poco nítida, a la realidad geopolítica de Mesopotamia a lo largo de su historia. En algunos casos, estas titulaturas no pasan de ser meros alardes propagandísticos. Este es el caso de «rey del universo» o «rey de las cuatro partes», donde la concreción fronteriza está ausente.

¿Cuáles fueron las fronteras geográficas de Mesopotamia? Los dos límites primordiales fueron las cuencas hidrográficas de los ríos Tigris y Éufrates. Ambos cursos fluviales, entre su nacimiento y su desembocadura, transformaron la región en una enorme «casi isla» (o península interior en el sentido latino del término) de una longitud aproximada de mil trescientos cincuenta kilómetros y una orientación noroeste-sureste. Desde el punto de vista geográfico Mesopotamia engloba tres dominios diferentes y complementarios: las montañas periféricas de Turquía oriental (montes Tauro), del Kurdistán (Jebel Hamrin) y de Irán occidental (montes Zagros); la Jazira (la 'isla' en árabe); y la llanura del país de Súmer y Babilonia. En la primera unidad, es donde nacen los dos grandes ríos. En la segunda, un piedemonte compartido entre Turquía, Iraq y Siria, las lluvias son suficientes en invierno y primavera para permitir el cultivo de cereal. De hecho, la alta Jazira es la región donde nació la agricultura y la ganadería en el Neolítico. Por último, en la tercera unidad geográfica, un sector árido de fértiles limos aluviales, tuvo lugar la aparición de la primera civilización urbana, basada en la agricultura de regadío y en el uso de la arcilla (como soporte para la escritura y como material constructivo).

Mesopotamia desbordó, sin embargo, los límites que dibujaban sobre el territorio los valles del Tigris y del Éufrates. Es necesario comprender esta cuenca aluvial en el marco de un contexto geográfico más amplio. Por esta razón, no podemos dejar de lado aquellas regiones limítrofes que participaron desde el punto de vista económico, político o militar en el discurrir histórico de los pueblos mesopotámicos. Estos son los casos, por citar los más notorios, de Elam, en Irán; del reino hitita, en Anatolia; de Urartu, en Armenia; o de Ebla y Ugarit, en Siria.

Con el descubrimiento de la ciudad Ebla en los años setenta al sur de Alepo, los investigadores se percataron de que el concepto mesopotámico aplicado solamente al país de las dos cuencas era inadecuado. Ebla, situada a unos ciento treinta kilómetros al oeste del río Éufrates, fue una ciudad de cultura mesopotámica localizada fuera de la llamada «Mesopotamia auténtica».

Una visión menos restrictiva de la territorialidad de la antigua Mesopotamia se impone. Parece más acertado hablar de la «Gran Mesopotamia», un nuevo concepto que abarcaría un vasto territorio situado entre las orillas del Mediterráneo oriental y los Zagros, y entre los montes Tauro y la península de Arabia. A esta visión más amplia, se debe añadir también el litoral del golfo Árabo-Pérsico, desde donde partían las rutas marítimas hasta Dilmun, en Baréin, Magán, en Omán, e incluso hasta el valle del Indo. En definitiva, el dominio mesopotámico conformó un conjunto coherente, aunque lleno de matices, situado en el punto de unión de los continentes africano y asiático, que estuvo en contacto con dos mares: el Mediterráneo (mar Superior) y el Índico (mar Inferior).

Mesopotamia fue, ante todo, el país de la escritura cuneiforme. A partir de esta realidad indiscutible, se ha propuesto otra denominación para referirse al vasto territorio de Oriente Próximo que compartió la misma forma de escribir para expresar diferentes lenguas. Apoyándose en el uso y la difusión de este sistema de escritura, que actuó como principal nexo de unión dentro del extenso espacio que representa la «Gran Mesopotamia» y al que habría que añadir dos islas (una al oeste, el-Amarna en Egipto, y otra al este, Persia), los investigadores hablan, cada vez más, de un nuevo concepto geocultural: el Oriente cuneiforme.

En algunos textos cuneiformes se emplea una curiosa expresión para aludir al pueblo como colectivo, cuyo origen y significado exacto no son fáciles de precisar. Reyes carismáticos como Sargón de Akkad, Shulgi de Ur o Hammurabi de Babilonia se presentan como los pastores, los líderes, de un pueblo al que ellos llamaban los «Cabezas Negras». ¿Quiénes fueron estos «Cabezas Negras»? Generalmente se considera que es la designación autóctona utilizada para referirse a la colectividad de sumerios y acadios. Sería lo que, más o menos, nosotros hoy llamamos mesopotámicos.

A pesar de las dudas que, como hemos visto, puede generar el empleo del término Mesopotamia, solar de una civilización híbrida y mestiza, aquí lo usaremos por dos razones: por su peso en la tradición historiográfica europea y por la falta de otro topónimo que defina mejor a las culturas que, entre finales del IV y mediados del I milenio a. C., se desarrollaron junto a las riberas de los ríos Tigris y Éufrates.

ASIRIA Y EL RENACER DE MESOPOTAMIA

Hasta la realización de las primeras excavaciones arqueológicas en las viejas colinas de adobe esparcidas por el país del Tigris y del Éufrates, la principal fuente de información sobre las civilizaciones mesopotámicas (en particular de Asiria y Babilonia) eran las narraciones bíblicas y los relatos de los geógrafos e historiadores griegos y romanos. La lectura de las obras de los autores grecorromanos (Heródoto, Diodoro de Sicilia, Estrabón, Flavio Josefo, entre otros) y del Antiguo Testamento inspiró a muchos viajeros europeos, que desde los inicios de la Edad Media se desplazaron a Mesopotamia para ver con sus propios ojos los lugares donde tuvieron lugar algunos de los episodios más sobresalientes de la historia bíblica. Entre estos se hallan, por ejemplo, la ciudad sumeria de Ur, que el libro del Génesis identifica como la patria originaria de Abrahán, el zigurat de Babilonia, conocido universalmente como la torre de Babel, o la ciudad de Nínive, la última capital de los asirios. Los aventureros de las épocas medieval y moderna fueron religiosos, militares, comerciantes, médicos y diplomáticos que, por su profesión, se desplazaron hasta Oriente Próximo. A pesar de las distintas motivaciones de sus viajes, todos mostraron un interés común: la búsqueda de evidencias tangibles sobre los orígenes remotos del cristianismo. Estos pioneros soñaron con poder contemplar con sus propios ojos los escenarios vinculados con los grandes protagonistas de las Sagradas Escrituras.

El primer viajero europeo del que tenemos constancia escrita es Benjamín de Tudela, un rabino oriundo de Navarra, que entre los años 1165 y 1170 realizó un largo periplo por Siria, Mesopotamia y Egipto. Resultado de esta experiencia personal fue la redacción de un libro de viajes, en el que aporta algunos datos de interés para la arqueología. El rabino dedicó toda su atención a describir las ciudades, los monumentos y las costumbres de las comunidades judías que visitó durante su expedición por Oriente Próximo: Beirut, Damasco, Alepo, Mosul y Bagdad. Entre las ruinas que visitó, se encuentran la de la ciudad de Babilonia:

> Desde allí hay una jornada hasta Babel, que es Babel la antigua, en ruinas, las cuales tienen una extensión de treinta millas. Todavía se encuentra allí el palacio de Nabucodonosor y los hombres temen entrar en él debido a las serpientes y alacranes que hay en su interior. [...] Desde Allí hay cuatro millas hasta la torre que edificaron los de la generación que vivió la separación de las razas, construida con ladrillos [...]. Desde los cielos cayó fuego en su interior partiéndola hasta lo más profundo.

Es muy presumible que el viajero tudelano se confundiera con las ruinas de otra ciudad mesopotámica. En el siglo XII los vestigios de Babilonia apenas serían apreciables en superficie.

A Benjamín de Tudela, le sucedieron otros europeos que, con mayor o menor acierto, nos han transmitido su particular visión de los monumentos arruinados de la civilización mesopotámica. Su percepción de lo oriental estuvo marcada por una aureola de romanticismo, exotismo y leyenda. A pesar de ello, su relato sirvió para mantener vivo en Occidente el recuerdo de un mundo lejano y prácticamente perdido por el paso del tiempo. Si se quería avanzar en el conocimiento de la antigua Mesopotamia era necesario pasar a una nueva etapa en la exploración del terreno. Las descripciones de las ruinas visibles en superficie habían agotado todas sus posibilidades. El siguiente paso era explorar el interior de las viejas colinas de adobe que jalonaban las riberas de los ríos Tigris y Éufrates.

El 20 de marzo de 1843 marcó para siempre la exploración arqueológica de Mesopotamia. Todo empezó en un montículo llamado Khorsabad, localizado a 18 kilómetros de Mosul, en el norte del actual Iraq. El protagonista de este apasionante episodio de la historia de la arqueología fue Paul-Émile Botta, que había sido nombrado cónsul de Francia en Mosul (fig. 3). Médico de formación, inició su carrera diplomática ocupando puestos en Egipto, Arabia y Yemen. Fue un apasionado de Oriente y de su historia. A este interés contribuyó su estrecha amistad con Jules Mohl, secretario de la Sociedad Asiática de París. A sugerencia de este, Botta empezó a explorar las colinas situadas cerca de Mosul, en la ribera oriental del Tigris, con una idea: localizar las ruinas de Nínive, la capital de Asiria en el I milenio a.C. La elección recayó, en primer lugar, en Kuyunyik, un gran montículo artificial próximo a su residencia. Los trabajos de excavación comenzaron en diciembre de 1842 y los primeros resultados, en contra de lo esperado, fueron más bien mediocres. Tal vez sus trabajos de exploración fueron insuficientes, si se tiene en cuenta la gran extensión del yacimiento.

Ante lo pobre de los primeros resultados, Botta decidió cambiar de escenario a raíz de una información a la que no dio excesivo crédito, pero le generó alguna duda. Un campesino de la cercana aldea de Khorsabad le había hecho saber que en la gran colina situada frente a su casa hallaría aquellas cosas antiguas que buscaba. A pesar de su escepticismo inicial, envió una cuadrilla de obreros a excavar en este nuevo lugar. Al poco tiempo de

3. El cónsul francés Paul-Émile Botta retratado por Charles É. Callande de Champmartin, en 1840 (RMN, WikCom dominio público).

empezar las tareas, a pico y pala, saltó la sorpresa. Los trabajadores le informaron de la aparición de importantes tesoros nunca vistos: ¡hombres barbudos y toros alados! Era el 20 de marzo de 1843. Accidentalmente, nacía, de esta manera tan singular, la asiriología como ciencia. A partir de esta fecha, una verdadera «asiriomanía» iba a recorrer el corazón de Europa. Tras siglos de olvido, el diplomático francés sacó a la luz las obras de un arte desconocido, muy distinto al marcado por los cánones de la cultura clásica griega. Botta fue el primero en resucitar una civilización mesopotámica, la de los asirios en la región del Tigris. Creyó haber encontrado las ruinas de Nínive, la capital asiria descrita por los autores bíblicos y clásicos. Se equivocó en la identificación. Era la única opción posible, según las fuentes escritas accesibles en aquel momento. Lo que empezó a emerger de la colina de Khorsabad no era Nínive, sino Dur-Sharrukin, la fortaleza del rey Sargón II (721-705 a.C.). Se trataba de una ciudad asiria totalmente desconocida, hasta que los textos cuneiformes pudieron ser traducidos unos años más tarde.

Botta desveló un mundo nuevo de antigüedades (fig. 4). En 1851, su rival en la zona, el inglés Austen Henry Layard, escribió lo siguiente sobre este relevante hallazgo arqueológico:

> De pronto, una nueva historia se había abierto delante de él, la información sobre un pueblo desconocido se había revelado ante sus ojos. [...] Era evidente que el monumento pertenecía a un pueblo muy antiguo y civilizado y era natural que, dada su posición, se relacionara con los pobladores de Nínive [...]. M. Botta había descubierto un edificio asirio, el primero, probablemente, que se hubiese expuesto a la vista del hombre desde la caída del Imperio asirio.

Para Jules Oppert, uno de los descifradores de la escritura cuneiforme, Khorsabad era la «Pompeya del siglo XIX». C.W. Ceram en su delicioso libro *Dioses, tumbas y sabios* afirmó que:

> El descubrimiento del primer palacio asirio no fue sólo una noticia sensacional en la prensa europea, sino también una novedad de primera categoría para la ciencia. Hasta entonces se había creído que la cuna de la Humanidad estaba en Egipto, pues en ninguna parte como el país de los faraones y sus momias era posible remontarse hasta tan lejos en la Historia de los hombres. [...] Por eso el descubrimiento de Botta significaba, ni más ni menos, la confirmación de que en el "país de los dos ríos" había florecido una civilización por lo menos tan antigua, acaso más, si creemos lo que afirma la Biblia, y que esta cultura había alcanzado un desarrollo poderoso y magnífico hasta que fue exterminada a sangre y fuego.

4. Dibujo de un gran toro alado asirio hallado en Khorsabad (P. E. Botta y E. Flandin).

Tan sobresaliente hallazgo arqueológico fue rápidamente apoyado por París con el envío de nuevos fondos. Estos sirvieron para intensificar los trabajos con la contratación de cientos de obreros locales y la incorporación del pintor Eugène Flandin, que realizó planos y dibujos muy detallados de los descubrimientos. Pero para poder continuar con los trabajos de excavación, Botta tuvo que negociar con el gobernador otomano de la región. Necesitaba obtener el permiso oficial de las autoridades locales. Mehmed Pasha, así se llamaba el gobernador, llegó a amenazar y a torturar a los hombres contratados para excavar en la colina de Khorsabad con la sorprendente justificación de que el cónsul francés quería despertar a demonios y a monstruos de piedra procedentes del infierno. A pesar de estas y otras dificultades, Botta exploró de forma ininterrumpida durante más de un año las ruinas del palacio del rey asirio Sargón II.

Paul-Émile Botta no solo fue el descubridor de una de las grandes capitales de Asiria, sino también un pionero de la llamada «arqueología consular» en Oriente Próximo. Entre 1849 y 1850 publicó los resultados de sus trabajos en cinco grandes volúmenes en francés titulados *Monument de Ninive*. La obra estaba profusamente ilustrada con los planos y los dibujos de su colaborador Flandin. «Su objetivo no es presentar opiniones personales, sino reunir los materiales necesarios para el estudio de un nuevo tema», dijo el propio Botta sobre esta publicación.

Los hallazgos arqueológicos en Khorsabad despertaron gran interés en París. Botta recibió la orden de enviar a Francia una selección de las obras artísticas asirias mejor conservadas. Para ello tuvo que organizar una compleja empresa para poder transportar estos tesoros, algunos de varias toneladas de peso. El traslado se hizo en grandes carros tirados por hombres hasta el Tigris. Y desde allí se descendió el río en balsas hasta la ciudad de Basora. En febrero de 1847, tras una larga travesía en barco, el cargamento llegó a París por el Sena. El 1 de mayo de ese mismo año, el rey Luis Felipe inauguraba el Museo Asirio del Louvre. Fueron las primeras salas dedicadas por una institución europea al Imperio asirio y, por tanto, a la historia de Mesopotamia. *L'Illustration*, un periódico parisino de la época, anunció de forma pomposa tan singular evento: «El monarca asirio por fin, puso el pie en las riberas del Sena. Una habitación nueva, la más digna de él, el palacio de nuestros reyes, le estaba destinado; el Louvre le abrió sus puertas de par en par».

Pese a que lo expuesto en París no fue más que una pequeña parte de lo descubierto por Botta en la colina de Khorsabad, el impacto que tuvo su exhibición sobre la sociedad francesa de la época que acudió al museo fue notable. De igual manera, su repercusión entre los estudiosos de las Sagradas Escrituras es digna de ser comentada. Por vez primera, tenían ante sí obras artísticas creadas por un pueblo citado en el Antiguo Testamento. Los asirios, presentes en la Biblia, eran historia y, por tanto, verdad. La

5. Fotografía de una puerta del yacimiento asirio de Khorsabad realizada por Gabriel Tranchard, en 1853 (DAO, WikCom dominio público).

llamada «arqueología bíblica» empezó a dar sus primeros pasos en el norte de Mesopotamia, antes de que lo hiciera en el corazón de Tierra Santa, Palestina.

Botta, a pesar de lo exitoso de su empresa, no continuó trabajando en Mosul. Abandonó para siempre el norte de Iraq y en 1848 fue nombrado cónsul en Jerusalén. Murió en 1870 en el más triste de los olvidos, víctima de la maldición que suele borrar del mapa a los pioneros. Gustave Flauvert, el autor *Madame Bovary* y buen amigo suyo, escribió sobre él lo siguiente: «Un hombre en ruinas, un hombre de ruinas». En 1948, cien años después de su llegada a Jerusalén, la ciudad santa le recordó poniendo su nombre a una de sus calles.

Fue sustituido por Victor Place en el consulado francés de Mosul, adonde llegó el 12 de enero de 1852. Con él, se inició la segunda gran etapa de Francia en la exploración de Asiria, que concluyó, como veremos, de la peor manera posible. Los trabajos prosiguieron en Khorsabad hasta 1854, bajo su dirección, gracias al apoyo del gobierno de Napoleón III. En sus excavaciones, Place hizo gala de ciertas inquietudes metodológicas, en un momento en el que la arqueología todavía era una disciplina en construcción. Introdujo, por primera vez, el uso de la fotografía

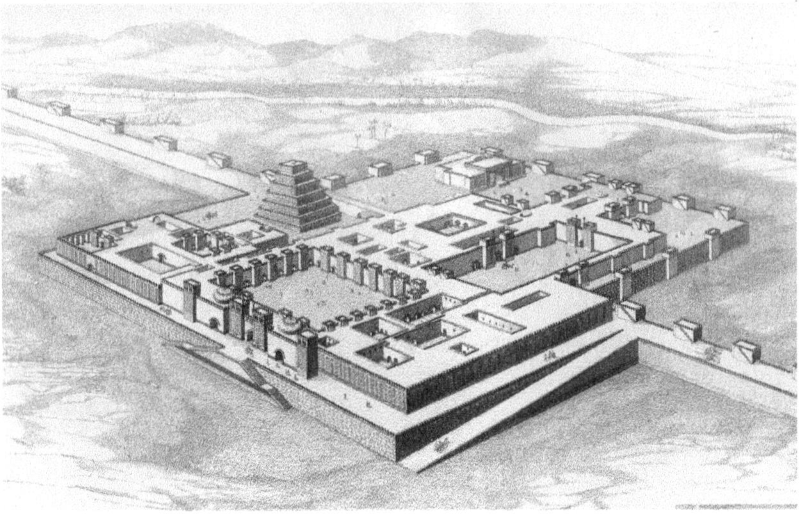

6. Primera reconstrucción de la ciudadela de Dur-Sharrukin en la que destaca el zigurat (V. Place y F. Thomas).

como técnica para documentar los hallazgos arqueológicos. Para ello, estuvo acompañado del fotógrafo Gabriel Tranchard, que tomó fotos de los trabajos de excavación utilizando la técnica del calotipo (fig. 5). Esta había sido inventada por William Fox Talbot, que años más tarde se convirtió en uno de los descifradores de la escritura cuneiforme acadia. Intentó documentar todo de la mejor manera posible, a través de los planos realizados por el arquitecto Félix Thomas y de las fotografías de Tranchard. Su objetivo no fue otro que: «[...] proporcionar a la ciencia datos positivos, descartando cuidadosamente todo lo que fuera hipotético [...]».

Los trabajos de excavación de Place se concentraron en el palacio, del que excavó ciento ochenta y seis salas, la muralla y algunas de sus impresionantes puertas, y la torre escalonada de la ciudad, de la que documentaron cuatro pisos. Este monumento con terrazas fue el primer zigurat excavado en Mesopotamia, al que podemos definir como «Babel antes de Babel». La reconstrucción propuesta por Place, y dibujada por Thomas, se inspiró

7. Balsas construidas por Victor Place para transportar por el río Tigris sus hallazgos en Khorsabad (V. Place y F. Thomas).

en el relato de la torre escalonada de Babilonia realizado por el historiador griego Heródoto (fig. 6). En su opinión, el zigurat babilónico había servido de modelo de inspiración a los constructores del de Dur-Sharrukin. El gran zigurat de Babilonia, más conocido como la torre de Babel por la Biblia, no fue excavado por la arqueología alemana hasta 1913.

Antes de abandonar Mosul, Place recibió el encargo de enviar a París una parte de los descubrimientos realizados en Khorsabad. El reto fue trasladar los grandes toros alados de una sola pieza. Botta los fragmentó en varias partes para hacer la operación más sencilla. ¡Algunos pesaban casi treinta toneladas! Para salvar la distancia hasta el Tigris, cuyo cauce estaba a dieciocho kilómetros, fue necesario crear toda una infraestructura de caminos y puentes para que pudieran circular los enormes carros cargados con las antigüedades (fig. 7). En esta operación trabajaron cerca de seiscientos obreros durante cinco semanas. El envío de Place estuvo retenido en Mosul, del 5 de diciembre de 1853 al 29 de abril de 1855. Desbloqueada la expedición tras dieciséis meses de espera, fue necesario importar madera desde Turquía y fabricar numerosos odres o pellejos para mejorar la flotabilidad de las balsas que se usarían para el transporte fluvial (fig. 8). Había que trasladar un total de ciento cuarenta y nueve cajas llenas de objetos y esculturas. La primera etapa fue Bagdad. El 13 de mayo de 1855 la expedición salió con destino a Basora, en un momento en el que la región estaba en plena revuelta. Una semana más tarde, el 21 de mayo, la expedición sufrió las consecuencias de esta sublevación a su paso por al-Qurna, en la zona de confluencia de los ríos Tigris y Éufrates. Una tribu árabe se precipitó de forma violenta sobre el convoy, provocando el hundimiento de gran parte del botín de Khorsabad. El 1 de julio de 1856 llegaron a París solamente veintiséis cajas. Aunque se pudo rescatar una parte de las piezas hundidas, el desastre patrimonial fue mayúsculo.

Con estas amargas palabras comunicó Place a su ministro la tragedia provocada por el naufragio:

> No diré a Su Excelencia lo que he experimentado al saber perdidos sin remedio los frutos de tantos gastos y tantos trabajos. La esperanza de ver nuestro museo enriquecido con tan bellos descubrimientos me había hecho olvidar las fatigas y sinsabores que había soportado durante estos cuatro años. Pensaba, sobre todo, que al ver los resultados, Su Excelencia, satisfecho, me habría perdonado la especie de empecinamiento que yo había puesto en estas excavaciones y que Su Excelencia no renegaría de la benevolencia y la generosidad que ha tenido conmigo. En un solo instante he visto ensombrecerse tan legítimas esperanzas y no me queda más, que pedirle, Señor Ministro, que tenga a bien no reprocharme un desastre en el que yo he resultado el más desgraciado.

El doloroso acontecimiento de al-Qurna marcó el final de la arqueología francesa en las tierras de la antigua Asiria. Pese a tan triste final, Victor Place tuvo las fuerzas suficientes para publicar, entre 1867 y 1870, los resultados de sus trabajos en Khorsabad. Fueron tres volúmenes bajo el título *Ninive et l'Assyrie*.

La notoriedad de los descubrimientos franceses en Khorsabad no pasaron desapercibidos en Europa. Fue una afrenta para el orgullo imperial británico. Los ingleses no querían quedarse al margen de la carrera por descubrir lo mejor de las civilizaciones

8. Transporte de un gran toro asirio de Khorsabad camino del Tigris (V. Place y F. Thomas).

mesopotámicas descritas en la Biblia. La rivalidad entre Francia e Inglaterra por controlar los principales yacimientos arqueológicos de la región alcanzó su punto álgido a mediados del siglo XIX. La respuesta llegó de la mano de Austen Henry Layard. En 1842, el embajador británico en Constantinopla, sir Stratford Canning, le contrató para realizar misiones diplomáticas no oficiales. Layard aprovechó la ocasión para visitar las ruinas de los alrededores de Mosul, que eran parte del Imperio otomano. Esto despertó su interés por localizar y desenterrar las grandes ciudades de renombre bíblico, Nínive entre ellas. Según confesó él mismo: «El éxito de M. Botta había aumentado mi ansiedad por explorar las ruinas de Asiria. Era evidente que Khorsabad no debía estar sola. No coincidía con la antigua Nínive [...]».

Unos años después de explorar la región, en 1845, empezó a excavar en Nimrud, la antigua ciudad asiria de Kalhu (la bíblica Kalah), en el curso del Tigris. Era necesario salvar el prestigio perdido. En palabras del propio Layard: «[...] había que recuperar el mayor número de objetos artísticos posibles bien conservados en un tiempo mínimo y de trabajo». La fortuna le sonrió rápido. Con la ayuda de un cristiano caldeo oriundo de Mosul, Hormuzd Rassam, sacó a la luz parte de los tesoros artísticos del palacio del rey asirio Assurnasirpal II (883-859 a.C.), entre ellos, numerosos bajorrelieves y varios toros alados.

La actividad arqueológica de los ingleses en el país de los asirios se extendió, a partir de 1847, a una colina llamada Kuyunyik, donde Layard localizó finalmente las ruinas de la antigua Nínive, la capital de Asiria. Aquí descubrió numerosas tablillas cuneiformes, toros alados y bellísimos relieves con escenas de guerra y caza, que pasarían a formar parte de la colección de Oriente Próximo del Museo Británico. Con estas palabras describió el propio Layard los primeros hallazgos en la colina de Kuyunyik:

> Una mañana, mientras estaba en Mosul, dos mujeres árabes se dirigieron hacia mí para anunciarme que habían sido descubiertas unas esculturas. [...] Cabalgué, inmediatamente, hacia las ruinas. Salté a la zanja y me encontré con que los trabajadores habían dado con una pared y restos de una entrada. [...] La pared que descubrimos era el lateral de una cámara; a continuación encontramos su entrada, formada por dos toros alados y que conducía a una segunda sala. [...] En lo que respecta a su arquitectura, el edificio descubierto se parece a los palacios de Nimrud y Khorsabad [...]. Los toros alados con cabezas humanas que configuraban las entradas, tenían entre 4 y 5 metros cuadrados aproximadamente.

Layard preparó y supervisó personalmente la costosa empresa para trasladar y enviar a Londres un toro y un león alado asirios. Fueron necesarios carros, balsas, botes y, finalmente, un barco. En su obra *A Popular Account of Discoveries at Niniveh* (1851), le dedicó un espacio amplio a explicar esta compleja y exitosa operación de traslado:

> Siendo, sin embargo, reacio a abandonar todos estos magníficos especímenes de la estatuaria asiria, resolví intentar el traslado y embarque de dos de los más pequeños y mejor conservados. [...] Ideé varios planes para trasladar el león y el toro, arrastrándolos hacia el río y poder depositarlos sobre balsas. [...] Al final, resolví construir una carreta lo suficientemente fuerte como para soportar las esculturas. [...] Un palo fue fijado a uno de los ejes, y también anillos de hierro para las cuerdas que debían capacitar tanto a hombres como a búfalos el arrastre de la carreta. [...] Todo el tiempo que estuvo en Mosul, el carro fue examinado por

todo extranjero que visitaba la ciudad. [...] Para reducir el peso del toro y el león, sin dañar la escultura, reduje el grosor y disminuí considerablemente el volumen de la losa, cortando todo lo que era posible del dorso que, habiendo sido diseñada para ser colocada contra la pared de adobe, no había sido hecha para que esa parte fuera contemplada en modo alguno. Como para moverlas tenía que optar entre este plan o trocearlas en varias piezas, no vacilé en adoptar la primera solución. [...] La carreta les seguía arrastrada por trescientos hombres, todos gritando con toda su potencia [...]. Las esculturas que había enviado hasta ahora a Basora habían descendido río abajo sobre balsas solo hasta Bagdad y, desde aquí, pudieron transportarse en los botes que los nativos construían para navegar por las partes bajas de los ríos Tigris y Éufrates. [...] Mientras observaba flotar las balsas río abajo, hasta que desaparecieron tras un promontorio, no podía dejar de pensar acerca del extraño destino de aquellas piedras que, después de adornar los palacios de los reyes asirios, objeto de admiración y posiblemente adorados por miles de personas, habían estado enterradas durante siglos, bajo un terreno pisado bajo los persas de Ciro, por los griegos bajo Alejandro y por los árabes bajo los primeros sucesores del profeta. Ahora, visitarían la India, cruzarían los distantes mares del hemisferio sur para ser colocados, finalmente, en un museo británico.

El 27 de julio de 1850 el semanario británico *Illustred London News* informó a sus lectores de la próxima llegada a Londres de un gran toro alado asirio y de casi un centenar de toneladas de esculturas y de bajorrelieves hallados en Asiria por Layard. El 28 de febrero de 1852, el mismo semanario publicó un grabado con los trabajos efectuados para introducir un toro colosal de Nínive en el Museo Británico. La exhibición en Londres de las obras de arte asirias recuperadas en Nimrud, la antigua Kalhu, y Kuyunyik, la antigua Nínive, tuvo un hondo impacto en la conservadora sociedad victoriana. Fue la «conquista británica» del mundo bíblico y, por extensión, del asirio. El descubrimiento de Nínive, capital descrita en el libro de Jonás (3, 3) como «una gran ciudad, de tres días de recorrido», causó una profunda impresión entre los estudiosos de la Biblia, ya que abría nuevas y desconocidas perspectivas sobre las estrechas relaciones entre la historia de Asiria y el relato del Antiguo Testamento.

Austen Henry Layard publicó en 1849 los resultados de sus excavaciones en dos volúmenes titulados *Nineveh and its Remains*. Al destacar el vínculo existente entre Nínive y la Biblia, el libro fue un éxito de ventas en la Inglaterra victoriana. En los cuatro primeros años se vendieron veinte mil ejemplares. A raíz de la magnífica aceptación de esta obra, dos años después, se publicó una edición abreviada, más popular y barata. La calidad científica y técnica de estas publicaciones estaba muy por debajo de las de Botta y Place. Estaban más cerca de ser unas memorias personales de la experiencia vivida, que un estudio científico de los descubrimientos realizados.

A pesar de lo espectacular de sus hallazgos en Asiria y de llegar a ser toda una celebridad en su país, donde llegó a ser apodado «el Ninivita» o «Sr. Toro», cuando tan solo contaba con 34 años de edad, Layard abandonó la arqueología. A partir de 1851, pasó a dedicarse de pleno a su carrera política como ministro de asuntos exteriores y embajador en Madrid y Constantinopla. La revista británica de humor y sátira *Punch* lo representó vestido de embajador (estuvo en Madrid entre 1869 y 1877) a lomos de un toro alado asirio. En la ilustración aparece jaleado por un grupo de españoles al grito de «bravo toro» (fig. 9).

Tras la marcha de Layard, la arqueología británica en Mesopotamia quedó en manos del coronel Henry Creswicke Rawlinson, que había sido cónsul en Bagdad, y de su antiguo colaborador local, Hormuzd Rassam. La rivalidad arqueológica franco-británica llegó a su punto culminante en 1852, cuando hubo que establecer los derechos de excavación sobre los principales yacimientos de la región de Mosul. El caso más controvertido fue el de Kuyunyik, la antigua Nínive, donde Place y Rawlinson llegaron a la solución salomónica de dividir el yaci-

9. Austin Henry Layard, caracterizado como embajador, sobre un toro asirio a su llegada a Madrid (Revista *Punch*).

miento en dos sectores, uno para cada país. A Francia le correspondería la parte norte, donde diez años antes había empezado a excavar Botta, mientras que los ingleses continuarían excavando en la parte meridional. Sin embargo, esta solución no fue del agrado de Rassam, que tenía la firme convicción de que el sector bajo control francés era el más prometedor. El conflicto estalló a finales de diciembre de 1853. En la zona reservada a los franceses, después de tres noches de excavación clandestina para no ser vistos, Rassam y un grupo de fieles obreros árabes descubrieron el palacio del rey asirio Assurbanipal (668-630 a.C.). Una rica ornamentación de bajorrelieves sobre la caza del león (entre ellos la famosa leona herida) y una biblioteca emergían de esta forma tan poco ortodoxa.

Por aquellas fechas, Place estaba concentrado en la dirección de los trabajos en Khorsabad. En opinión de Rassam, Rawlinson no tenía derecho a repartir los terrenos arqueológicos de la antigua Nínive, ya que no le pertenecían. Place le felicitó por su buena fortuna y le anunció que pondría una queja formal ante sus superiores por la violación del acuerdo. La realidad es que el cónsul francés se vio obligado a abandonar Kuyunyik por la falta de medios y por la obligación de concentrar sus esfuerzos en Khorsabad, que era el proyecto prioritario para París. El 22 de agosto de 1853, Place había recibido un despacho ministerial en el que se le daba la orden de paralizar todos los trabajos de excavación para ocuparse de la operación de transporte de los hallazgos a Francia. En este contexto, el de la renuncia de Francia a seguir excavando en Asiria, es fácil de entender que Place no estuviera en posición de actuar en Kuyunyik y de revindicar los derechos de su país en este yacimiento. Place quedó muy afectado por lo ocurrido, según le cuenta a su hermano Charles en una carta, fechada el 14 de febrero: «[...] estoy tan contrariado de que me obligaran a dejar a los ingleses que descubrieran hace dos meses lo más interesante que se ha exhumado en Nínive, que he perdido la esperanza de poder igualarles [...]».

En otra carta previa, en esta ocasión a su ministro, con fecha de 26 de enero de 1854, Place se refirió en los siguientes términos a este espinoso asunto:

> Estos hallazgos han sido hechos en un sector que el coronel Rawlinson, cónsul general de Inglaterra en Bagdad, me había autorizado a explorar y no fue hasta nuestra renuncia forzada que su Agente [Rassam] se instaló con gente. Así, durante mi primera visita, este individuo no tardó en decirme: "Os habéis equivocado al no aceptar nuestra oferta pues ha sido sobre vuestro terreno y con vuestros obreros que hemos encontrado estas bellas cosas". [...] Debo reconocer que los ingleses han encontrado lo más curioso hasta ahora de los monumentos asirios, por la perfección y la conservación de las esculturas [...].

Estas cartas de Victor Place desmontan otra versión de los hechos más novelesca y popular, en la que se presenta a Rassam como un auténtico cazador de tesoros sin ética ni moral. Según esta versión, para no ser descubierto, ideó durante la noche un sistema de excavación en galerías subterráneas para no ser visto y acceder a la parte que, supuestamente, pertenecía al equipo de Place. De esta manera tan poco acertada, arrambló con todo lo que se encontró en la parte francesa. Cuando los hallazgos de Rassam se expusieron en las salas del Museo Británico de Londres, su nombre no apareció mencionado en ningún lugar y fueron atribuidos a Henry Rawlinson. Racismo y prejuicios marginaron a Hormuzd Rassam de la historia del descubrimiento de Asiria, con sus errores y aciertos. A pesar de obtener la nacionalidad inglesa, este cristiano de Mosul era visto como un oriental en la conservadora sociedad victoriana. Para el coronel Rawlinson fue un simple subordinado. Él era el único responsable oficial de las excavaciones.

Al margen de este oscuro episodio, franceses y británicos escribieron entre 1843 y 1854 las primeras páginas de una arqueología épica, con sus luces y sus sombras. Gracias a sus trabajos, Asiria resucitó de su olvido milenario en las galerías y trincheras abiertas en las viejas colinas de adobe cercanas a la ciudad de Mosul. Las obras de arte rescatadas se transportaron rápidamente a Europa para ser exhibidas en París y Londres. La rivalidad política se trasladó al campo de la arqueología y a su debut en la antigua Mesopotamia, que despertaba, por fin, a través de los asirios y sus connotaciones bíblicas, de su sueño milenario. Europa se vio pronto invadida por una verdadera «asiriomanía». Obras de teatro, pinturas, artes decorativas, arquitecturas, etc. vieron en el estilo asirio una nueva fuente de inspiración llena de exotismo. En 1869, la joyería londinense Philips Brothers & Son diseñó un collar con sellos cilíndricos mesopotámicos auténticos para Lady Layard. En su diario escribió que, durante una cena con la reina Victoria en 1873, su collar fue muy admirado.

Otros ejemplos de esta «asiriomanía» los encontramos en Londres y París. Cuando el Palacio de Cristal de la Gran Exposición Universal de Londres se trasladó de Hyde Park a Sydenham

10. Robert Koldewey en Babilonia en 1914 (Archivo G. Bell).

Hill, en 1854, se incluyó el llamado «Patio de Nínive», un espacio con una decoración de inspiración asiria formado por copias de relieves pintados de colores brillantes de Khorsabad, Nínive y Nimrud. Aunque los directores del Palacio de Cristal no estaban muy entusiasmados con esta exhibición de arte asirio, en la que intervino Layard, la «Corte de Nínive» fue recibida con asombro y admiración por el público londinense. De igual manera, en la Exposición Universal de París, en 1889, Charles Garnier, el arquitecto de la Ópera, concibió un conjunto de edificios inspirados en la Antigüedad. Algunos de ellos eran casas de estilo asirio. Treinta y cinco antes, en 1854, Francia emitió una medalla de bronce conmemorativa del descubrimiento de Khorsabad, que fue enviada a ayuntamientos, museos y prefecturas de todo el país. La medalla es una curiosa combinación de estilo neoclásico, propio de la época, y de elementos asirios, como un toro alado. Contiene, además, una leyenda en latín en la que se puede leer: «Francia ha descubierto a partir de 1845 las ruinas de Nínive». En

11. Autorretrato de Walter Andrae realizado en 1902 (W. Andrae).

aquel año, todavía se seguía pensando que Botta había localizado la antigua ciudad de Nínive en las ruinas de Khorsabad.

Como acabamos de ver, el renacer de los asirios no vino de la mano de arqueólogos. La arqueología aún no existía como disciplina académica. Tanto Botta como Layard no tenían ni la formación específica ni los medios técnicos para llevar a cabo unas excavaciones modélicas. Las hicieron sin conocer apenas cómo era la arquitectura o el arte del pueblo que estaban descubriendo a golpe de pico. Todo era novedoso. No había referencias previas a las que agarrarse. Incluso los textos cuneiformes que estaban rescatando aún no se sabían leer. Para alcanzar los bajorrelieves, que cubrían los muros de adobe de los palacios, se excavaron pozos y galerías que no permitían ver los edificios en su conjunto. Ellos fueron los primeros en desenterrar las grandes edificaciones de las últimas ciudades asirias. Por esta razón, debemos ser generosos y agradecidos con su labor de pioneros en condiciones nada sencillas. Sus méritos superan sus desaciertos.

Hubo que esperar hasta la incorporación de Alemania a la arqueología de Oriente Próximo para ver la implantación de métodos de trabajo cada vez más rigurosos. En 1899, Robert Koldewey en Babilonia (fig. 10), y, en 1903, Walter Andrae en Assur (fig. 11), la primera capital de los asirios, empezaron a excavar

12. Vista general de las ruinas de adobe y ladrillo de Babilonia excavadas por Koldewey (J. C. Margueron).

siguiendo un sistema metódico de sondeos y trincheras. Koldewey y Andrae eran arquitectos con un sólida formación histórica y artística. Pero, siguiendo la tradición de las escuelas de arquitectura alemanas, habían sido educados de acuerdo con los modelos grecorromanos, es decir, eran «arquitectos de la piedra». En Babilonia y Assur tuvieron que enfrentarse, sin embargo, a una arquitectura de tierra mal conservada (fig. 12).

Como antes habían hecho franceses e ingleses, una vez concluidas las excavaciones alemanas en Assur, en 1914, Walter Andrae preparó el envío de los hallazgos a Berlín. El cargamento se colocó en las bodegas de un vapor procedente de Hamburgo, llamado *Cheruskia*, que se refugió en Lisboa poco después de estallar la Gran Guerra. La carga fue confiscada y los tesoros asirios fueron enviados a la Universidad de Oporto, donde fueron expuestos en la Galería de Historia del Arte. La Asociación de Arqueólogos Portugueses propuso al gobierno incorporar esta «buena captura» a un museo público nacional con el fin de enriquecer sus colecciones. Esta situación irritó mucho a las autoridades alemanas:

> Durante una conversación privada con el emperador en su despacho, le informé de la retención de mis hallazgos de Assur en Portugal. A lo que el káiser contestó lleno de ira que habría que mandar un barco de guerra a Oporto, y ¡bombardear la ciudad!,

relata Andrae en sus memorias. Finalmente, en 1926, tras una larga negociación y a cambio de otros objetos arqueológicos (egipcios y griegos), las cuatrocientas cajas requisadas llegaron en barco a Berlín.

El proceso de descubrimiento de las capitales asirias coincidió en España con el convulso reinado de Isabel II. Las circunstancias sociales y políticas no favorecieron la participación española en los grandes proyectos arqueológicos en Oriente Próximo. A pesar de ello, en 1851, en pleno renacimiento del mundo asirio, dos fragmentos de bajorrelieve y una inscripción cuneiforme procedentes del palacio de Senaquerib en Nínive fueron donados por Antonio López Córdoba, embajador español en Constantinopla, a la Real Academia de la Historia. El diplomático encomendó esta adquisición a un tratante de caballos árabes de origen griego, quien las compró en 1847 en Mosul.

Ante la imposibilidad de acceder a la excavación de las colinas del norte de Iraq que ocultaban obras asirias, el Museo de Reproducciones de Madrid, cuyos fondos hoy forman parte del Museo Nacional de Escultura de Valladolid, encargó entre 1896 y 1900 al Louvre y al Museo Británico copias de varios relieves procedentes de las grandes capitales de Asiria. De igual manera, el Museo de Reproducciones de Bilbao también solicitó a París y Londres, entre 1930 y 1936, diversos duplicados de piezas mesopotámicas, entre ellas un bajorrelieve de Khorsabad. A otro nivel, el interés por lo asirio también llegó a España.

EN DEFENSA DE UNA CIENCIA «INÚTIL»: LA ASIRIOLOGÍA

El año 1843, con la excavación de Khorsabad, la ciudadela del rey asirio Sargón II cerca de Mosul, puede ser considerado como el verdadero punto de partida de la asiriología. Fue el orientalista francés, Ernest Renan, quien propuso en 1859, a partir del término «egiptólogo» dado a los especialistas del Egipto faraónico, llamar «asiriólogos» a los eruditos que trabajaban sobre la antigua Asiria. En su origen, un asiriólogo se ocupaba de descifrar los textos asirios descubiertos por la arqueología en la región de Mosul, en el norte de Iraq. Sin embargo, en su acepción más amplia, designa a toda persona que estudia los textos con escritura cuneiforme. Hoy se trata de un selecto y minoritario colectivo de especialistas centrados en el estudio de las civilizaciones de Oriente Próximo antiguo. A medida que se fueron descifrando otras lenguas distintas al asirio, se empezó a distinguir a los sumerólogos (textos en sumerio) y a los hititólogos (textos en hitita).

El primer reto a superar por los asiriólogos fue grande. El acadio, la lengua de los asirios, estaba aún por descifrar. Y a diferencia de Egipto, no existía en Mesopotamia una «Piedra Rosetta» que portara una inscripción en una lengua conocida. Había inscripciones trilingües en acadio, elamita y persa. Todas ellas eran lenguas desconocidas. Hubo que esperar hasta 1857. El 17 de marzo de aquel año, William F. Talbot, un apasionado de las lenguas antiguas, envió a la *Royal Asiatic Society* de Londres una traducción sellada de un texto inédito del rey asirio Tiglat-pileser I (1114-1076 a.C.), hallado en la ciudad de Assur. Con el objetivo de tener la certeza de que la escritura cuneiforme asiria había sido descifrada, se invitó a participar en este apasionante reto intelectual al orientalista francés de origen alemán Jules Oppert, llamado con justicia por los franceses «el padre de la asiriología», y al pastor irlandés Edward Hincks para que su propuesta fuera contrastada con la traducción realizada por Sir Henry C. Rawlinson, a quien los ingleses consideraban «el auténtico fundador de la asiriología». El 25 de mayo, una vez leídas las distintas versiones remitidas, la comisión evaluadora concluyó que eran lo suficientemente próximas entre sí para poder considerar descifrada la lengua acadia.

Pese a la rivalidad franco-británica por atribuirse el mérito de quién fue el verdadero fundador de la asiriología, una disciplina del ámbito de la orientalística que poco a poco se fue emancipando de los estudios bíblicos, el papel de Francia, al igual que en la Egiptología, fue determinante. Entre 1863 y 1869 Jules Oppert publicó una obra fundamental, en cuatro volúmenes, que contenía los principios del desciframiento de la lengua acadia. Poco después, en 1874, Francia creó en el *Collège de France*, en París, la primera cátedra de asiriología bajo la denominación de «Filología y arqueología asirias».

En España, debido a la falta de tradición en la arqueología mesopotámica (la primera excavación española en Mesopotamia es de 1989), es una ciencia minoritaria y marginal dentro de las humanidades, que se ha refugiado en el campo de la historia antigua y de la filología semítica. Su futuro, en el actual contexto marcado por el utilitarismo y el cortoplacismo, es más que incierto. Algunos podrían decir, y no sin razón, que la asiriología es una ciencia «inútil», un exotismo prescindible. ¡Nada más lejos de la realidad! Los asiriólogos son investigadores, epigrafistas capaces de leer los textos de los primeros archivos y de las primeras bibliotecas de la historia. Su trabajo es fundamental para conocer los orígenes de nuestra civilización y contribuir, junto con los arqueólogos orientalistas, a reconstruir el complejo puzle de los inicios de nuestra historia universal.

Se estima que el número de objetos con escritura cuneiforme descubierto hasta la fecha es de aproximadamente un millón.

¡Sí, un millón! Este ingente volumen de textos mesopotámicos, en su mayor parte sencillas tablillas de arcilla, está disperso entre múltiples colecciones y museos de toda la geografía mundial. Lamentablemente, muchos de estos documentos permanecen aún inéditos. Están esperando en las estanterías de los almacenes de los museos para ser estudiados por algún asiriólogo. El número de textos a estudiar es inmenso y el número de especialistas es exiguo, y cada vez menor. A modo de comparación, todos los archivos conocidos del mundo micénico (Cnosos, Pilos, Tebas y Micenas) han proporcionado unas cinco mil ochocientas tablillas de arcilla del siglo XIV a.C. escritas en lineal B (griego arcaico).

El origen de estas colecciones cuneiformes es diverso. Además de las que proceden de las primeras excavaciones en el norte de Mesopotamia, otras nacieron como donaciones o mediante adquisiciones en anticuarios. Esto provocó, en bastantes casos, la terrible descontextualización de la documentación textual. Para un historiador, el contexto es tan importante como el texto. En otras palabras, un mismo texto puede significar, desde el punto de vista histórico, cosas distintas en función del contexto en el que apareció.

Para la creación de su sección babilónica, el Museo de la Universidad de Yale, en Estados Unidos, compró diversos lotes de tablillas cuneiformes, guardó las que le interesaban y revendió el resto (generalmente fragmentos) a otras instituciones. El resultado fue catastrófico, pues provocó la dispersión de los textos cuneiformes entre diversas colecciones norteamericanas. Los beneficios obtenidos sirvieron para hacer otras adquisiciones. Esta práctica, que fue muy habitual entre mediados del siglo XIX y los inicios del XX, hace que hoy nos podamos encontrar con una situación surrealista, pero cierta: los fragmentos de una única tablilla pueden estar repartidos entre varias instituciones privadas o públicas. En otras palabras, un mismo texto puede estar desperdigado entre Estambul, Londres, París, Chicago o Bagdad. En nuestro país, la mejor colección de tablillas cuneiformes mesopotámicas, cerca de un millar, es la que se conserva en el antiguo museo bíblico de la Abadía de Montserrat, en Barcelona. Esta colección fue creada por el padre Bonaventura Ubach, a partir de las adquisiciones que realizó en un viaje a Bagdad entre 1922 y 1923.

La distribución irregular de los textos dentro de la geografía y de la cronología de Mesopotamia es otra dificultad a la que tienen que hacer frente los asiriólogos. De todos los períodos de la historia de Mesopotamia, el que ha dado el mayor volumen de textos cuneiformes es la III dinastía de Ur, en el siglo XXI a.C. Se trata de un volumen de documentación escrita, principalmente textos de naturaleza administrativa, sin precedentes en la historia antigua de Oriente Próximo. Responde a la extraordinaria maquinaria burocrática creada por este Imperio sumerio. Muchos de los textos proceden de excavaciones no científicas y de la compra en anticuarios. Esto hace difícil, en no pocos casos, reconstruir la totalidad del archivo de origen y hallar su localización exacta dentro de la geografía mesopotámica. Se estima que los museos y colecciones privadas de todo el mundo (Europa, Estados Unidos y Oriente Próximo) conservan al menos ciento veinte mil textos cuneiformes de este período. Solo en España, un país con poca tradición en el coleccionismo de antigüedades proximorientales, hay más de ochocientas tablillas neosumerias distribuidas entre Cataluña, Galicia, Madrid, Baleares, Andalucía y Aragón.

Los escribas mesopotámicos cultivaron diversos géneros y estilos. Por su temática los textos cuneiformes, los podemos organizar en varias categorías, a saber: las crónicas, en las que se enumeran año por año los hechos más remarcables; los textos conmemorativos, como las inscripciones reales (grabadas generalmente en estelas de piedra para rememorar algún acontecimiento relevante, como una victoria militar) o los depósitos de fundación (ladrillos, cilindros o clavos de arcilla que recuerdan la construcción o restauración de un monumento); los textos científicos, documentos de evidente utilidad para conocer la sabiduría mesopotámica; los textos de naturaleza legal (en particular los códigos de leyes); los textos escolares, resultado del aprendizaje del oficio de escriba (gracias a esta actividad se han conservado copias de inscripciones hoy perdidas); los documentos de archivo, es decir, textos administrativos, cartas y textos jurídicos (como los contratos) procedentes de los palacios, los templos y de particulares. Por último, en el campo de la cultura, se hallan los textos literarios y sus diversos géneros. Entre los más cultivados estuvieron las epopeyas, los mitos, los himnos, las lamentaciones, los conjuros y toda una rica literatura sapiencial. A este conjunto heterogéneo, más popular y de finalidad moral y didáctica, pertenecen las disputas, los proverbios o refranes, las adivinanzas, las fábulas y los relatos de humor (muy distinto al nuestro).

Los estudios mesopotámicos deben utilizar de forma conjunta y contrastada las fuentes escritas y los datos arqueológicos. Sin embargo, este objetivo no está exento de complejidad. Con mucha frecuencia, las tablillas cuneiformes hablan de una cultura material que el arqueólogo no encuentra en sus excavaciones y, a la inversa, los textos contradicen, omiten o ignoran algunas realidades materiales sacadas a la luz a través del método arqueológico. La búsqueda de la complementariedad entre la documentación escrita y la no escrita debe ser la meta a seguir. El fin no es otro que hacer historia.

EL DEBUT DE LA ARQUEOLOGÍA ESPAÑOLA EN MESOPOTAMIA

La incorporación de la arqueología española a los trabajos de campo en la antigua Mesopotamia es tardía, si la comparamos con la labor de franceses e ingleses. La primera excavación ar-

13. El prehistoriador cántabro Joaquín González Echegaray retratado en 1956. Primer director de una excavación arqueológica española en Oriente Próximo (Archivo J. Vázquez).

queológica dirigida por un investigador español en Oriente Próximo tuvo lugar en 1960. Pero no fue en el «país de los dos ríos», sino en una cueva de Jordania, bajo la dirección del sacerdote y prehistoriador cántabro Joaquín González Echegaray, que dirigió también, en 1962, las investigaciones efectuadas en la terraza de el-Khiam, cerca de Belén (fig. 13).

Con estos dos proyectos, auspiciados por la Casa de Santiago en Jerusalén, España entró, con pleno derecho, en la historia de la arqueología proximoriental. Este logro de la ciencia española fue posible gracias al apoyo y a la sensibilidad por la arqueología y las antigüedades de dos diplomáticos destacados a Amán: Virgilio Sevillano Carbajal y José Antonio Varela Dafonte. Las gestiones administrativas previas realizadas por ambos ante las autoridades jordanas fueron fundamentales para hacer realidad tan anhelado proyecto:

> Los grandes de la arqueología visitaban la Casa de Santiago para estudiar los hallazgos, la Casa era ya ilustre, la excavación española una noticia de primera magnitud. ¡Dos años atrás nadie soñaba ni con excavar una mata de geranios en el jardín y ahora se entraba en el mundo orientalista y por la puerta grande!

De esta manera tan elocuente, describió Varela Dafonte en sus memorias el éxito que representó la excavación de el-Khiam para España. Prueba de su relevancia, fue el hecho de dar nombre a un nuevo período de la Prehistoria de la región, que pasó a llamarse «khiamiense».

Hubo que esperar hasta 1986 para que los españoles se incorporaran a la arqueología mesopotámica. El país elegido fue Siria. La primera iniciativa fue el «Proyecto Balikh», liderado por Joaquín Córdoba Zoilo, profesor de la Universidad Autónoma de Madrid. Esta misión consistió en una prospección a pie a lo largo de todo el valle del río Balikh, afluente del Éufrates, en la que se documentó un total de veintiséis *tells*. El objetivo científico se centró en el estudio de Mitanni, un antiguo reino mal conocido, que brilló con luz propia en el norte de Siria durante el II milenio a.C.

La primera excavación española en Mesopotamia se puso en marcha en el año 1989. Se trata de la «Misión Arqueológica de la Universidad de Barcelona en Siria», organizada bajo la dirección

14. Vista de Tell Qara Quzaq (Siria), en 1989. Fue la primera excavación arqueológica española en Mesopotamia (Archivo TQQ, IPOA).

científica de Gregorio del Olmo Lete, del Instituto del Próximo Oriente Antiguo, y la dirección técnica de Emilio Olávarri. El lugar escogido fue Tell Qara Quzaq, un pequeño yacimiento situado en la ribera izquierda del Éufrates (fig. 14). La elección no fue casual. Estuvo condicionada por la construcción de la presa de Tishrin y la operación internacional de salvamento, promovida por las autoridades sirias, de los sitios que anegaría el lago artificial resultante. Desde el punto de vista histórico, se documentaron varias fases de ocupación humana, siendo especialmente importantes las correspondientes al Bronce antiguo y medio (III y II milenio a.C.). Lo realmente relevante es que Tell Qara Quzaq se convirtió en un «yacimiento escuela» por el que pasó una nueva generación de arqueólogos y asiriólogos españoles. Hoy Tell Qara Quzaq es una isla en medio de las aguas del Éufrates y del violento conflicto que tristemente asola la región.

15. Vista del *tell* de Sheikh Hamad, antigua Dur-Katlimmu, en Siria (J. L. Montero).

LA ARQUEOLOGÍA: EL *TELL*, UN LABORATORIO SINGULAR

En 1850 Paul-Émile Botta, el cónsul francés descubridor del primer yacimiento arqueológico mesopotámico excavado de manera extensa por un erudito europeo, nos ofrece la que parece ser la primera definición de un *tell*: «Este vasto montículo es una masa evidentemente artificial, y de acuerdo con su apariencia una vez debió soportar el principal palacio de los reyes de Asiria».

Tell es una palabra árabe que significa 'colina', pero una colina singular. Es un montículo artificial formado por la acumulación en un mismo lugar de ruinas pertenecientes a distintos períodos históricos (figs. 15 y 16). El *tell* es el yacimiento arqueológico típico de Mesopotamia. Su origen está en la descomposición del material constructivo utilizado por los arquitectos mesopotámicos para levantar las murallas, los palacios, los templos y las casas de sus ciudades. Este material no es otro que la tierra, transformada en adobes crudos y ladrillos cocidos.

El *tell* se puede definir como un «cadáver arquitectónico», cuya génesis y evolución depende del «ciclo biológico» de la ar-

16. Vista del *tell* de la antigua ciudad sumeria de Larsa, en Iraq (F. Masó).

quitectura en tierra: nacimiento, vida y muerte. El nacimiento está representado por la transformación de la materia prima, esto es, de la tierra en un material apto para la construcción. Lo más habitual era escoger una tierra cercana al lugar de trabajo que, una vez desprovista de las impurezas más groseras, se le añadía paja picada, gravilla, cenizas, arena o, incluso, cerámica triturada. El amasado, para el que se añadía agua con el fin de obtener una pasta homogénea, se realizaba mediante el pateo de hombres y animales. Finalmente, era necesario dar forma a la pasta resultante para que tuviera una utilidad constructiva. Había dos posibilidades: bien se modelaba simplemente con las manos, bien se utilizaba un molde de madera, que podía ser simple o múltiple (fig. 17). En el primer caso, las piezas obtenidas eran irregulares y desiguales. En el segundo, la producción era más rápida y estandarizada. El proceso de producción terminaba con un doble tratamiento que pasaba por el secado al sol o por la cocción en hornos. Si solo se realizaba el primer paso, se obtenían adobes crudos. Si, finalmente, se aplicaba la tecnología del fuego, el resultado eran ladrillos cocidos. La diferencia entre ambos productos es su capacidad de resistencia. El adobe es mucho más frágil y tiene un enemigo implacable: la humedad. Por el contrario, el

17. Elaboración de adobes con un molde doble de madera en la aldea de Qara Quzaq, en el norte de Siria (J. L. Montero).

ladrillo es mucho más resistente, en particular al agua, pero su fabricación es más costosa por el combustible empleado para su cocción en el horno. Mesopotamia era un país pobre en madera. Por esta razón, el empleo de ladrillos cocidos en la arquitectura era restrictivo (revestimientos, pavimentos, canales, aljibes, etc.). El adobe, por el pequeño coste invertido en su producción, conoció un uso mayoritario. Ante la falta de piedra, los arquitectos y albañiles mesopotámicos se vieron constreñidos en el desarrollo de su oficio y tuvieron que adaptarse a los materiales disponibles en la llanura aluvial.

Una vez transformada la tierra en adobes y ladrillos, este material se colocaba en los muros dando forma a todo tipo de construcciones. La vida de esta arquitectura de tierra dependía de su protección frente a la humedad, que podía llegar por varias vías: lluvia, inundaciones, capilaridad, subida del nivel freático, etc. La principal debilidad del adobe era, evidentemente, su extraordinaria sensibilidad al agua. Sin embargo, un mantenimiento periódico y regular podía garantizar una vida larga. De hecho, los muros de adobe de algunas salas del palacio de Mari tenían más de tres siglos de existencia en el momento de su destrucción por el rey Hammurabi de Babilonia hacia el 1760 a.C. (fig. 18). Además de su longevidad, otra cualidad del adobe es que funciona como un excelente aislante capaz de conservar el calor en invierno y el frescor en verano.

18. Excepcional estado de conservación de los muros de adobe del palacio de Mari en el momento de su excavación, en 1935 (Archivo A. Parrot, MAM).

Por razones económicas, políticas, estratégicas o militares, un asentamiento podía ser abandonado, de forma pacífica o violenta, por sus habitantes. Si esto ocurría, esa aldea, esa fortaleza o esa ciudad, construida íntegramente con tierra, estaba sentenciada de muerte. Diferentes agentes erosivos, sobre todo el agua, empezarían a actuar en diferentes puntos de los muros de adobe de todas las edificaciones del enclave ya sin uso ni mantenimiento. La tierra, a la que los arquitectos mesopotámicos habían dado forma, empezaba un irreversible proceso de descomposición. Los adobes de formato cuadrado o rectangular, colocados cuidadosamente en el aparejo de un muro, iniciaban una fase de transformación en lo que eran originalmente: tierra. Pero esta tierra había dejado de ser una tierra común. Esta ya era una tierra con valor histórico que, en ocasiones, volvía a ser reciclada para hacer nuevos adobes y nuevos monumentos. No es raro encontrar dentro de los adobes de un período determinado fragmentos de objetos de otra época más antigua. Y cuando la arquitectura de la que formaban parte estos adobes muere y se descompone, se produce lo que en arqueología llamamos una inversión de estratos. Por esta vía, un trozo de cerámica del período Uruk reciente (hacia el 3100 a.C.), por poner un ejemplo cualquiera, puede aparecer en un nivel arqueológico posterior en siglos o incluso milenios.

El abandono y la degradación de la arquitectura de adobe dio paso a una colina artificial compuesta de ruinas, de muros maltrechos y mutilados por la implacable erosión. Los árabes llaman a esta colina *tell* (*tulul* en plural). Este término árabe tiene su origen en el sustantivo acadio *tilu*, que podemos traducir por 'colina o montaña de ruinas'. Estas viejas colinas se denominan *tepe* en persa y curdo, y *hüyük* en turco. Son verdaderos libros de historia antigua. Pero unos libros muy singulares y complejos. Fue muy frecuente que estos vetustos montículos de adobes disgregados, que resaltaban sobre el paisaje de la llanura mesopotámica, se volvieran a reocupar una o varias veces. En el caso del *tell* de la antigua ciudad de Mari, en Siria, se han identificado hasta tres ciudades superpuestas entre el 2900 y el 1760 a.C.

Un *tell* mesopotámico contiene en su interior restos arquitectónicos dislocados, sometidos a un proceso imparable de descomposición. El reto del arqueólogo es saber cómo se destruyen y se degradan las construcciones de tierra para realizar el proceso inverso, esto es, devolver ese singular «cadáver arquitectónico» que es el *tell* a la vida. De los estratos del *tell* a la arquitectura, ese es el difícil camino que debe seguir la investigación científica. Esto convierte a los viejos montículos de adobe, que jalonan las riberas del Tigris y del Éufrates, en auténticos laboratorios para la arqueología en Mesopotamia.

Un antiguo habitante de la región difícilmente creería estar viendo el mismo país, las mismas ciudades, que hoy ven nuestros ojos, o sea, viejas colinas polvorientas deformadas a capricho por la erosión. Excavar, recuperar y reconstruir todo lo que contienen estas frágiles ruinas de tierra es el extraordinario desafío que hay que superar para comprender Mesopotamia, la brillante civilización nacida de una materia prima tan humilde como la arcilla. La finalidad última es poder transitar, gracias a la excavación arqueológica y a los nuevos textos cuneiformes traducidos, del muro mutilado al edificio completo y del topónimo actual al topónimo antiguo. En otras palabras, el objetivo es pasar de Tell Hariri a Mari, de Tell Mardikh a Ebla o de Tell Abu Sharain a Eridu, es decir, del *tell* a la historia.

MARI: UNA COLINA Y TRES CIUDADES

El arqueólogo francés André Parrot describió en estos términos sus primeros trabajos en la antigua ciudad de Mari, en Siria:

> La suerte nos iba a ser de nuevo favorable. Un descubrimiento fortuito efectuado por un oficial francés el subteniente Étienne Cabane, residente en Abu Kemal, parecía efectivamente un indicio que no debía despreciarse. Rápidos sondeos efectuados en Tell

Hariri desde el otoño de 1933 confirmaron la impresión que había llevado a M. Dussaud a pedir para nosotros la autorización de las excavaciones. En enero de 1934 el descubrimiento de un templo con abundantes exvotos nos permitía identificar el *tell* con otra capital del mundo babilónico, la ciudad real de Mari.

Poco antes de producirse la llamada que daría un giro al destino de André Parrot, Cabane, oficial francés destinado en el puesto militar de Abu Kemal cerca de la frontera iraquí, tuvo la visita de un grupo de beduinos que le informaron del hallazgo fortuito de una escultura cuando estaban enterrando a uno de los suyos en una vieja colina cercana. Interesado por la noticia, Cabane se desplazó a Tell Hariri (la 'colina de la seda') para verificar personalmente los hechos. Allí se encontró con una gran escultura sin cabeza, aún medio enterrada (fig. 19). El 28 de septiembre de 1933 un informe anunciaba el hallazgo a la Dirección de Antigüedades, con sede en Beirut y, días más tarde, al Museo del Louvre. El 10 de diciembre de aquel año, André Parrot y su equipo se trasladaron a Abu Kemal, un lugar inhóspito situado a pocos kilómetros de una frontera trazada por los aliados en 1921, según los acuerdos de división del Imperio otomano tras la Primera Guerra Mundial.

El 23 de enero de 1934 deparaba una gran sorpresa a los arqueólogos franceses: un grupo de estatuas de alabastro salía a la luz, algunas de ellas con una inscripción cuneiforme. La emoción era enorme. ¿Alguno de esos textos contendría el nombre antiguo de la ciudad? Parrot consiguió identificarlo en una de las estatuillas (fig. 20). Al día siguiente envió un telegrama al Louvre con el siguiente texto en francés: «Cuatro estatuillas completas. Tres inscritas. Una, rey Mari». En aquel momento, la colina llamada Hariri se convirtió en la antigua Mari, una ciudad que ya era conocida por la *Lista Real Sumeria*. André Parrot ha pasado a la historia de la arqueología como «el inventor de Mari».

19. Étienne Cabane fotografiado en 1934 (Archivo A. Parrot, MAM).

20. André Parrot desenterrando la cabeza del intendente Ebih-Il, que sirvió para identificar la antigua Mari en enero de 1934 (Archivo A. Parrot, MAM).

A esta primera campaña arqueológica le sucedieron cuarenta y seis más, hasta 2010, dirigidas por Jean Claude Margueron y Pascal Butterlin. A lo largo de estos años de investigación arqueológica, histórica y filológica, Mari se ha revelado como una fuente inagotable para el conocimiento de la vida urbana en la cuenca sirio-mesopotámica entre el III y el II milenio a.C. Hoy sabemos que la colina de Mari es un gran montículo artificial, duramente castigado por la erosión, que oculta tres ciudades superpuestas de planta circular de casi dos kilómetros de diámetro y dos recintos amurallados (fig. 21). La primera ciudad fue fundada de nueva planta hacia el 2950 a.C. y estaba conectada con el Éufrates y su principal afluente, el Khabur, a través de dos canales de navegación. La segunda ciudad de Mari fue una refundación, destruida hacia el 2250 a.C. por las tropas del Imperio de Akkad, probablemente dirigidas por el rey Naram-Sin.

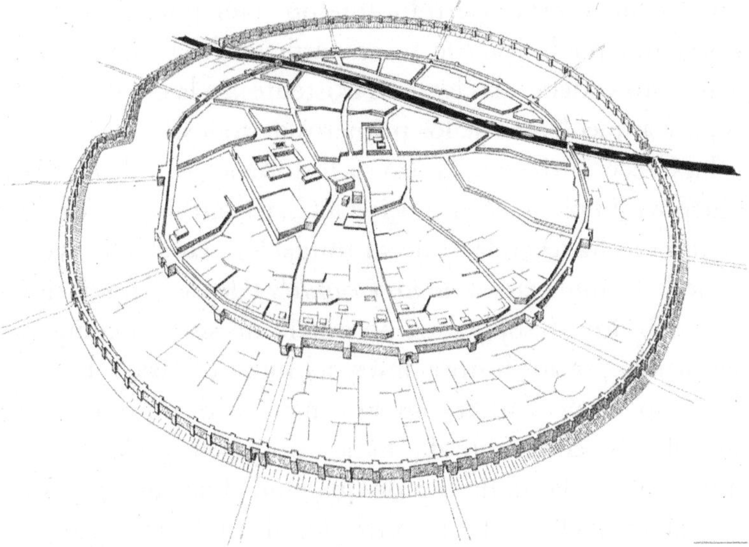

21. Plano circular de la ciudad de Mari, que estaba dividida en dos por el canal que la conectaba a dos meandros del medio Éufrates sirio (J. C. Margueron).

Un nuevo proyecto de reconstrucción dio nacimiento a la tercera ciudad de Mari, cuya vida se prolongó hasta su destrucción por los ejércitos de Hammurabi de Babilonia en el 1760 a.C. En esta última ciudad, el poder estuvo en manos, en primer lugar, de unos gobernadores militares, llamados Shakkanakku en los textos, y finalmente por una dinastía amorrea. A esta etapa final de la ciudad pertenece el gran palacio real, uno de los edificios más espectaculares del Oriente antiguo.

CRONOLOGÍA DE UNA HISTORIA TRIMILENARIA

¡No hay historia sin fechas! Esta es una máxima en los estudios históricos y caballo de batalla de cualquier historiador. Lamentablemente, en el caso de Mesopotamia los cuadros cronológicos no son seguros. Esta incertidumbre no atañe por igual a toda la historia mesopotámica. Afecta, en particular, a las etapas más antiguas. Esto se debe a las lagunas existentes en la documentación textual y arqueológica de los primeros períodos.

La Grecia antigua organizó su historia a partir de los primeros juegos olímpicos, en el año 776 a.C., y Roma lo hizo de acuerdo con la fecha legendaria de su fundación, en el año 753 a.C., usando la fórmula latina *ab urbe condita* ('desde la fundación de la ciudad'). En Mesopotamia no existió un sistema comparable al empleado por los historiadores del mundo clásico. Los escribas mesopotámicos utilizaron tres maneras distintas de fechar: el año llevaba el nombre de un acontecimiento relevante (una victoria militar, la fundación de una ciudad, la construcción de un canal, etc.); el año de entronización de un determinado rey o el año epónimo, según el cual cada anualidad portaba el nombre de un alto cargo del gobierno. Este último sistema prevaleció en Asiria. Con el paso del tiempo, sus escribas elaboraron listas de epónimos para ordenar cronológicamente su historia.

Entre la segunda mitad del III y la segunda del I milenio a.C. disponemos de fuentes escritas de diversa naturaleza con las que poder organizar la cronología relativa de la historia de Mesopotamia. Se trata, principalmente, de listas reales, de crónicas y de anales, que nos permiten reconstruir la secuencia de los diferentes reinados y su duración. Por ejemplo, según la *Lista Real Asiria*, sabemos que el monarca Tukulti-Ninurta (I) reinó 36 años, sucedió a Salmanasar (I), que gobernó 30 años, y antecedió a Assur-nirari (III), que estuvo en el trono 6 años.

El problema cronológico en Mesopotamia se hace visible cuando se intenta relacionar los distintos reinados conocidos por los textos (gracias a las listas de reyes) con los datos astronómicos antiguos (sobre todo los eclipses) y las dataciones radiométricas (el carbono 14) con la finalidad de construir una cronología absoluta de los hechos históricos, de acuerdo con nuestro calendario actual. El debate se ha centrado en el estudio de la llamada *Tablilla de Venus*, que forma parte de un compendio de presagios astrales del reinado de Ammisaduqa, de la I dinastía de Babilonia. El texto contiene referencias a observaciones astronómicas de Venus, a ciertas posiciones del planeta acontecidas de forma cíclica (cada 56 o 64 años), que coincidieron con hechos históricos mencionados en la documentación cuneiforme. Esta tablilla ha sido una pieza fundamental para fijar la cronología absoluta de la primera dinastía de Babilonia y, en particular, de su más insigne representante: el rey Hammurabi. De esta manera, se habla de tres sistemas de datación absoluta posibles que tradicionalmente se conocen como la cronología alta, media y baja. De acuerdo con cada uno de estos sistemas, el reinado de Hammurabi, que tuvo una duración de cuarenta y dos años, se podría datar como sigue: 1848-1806 a.C. (alta), 1792-1750 a.C. (media) y 1728-1686 a.C. (baja). Nuevas investigaciones han propuesto otras dos cronologías para el reinado del gran soberano babilónico. Es el caso de la media reducida (1742-1700 a.C.) y de la ultrabaja (1696-1654 a.C.). La cuestión no es baladí. ¡Entre la cronología alta y la ultrabaja hay una diferencia de más de un siglo y medio! Ante la falta de consenso entre los investigadores, por convención, la cronología media es la más usada.

La historia de Mesopotamia es una historia larga, de casi tres milenios. El límite inferior se sitúa tradicionalmente en el hito que representa la invención de la ciudad y de la escritura, fechada más o menos en el 3200 a.C. Y el límite inferior viene marcado por la conquista de Babilonia por parte de Ciro el Grande en el año 539 a.C. Babilonia perdió entonces su autonomía política, pero su cultura siguió floreciendo en la región. Así lo demuestra el hecho de que la escritura cuneiforme estuvo en uso hasta el año 80 d.C.

Para añadir más confusión a la cuestión cronológica, arqueólogos e historiadores tampoco se ponen de acuerdo a la hora de utilizar una única nomenclatura para referirse a los distintos períodos que conforman la historia de Mesopotamia. Con vistas a simplificar, en este libro utilizaremos una periodización clásica de tipo histórico, dejando de lado las diferencias terminológicas regionales y el uso de la clasificación basada en las eras tecnológicas (Calcolítico, Edad del Bronce y Edad del Hierro). De esta manera, para la fase final del IV milenio a.C., hablaremos del período Uruk reciente (3200-3000 a.C.), una etapa marcada por nacimiento del primer urbanismo y la aparición de los primeros textos de tipo pictográfico. El III milenio a.C. estaría formado por los períodos Jemdet Nasr, Dinástico Antiguo, Imperio de Akkad, Anarquía Gutti y la tercera dinastía de Ur. Es la época de las primeras dinastías y de los primeros imperios de la historia. El II milenio a.C. se inicia con una etapa dominada por dos ciudades herederas de las cenizas del Imperio de Ur, Isin y Larsa. A partir de 1900 a.C., más o menos, la geografía de Mesopotamia se fracturó en dos entidades políticas rivales: Asiria, en el norte, y Babilonia, en el sur. Su historia se divide en tres períodos: Paleoasirio y Paleobabilónico, Medioasirio y Mediobabilónico (también llamado Kasita), y Neoasirio y Neobabilónico. Los asirios perdieron su independencia política en el 612 a.C., con la conquista de Nínive, su capital, por una colación de medos y babilonios, y los babilonios lo hicieron en el 539 a.C. con la caída de Babilonia ante los persas aqueménidas. En total, fueron casi veintiocho siglos de historia mesopotámica.

2

AGUA

ÉUFRATES Y TIGRIS: LOS RÍOS CIVILIZADORES

Si el Egipto de los faraones fue un don del Nilo, según escribió el historiador griego Heródoto en el siglo V a.C., Mesopotamia fue un regalo de dos ríos gemelos: el Éufrates y el Tigris (véase fig. 2). Ambos territorios, junto con los valles del Indo y del río Amarillo, conforman los cuatro grandes dominios irrigados del mundo antiguo. La originalidad de Mesopotamia con respecto a las otras tres grandes civilizaciones fluviales fue la de contar no con un río, sino con dos.

Si el ritmo de la vida en el antiguo Egipto no se puede entender sin el Nilo, Mesopotamia no se puede concebir sin el papel fundamental que desempeñó el agua de sus dos grandes ríos. Las tierras mesopotámicas eran pobres en importantes recursos naturales para el desarrollo humano y, por tanto, de la civilización. Dependiendo de la zona, materias primas como la piedra, la madera y los metales (cobre y estaño) eran muy escasas o prácticamente inexistentes. Sobre el papel, por sus pobres recursos económicos y su clima semiárido, con escasas lluvias, Mesopotamia no parecía reunir las condiciones ideales para ser la cuna de una de las civilizaciones más brillantes de la Edad Antigua. Sin embargo, el agua hizo posible lo que algunos han llamado, de forma inadecuada, el «milagro mesopotámico». Un milagro es un hecho inexplicable. Y Mesopotamia, por el contario, se puede explicar. La civilización mesopotámica fue posible gracias a la modificación y a la mejora del medio natural por sus habitantes mediante el dominio del principal recurso del que disponía la región, las aguas del Tigris y del Éufrates.

El agua fue un elemento omnipresente a lo largo de toda la historia mesopotámica. Su valor estratégico como motor de transformación económica fue transcendental, en particular en lo que se refiere a la actividad agrícola y comercial. La agricultura precisó del desarrollo de nuevas técnicas de regadío lo que se tradujo en la construcción y gestión de todo un complejo sistema de canales capaz de poner en valor unos campos extraordinariamente fértiles.

La poca pendiente del Tigris y del Éufrates, a partir del momento en que ambos franquean las montañas donde nacen, fue un factor favorable para la navegación (fig. 22). En los barcos llegaron materias primas, productos manufacturados, nuevas ideas y otros pueblos que fueron cambiando el panorama político y cultural de Mesopotamia a lo largo de tres mil años. Los dos ríos funcionaron como grandes arterias de comunicación fluvial y de estructuración del territorio adaptándose a la alternancia de los períodos de aguas altas (en primavera) y bajas (en otoño). El sistema que ofrecía el medio se mejoró con la excavación de una red de canales de navegación paralela. Este prodigio de la ingeniería babilónica llamó la atención de Heródoto en el siglo V a.C. El historiador griego describió con admiración en el libro primero de sus *Historias* la construcción de canales de navegación en el Éufrates por una reina que él llamó Nitocris (probablemente el rey Nabucodonosor II de Babilonia).

El agua desempeñó en Mesopotamia un doble papel. Por un lado, como ya hemos visto, fue generadora de vida y de transformación social, económica y cultural. Por otro lado, ocultaba una faceta amenazante y destructora. Los arquitectos mesopotámicos tuvieron que solventar la ausencia de piedra en la llanura aluvial construyendo toda una civilización urbana con un material tan humilde y frágil como la tierra. La arquitectura de adobe de

22. Una barca navegando en los *ahwar* (humedales pantanosos) del sur de Iraq, actualmente refugio de la biodiversidad (F. Masó).

las ciudades de Mesopotamia estuvo sometida a un severo peligro: la humedad en sus diversas versiones (lluvias, inundaciones, subidas del nivel freático de los ríos, etc.). Por esta razón, los constructores de las ciudades invirtieron grandes esfuerzos en la lucha contra el agua y su devastadora repercusión.

El efecto destructor que representó el agua para una civilización construida a base de arcilla como la mesopotámica, tanto en lo que se refiere a sus arquitecturas como a sus textos, tuvo su reflejo en la literatura de la época. Este rol devastador del agua, ejemplificado en las frecuentes inundaciones a las que tuvieron que hacer frente las ciudades, especialmente las situadas en las zonas bajas cercanas a las riberas del Éufrates y del Tigris, sirvió de inspiración a los escribas. El recuerdo de estas inundaciones catastróficas contribuyó a transformar el hecho histórico en un mito. La literatura mesopotámica dio forma a este mito con la narración de un extraordinario y devastador diluvio.

> Seis días y siete noches siguieron viento, aguacero, ciclón y diluvio arrasando el país. El séptimo día, nada más llegar, el ciclón

> amainó, el diluvio cesó en su batalla. [...] se quedó callada la tormenta, el diluvio cesó. Me miré el día: reinaba el silencio. Y toda la humanidad se había vuelto barro.

Con estas palabras, que todavía sobrecogen, se describe el diluvio mesopotámico en la tabilla XI del *Poema de Gilgamesh*. Esta metáfora del agua como elemento aniquilador de la vida existente, que da paso a otra nueva, sirvió de inspiración, aunque con otro significado y justificación, a los autores del libro del Génesis (6-7):

> Las aguas, pues, crecieron muy mucho por encima de la tierra, de suerte que quedaron cubiertas todas las más altas montañas que bajo el cielo entero existían. [...] Así fue exterminado cuanto ser existía en la superficie del suelo, desde el hombre hasta la bestia, el reptil y el ave de los cielos inclusive.

De acuerdo con la *Lista Real Sumeria*, los comienzos de las primeras dinastías mesopotámicas estuvieron marcados por un diluvio. De esta manera, el documento cuneiforme distingue cinco ciudades prediluvianas (Eridu, Bad-tibira, Larak, Sippar y Shuruppak) en las que reinaron ocho monarcas durante la increíble cifra de ¡385 200 años! Después de estos orígenes legendarios, el texto sumerio se refiere a la llegada de un diluvio que lo niveló todo, y al regreso posterior de la realeza a Kish, que se convirtió, así, en la primera ciudad postdiluviana.

Como podemos ver, desde sus inicios el agua estuvo muy presente en la concepción y desarrollo de Mesopotamia. Ejemplos no faltan a lo largo de su historia. El rey asirio Senaquerib (704-681 a.C.), enfurecido por la captura de su primogénito por las tropas babilónicas, arrasó con las aguas del río Éufrates la ciudad de Babilonia en el año 689 a.C. El relato conservado de esta destrucción es estremecedor:

> En medio de la ciudad cavé acequias, inundé su suelo con agua, la estructura de sus cimientos destruí. Hice que su ruina fuera mayor que la que produce un diluvio. Para que en el porvenir, el lugar de esa ciudad, sus templos y sus dioses no sean recordados, lo llené completamente de agua y lo convertí en un pantano.

Es incuestionable que el agua, llamada *a* en sumerio y *mu* en acadio, fue un elemento omnipresente en la mentalidad y en la vida cotidiana de los pueblos mesopotámicos. Su historia puede definirse como una lucha constante por su control y dominio. Su futuro dependía de ello. Tuvo, como hemos visto, un doble rol: por un lado, creadora de vida (agricultura de regadío y comercio fluvial) y, por otro, destructora de vida (de ciudades y de arquitecturas). Mesopotamia fue, ante todo, agua y tierra.

MESOPOTAMIA: ¿EL EDÉN BÍBLICO?

El Edén indica el lugar donde se encontraba el paraíso, según la Biblia:

> Luego Yahveh plantó un vergel en Edén, al oriente, y allí colocó al hombre que había formado [...]. Brotaba de Edén un río para regar un vergel y desde allí dividíase y formaba cuatro brazos. [...] El nombre del tercer río es Hiddeqel –Tigris–, el cual recorre el este de Assur, y el cuarto río es Ferat –Éufrates–.

A partir de este relato recogido en el libro del Génesis (2, 8-14), donde se hace referencia a los ríos Tigris y Éufrates, parece lógico pensar que el Edén estuvo ubicado en alguna parte de Mesopotamia. Sin embargo, no es fácil comprender la localización del paraíso en tierras mesopotámicas. La descripción del vergel o jardín nos da una idea de exuberancia vegetal que no se corresponde, por razones climáticas, con el ecosistema de la antigua Mesopotamia. Solo gracias a la transformación del medio por parte de los habitantes de la región, Mesopotamia se convirtió en un país de extraordinaria riqueza agrícola, en una especie de oasis. Sin gran éxito, se han barajado otras opciones geográficas para su localización, entre ellas el golfo Arábigo-Pérsico y el nacimiento del Tigris y del Éufrates, en Turquía.

Es probable que el nombre de Edén proceda del sustantivo acadio *edinu*, que ha sido traducido por 'estepa' o 'desierto', es decir, un espacio improductivo dominado por los pueblos nómadas y, por tanto, lejos del concepto de civilización. En el texto bíblico es Dios quien transformó este lugar, inhóspito para la vida, para que fuera la morada del ser humano y lo cultivara. Es probable que el autor de la descripción bíblica del Edén, realizada posiblemente en el período postexílico (siglo V a.C.), se haya inspirado en los jardines asirios y babilónicos, un espacio de placer logrado costosamente en medio de un entorno árido, pero sin la intención de situarlo en Mesopotamia.

Éufrates y Tigris, además de ser los dos grandes ríos mesopotámicos, fueron dos ríos bíblicos que marcaron la historia del pueblo de Israel. Tras la toma y posterior destrucción de la ciudad de Jerusalén, en los años 597 y 587 a.C., el rey Nabucodonosor II (604-562 a.C.) deportó a Babilonia a la élite política e intelectual del reino de Judá, que se oponía a su hegemonía en la región. Durante su destierro en Babilonia, conocieron la cultura mesopotámica y el río Éufrates que dividía la ciudad en dos partes. Por esas mismas fechas, debían haber concluido las obras de construcción del gran zigurat de Babilonia, citado en el libro del Génesis (11, 1-9) como la torre de Babel.

LA PALMERA: EL ÁRBOL CIVILIZADOR

La palmera en Mesopotamia (llamada *gishimmaru* en acadio) es el equivalente al olivo en el Mediterráneo antiguo. También hoy la palmera datilera es un símbolo del moderno Iraq (fig. 23),

23. Palmeral cercano a la antigua ciudad de Borsippa, al sur de Bagdad (F. Masó).

sobre todo de la región del sur, en Basora. En los años setenta, antes de la guerra entre Iraq e Irán, el país árabe tenía más de treinta y tres millones de palmeras que producían trescientas cincuenta mil toneladas de dátiles al año. Mesopotamia e Iraq están fuertemente unidos a tan peculiar árbol, una especie que se adapta bien a la salinización de los suelos de la zona. Dado que requiere abundante agua, su cultivo se hacía de manera preferente cerca de los ríos y los canales. Una palmera, a pleno rendimiento, puede producir cerca de sesenta kilos de dátiles, que alcanzan su madurez al final del verano. Además de dátiles secos (*zulum* en sumerio y *suluppu* en lengua acadia), un fruto de alto valor nutritivo y de fácil conservación muy presente en la dieta diaria de los mesopotámicos, la palmera aportaba otra serie de subproductos útiles para la vida cotidiana: hojas y fibras para la elaboración de esteras, cordajes, cestería para múltiples usos, etc. También con dátiles se elaboró una bebida alcohólica, que llegó a competir con la cerveza producida a partir de malta de cebada.

Está documentado, incluso, su uso medicinal para el tratamiento de afecciones de la piel.

Los palacios y los templos mesopotámicos poseían grandes palmerales, que explotaban de forma intensiva. Esta actividad económica tuvo su reflejo en los sistemas de gestión. Un buen ejemplo son los archivos de los palmerales reales de la región de Dilbat, datados en los primeros siglos del II milenio a.C. De igual manera, varias leyes (nº 64 y 65) del código de Hammurabi hacen referencia al cultivo y a la polinización manual de palmeras hembras por parte de hortelanos especializados.

La literatura mesopotámica no fue ajena a lo que significaba este árbol. En el diálogo literario entre el tamarisco o taray (un arbusto de uso medicinal) y la palmera, esta defiende sus beneficios frente al primero:

> Yo soy superior a ti. [...] ofrezco además las riendas, los látigos, los arreos para el tiro y el arado, los arneses, las sogas para los bueyes y [...] las redes [...] para todas las herramientas del campesino yo soy superior a ti. [...] la huérfana, la viuda, el hombre pobre [...] comen los dátiles dulces, sin que nunca les falten [...]; se enorgullecen de mis racimos [...].

La palmera marcó a la civilización mesopotámica. Era considerada un árbol benéfico, un emblema de la fertilidad, de la riqueza y de la prosperidad. Los reyes se apropiaron de su capacidad benefactora. Un buen ejemplo es el palacio real de Mari, en Siria, construido a comienzos del II milenio a.C. Uno de sus grandes patios, el que antecedía al salón de trono, estaba presidido por una enorme palmera artificial. De igual manera, la llamada pintura de la investidura del rey de Mari, ubicada en el mismo sector del palacio, aparece flanqueada por una palmera, representada de forma muy realista. De ella de cuelgan unos racimos de dátiles, que son recolectados por dos hombres subidos al tronco. Mucho tiempo después, en el siglo VII a.C., el rey Nabucodonosor II hizo decorar la fachada del salón del trono de su palacio en Babilonia con ladrillos vidriados, que dibujaban una serie de palmeras estilizadas. La vinculación de un árbol como la palmera, con tanto arraigo en Mesopotamia, con la prosperidad de la monarquía es más que evidente.

EL MOTOR DE MESOPOTAMIA: LOS RÍOS «GEMELOS»

La vida en las tierras mesopotámicas estuvo marcada por el sistema de funcionamiento de sus dos grandes cursos fluviales, que nacen en las montañas de Anatolia oriental. Estos relieves anatólicos reciben precipitaciones en invierno y primavera, que en altura caen en forma de nieve. Con la llegada de la primavera, la subida de las temperaturas favorece una rápida fusión de las nieves. La crecida de las aguas alcanza su máximo entre mayo y abril; el estiaje, que es muy acusado, acontece entre septiembre y octubre. El caudal medio del Éufrates, en su entrada en suelo sirio, es de 830 m^3/s, mientras que el del Tigris, gracias a los aportes de los afluentes de la ribera izquierda, es de 1410 m^3/s a la altura de Bagdad. El caudal medio del Nilo es muy superior al de los ríos mesopotámicos, ya que alcanza en Asuán los 2600 m^3/s. Este régimen de funcionamiento natural del Éufrates y del Tigris se ha visto alterado por la construcción de numerosas presas artificiales a su paso por Turquía, Siria e Iraq desde finales de los años sesenta del pasado siglo.

El río Éufrates (fig. 24) nace en la provincia turca de Erzurum de la confluencia de dos ramas, el Karasu (al que habitualmente se considera el Éufrates verdadero) y el Murats. Llamado *Buranun* en sumerio y *Purattu* en acadio, es un río que mide más de dos mil ochocientos kilómetros de longitud entre su nacimiento en los montes Tauro y su desembocadura. En este largo recorrido, sensiblemente menor al del Nilo (de más de 6600 km), el

24. El río Éufrates a su paso por la garganta basáltica de Khanuqa, en Siria (E. Taboada, PAMES).

río atraviesa paisajes muy diversos: un alto país montañoso, una región de mesetas y, por último, una llanura aluvial y deltaica. El historiador griego Heródoto (*Historias* I, 180) lo definió como «un río grande, profundo y de curso rápido». A su paso por Siria, el Éufrates conoce su distancia más corta con respecto al mar Mediterráneo, que apenas supera los ciento sesenta kilómetros.

Dada su longitud, por convención se habla de alto Éufrates para la parte del curso del río que atraviesa el Tauro y Anti-Tauro; de medio Éufrates para hacer alusión a la porción del valle en la que el río se encaja en mesetas que se extienden desde las montañas meridionales de Turquía hasta la llanura aluvial, a la altura de Hit; y de bajo Éufrates en lo que se refiere a la llanura aluvial y deltaica, en Iraq. El Éufrates medio es la única sección del río que recibe los aportes hídricos de tres afluentes, del Balikh, en Raqqa, y del Khabur, en Buseira, ambos por la ribera izquierda, y del Sajur, frente a la antigua Til Barsip, por la ribera derecha. Los tres nacen en las montañas de Turquía.

25. Vista del río Tigris a su paso por Mosul, en el norte de Iraq (J. L. Montero).

Tanto el medio Éufrates como sus principales afluentes han proporcionado a los arqueólogos pruebas indiscutibles de la caza de elefantes desde la segunda mitad del III milenio a.C., aunque la mayor parte de los restos óseos de este gran mamífero terrestre datan de finales del II milenio a.C. De hecho, en nuestras excavaciones en la garganta de Khanuqa hallamos una falange de elefante joven (de 15 cm de largo) en una fortaleza de época asiria, fechada en el siglo XIII a.C. En un texto posterior, el rey Tiglat-pileser I (1114-1076 a.C.) nos dice que cazó a diez elefantes masculinos vigorosos en el distrito del río Khabur y que capturó vivos otros cuatro para llevárselos a la ciudad de Assur, en el Tigris. Su presencia en la región del medio Éufrates nos ayuda a reconstruir un paisaje muy distinto al actual. Los elefantes viven en el límite entre el bosque y la pradera, y necesitan para su dieta una mezcla óptima de hierbas, cortezas y ramas tiernas.

El Tigris, denominado *Idiglat* en acadio, tiene una longitud de mil novecientos kilómetros (fig. 25). Su curso comprende tres partes bien individualizadas, a saber: el alto Tigris, en el actual Kurdistán turco; el Tigris medio, a su paso por la antigua Asiria; y el bajo Tigris, a partir de la ciudad de Bagdad. A diferencia de su hermano gemelo, el Tigris recibe los aportes de importantes afluentes por la ribera izquierda. Los más destacados por su caudal son el Gran Zab, el Pequeño Zab y el Diyala. Todos proceden de la cadena montañosa de los Zagros y fueron excelentes vías de comunicación para acceder a la meseta iraní y sus recursos naturales. Las lluvias, localmente fuertes en invierno en el Tauro y los Zagros, hacen que el Tigris esté sometido a crecidas e inundaciones de consecuencias devastadoras, por lo que la vida y la agricultura en la llanura eran notoriamente peligrosas.

Las cuencas hidrográficas del Tigris y del Éufrates, que conectan tres dominios geográficos distintos, fueron la fuerza estructurante de los territorios que conformaron la antigua Mesopotamia. El primer dominio está formado por las montañas de la periferia, Tauro y Zagros. Son las que alimentan al Tigris, al Éufrates y a sus respectivos afluentes. El segundo dominio es la Jazira, una gran meseta inclinada de norte a sur, compartida hoy entre los países de Turquía, Iraq y, sobre todo, Siria. Vio nacer la «Revolución Neolítica» con la sedentarización, la aparición de la agricultura y la ganadería. La Jazira, en tanto que región de vocación cerealista, fue el corazón del Creciente Fértil.

Y el tercer dominio es la llanura aluvial mesopotámica, es decir, el antiguo país de Súmer y de Babilonia. Es una región árida, con precipitaciones escasas (inferiores a 150 mm), donde la actividad agrícola solo fue posible con la práctica de la irrigación. Este territorio está formado por una vasta planicie monótona, de limos y arcillas, de unos doscientos kilómetros de ancho y una pendiente insignificante que hace que los ríos fluyan lentamente. Esta circunstancia dio lugar a numerosos meandros y a importantes cambios en su trazado a lo largo de su recorrido hacia el mar. A pesar de su monotonía, en la llanura mesopotámica podemos distinguir cuatro unidades distintas de norte a sur: la zona aluvial, el delta interior, la zona de lagos y pantanos, y el Shatt el-Arab (literalmente la 'costa árabe'), que es el estuario común del Tigris y del Éufrates. Hoy ambos desaguan en el golfo Arábigo-Pérsico en un único canal de algo más de ciento

26. Vista del Shatt el-Arab, en el sur de Iraq (F. Masó).

noventa kilómetros de longitud (fig. 26). Los ríos gemelos desembocaban por separado en la Edad Antigua.

Toda esta región, debido a su escasa altitud, ha sufrido importantes modificaciones paisajísticas, sobre todo en lo que se refiere a la línea de costa en el golfo Arábigo-Pérsico. El nivel marino conoció una rápida subida hace unos ocho mil años e invadió poco a poco las tierras bajas de Mesopotamia. Se estima que hace unos seis mil años esta transgresión conoció su avance máximo, alcanzando unos dos metros por encima del nivel del mar actual. A mediados del III milenio a.C., las ciudades sumerias, como Ur o Eridu, estaban situadas cerca del mar. Hoy están localizadas a casi cuatrocientos kilómetros de la costa. En la Antigüedad fueron puertos marítimos en los que atracaban barcos cargados de metales, según relatan los textos cuneiformes, llegados desde Dilmun, la actual Baréin, y Magán, el moderno Omán. Esto dio origen a un sistema de navegación híbrido, marítimo y fluvial, que hizo de Mesopotamia un destino singular.

El paisaje de la baja Mesopotamia ha cambiado considerablemente desde la Antigüedad. Movimientos tectónicos y cambios climáticos se tradujeron en modificaciones en el régimen de los ríos y en la variación del nivel marino. A pesar de las transformaciones sufridas a lo largo de los milenios, los humedales pantanosos de esta región del sur de Iraq son únicos en su género por deber su formación a uno de los mayores deltas interiores del mundo situado en un medio natural extremadamente árido y cálido. Este espacio natural excepcional, junto a las ruinas arqueológicas de Eridu, Ur y Uruk, fue declarado patrimonio mundial por la Unesco en 2016.

UN MUNDO FLUVIAL: CANALES Y NAVEGACIÓN

Para un poeta babilónico, el río Éufrates era un gran canal creado por los dioses: «Oh río, creador de todas las cosas, cuando los grandes dioses cavaron tu lecho, dispusieron el bienestar a lo largo de tus orillas. [...] Oh gran río, sublime río, tus aguas corren rectas [...]».

La Mesopotamia meridional fue el país del agua, de los limos de sus ríos y del sol. Con estos humildes recursos sus habitantes fueron capaces de crear una civilización urbana basada en la arcilla y el adobe. Carecieron de tres recursos naturales fundamentales en el mundo antiguo: el metal (en particular cobre y estaño) para elaborar armas, herramientas y adornos; la piedra para la arquitectura y la escultura; y la madera útil para la construcción de barcos y edificios. Mesopotamia fue, por tanto, un territorio pobre por su naturaleza. Para solventar esta importante limitación se desarrollaron diversas técnicas para controlar y explotar su principal recurso: las aguas de sus dos grandes ríos. El dominio del agua nació de la perentoria necesidad de regar los campos y de convertir la agricultura en la base de su economía ante la ausencia, como hemos visto, de relevantes recursos naturales. La construcción de toda una red de canales permitió la creación de verdaderos ríos artificiales, que alimentaron tanto las tierras agrícolas como los centros urbanos.

El agua es vida. Y Mesopotamia fue agua. Por esta razón, entre finales del IV y mediados del III milenio a.C. las grandes ciudades mesopotámicas se fundaron en las riberas de los dos ríos. Es el caso de Eridu, Ur, Uruk, Larsa, Umma, Nippur y Kish, entre otras muchas. El transporte entre ellas se hizo fundamentalmente en barco. La escasa pendiente del Tigris y del Éufrates, sobre todo a su paso por la Mesopotamia meridional, favoreció la actividad comercial gracias a su navegabilidad. Junto a los ríos gemelos, los canales artificiales de navegación se convirtieron en el gran motor de transformación del paisaje mesopotámico a partir de la creación de una compleja red de transporte fluvial. Tres fueron las principales ventajas que aportaron los canales de navegación con respecto a los ríos: acortar las distancias, evitando los numerosos meandros; reunir, en la época de estiaje, en un solo canal las aguas que tenían tendencia a dispersarse en pequeños brazos no navegables para asegurar que el tráfico no se viera interrumpido; y reducir los obstáculos del recorrido, en particular la costosa navegación en los meandros. En Mesopotamia hubo un sistema de grandes canales (*naru* en acadio) de los que partían, a ambos lados (a modo de espina de pez), otros ramales secundarios de regadío (*namkaru*), cuyas aguas terminaban en los campos de cultivo.

La construcción de canales era un privilegio real. Ur-Nanshe, rey de Lagash (ca. 2520 a.C.), además de construir templos y murallas, se jactaba de haber abierto un canal en honor de la diosa Nanshe. A mediados del III milenio a.C. la apertura y la gestión de canales fue motivo de no pocas disputas entre las ciudades sumerias. Bien conocido es el conflicto fronterizo que hubo entre Lagash y Umma por el control de Guedinna, una zona muy codiciada por sus tierras de valor agrícola y sus canales. En la llamada *Estela de los Buitres*, hoy conservada en el

27. Inicio del canal de Semíramis y dique de derivación (en forma de «L») de las aguas del Éufrates (E. Taboada, PAMES).

Louvre, Eannatum, otro rey de Lagash hacia el 2450 a.C., hizo grabar el siguiente juramento al señor de Umma, tras su derrota en el campo de batalla: «No invadiré nunca más el territorio de Ningirsu (dios patrón de Lagash). Yo no cambiaré el curso de sus canales y acequias».

La investigación arqueológica a lo largo de las riberas del Éufrates ha sacado a la luz diversos tipos de infraestructuras hidráulicas. Se trata, sobre todo, de canales. Nuestros trabajos en la garganta de Khanuqa, situada en el valle medio del Éufrates sirio, han servido para documentar un antiguo canal de navegación. En este punto estratégico, donde el río se encaja al atravesar una dura colada basáltica (el topónimo Khanuqa significa 'estrangulador' en árabe), se pueden observar, en las temporadas de estiaje, dos estructuras hechas con bloques de basalto en el cauce del río (fig. 27). Su función era derivar las aguas a la boca

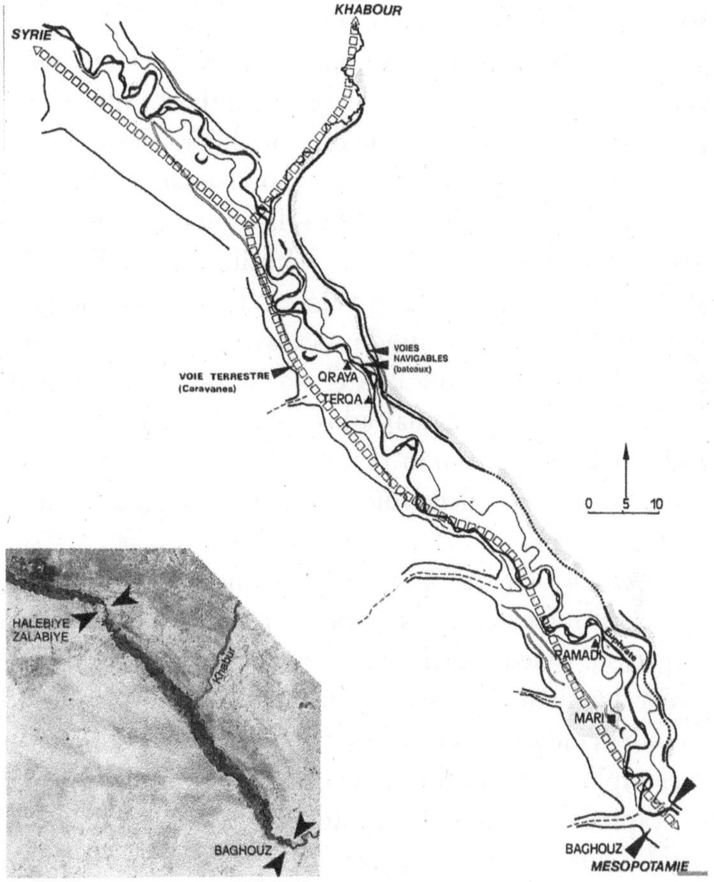

28. Canal de navegación de Mari, que comunicaba la ciudad con el principal afluente del Éufrates, el río Khabur (J. C. Margueron).

del canal, localizada en la ribera izquierda del río. Isidoro de Cárax, geógrafo que vivió en el cambio de Era, lo llamó canal de Semíramis, un personaje legendario que podría corresponderse con la reina asiria Sammuramat (siglo IX a.C.). De él, describe lo siguiente: «El Éufrates está obstruido por piedras de manera que se estrecha y desagua sobre las tierras; en verano los barcos naufragan».

Este canal de navegación transformó la garganta en una pieza clave en el sistema de comunicaciones que estructuraba la región. El canal de Semíramis debió de unir el Éufrates con su afluente el Khabur a lo largo de ochenta kilómetros. El objetivo era conectar con otro más antiguo, hoy llamado nahr Dawrin, que terminaba su recorrido en Mari, la capital del medio Éufrates sirio fundada a comienzos del III milenio a.C. Era un gran canal de navegación de ciento veinte kilómetros de longitud y once metros de gálibo, pensado y excavado para garantizar una comunicación permanente con el río Khabur y, a través de él, tener acceso directo y regular a los recursos mineros de la Anatolia oriental (fig. 28). Gran parte de la actividad de los talleres metalúrgicos de Mari dependía de esta red fluvial de suministro de cobre.

Con el paso de los siglos, la geografía de Mesopotamia se convirtió en una extensa y sofisticada red de canales de regadío y navegación. Quedar excluido de este sistema de conducción y de aprovechamiento de las aguas fluviales era un grave obstáculo. Las grandes ciudades fueron conscientes de ello. Babilonia es un buen ejemplo. El río Éufrates dividía el entramado urbano de la última capital mesopotámica en dos sectores, oriental y occidental, unidos por un puente, que según el escritor romano Quinto Curcio se hallaba entre las maravillas de Oriente. De la construcción del puente nos informa el historiador griego Heródoto de Halicarnaso (*Historias* I, 186):

> Como Babilonia constaba de dos partes y el río pasaba por en medio, en tiempos de los reyes anteriores, cuando uno quería pasar de una parte a otra, tenía que hacerlo en barca, y eso era, según yo creo, una molestia. Pues bien, esta reina remedió también esto. En efecto, después que hubo excavado el lecho para el estanque, se sirvió de esa misma obra para dejar este otro monumento. Hizo cortar enormes piedras, y cuando tuvo dispuestas las piedras y terminada la excavación, desvió toda la corriente del río

> hacia el lugar que había excavado; y mientras éste se iba llenando, entre tanto, como el antiguo cauce estaba seco, por una parte hizo recubrir con ladrillos cocidos, dispuestos de la misma manera que en la muralla, las márgenes del río a su paso por la ciudad y las pendientes que conducen de las poternas al río, y por otra, aproximadamente en el centro de la ciudad, con las piedras que había extraído hizo construir un puente, uniendo las piedras con hierro y plomo. Y encima del puente extendía, cuando era de día, unas tablas cuadradas sobre las cuales hacían la travesía los babilonios; pero por las noches quitaban estas tablas, y ello para evitar que merodeando a favor de la noche, se robasen los unos a los otros.

Aprovechando el desplazamiento del curso del Éufrates hacia el oeste, los arqueólogos alemanes pudieron sacar a la luz parte del puente que unía los dos sectores de la ciudad. Se hallaron seis pilares con forma de barco que soportaron una estructura de madera, en parte móvil, de más de ciento veinte metros de longitud total. Además de conectar las dos partes de la ciudad, el puente funcionó como una barrera para controlar la circulación fluvial. La navegación de un barco por esta zona obligaba a su propietario a pagar una tasa. A su paso por Babilonia, el Éufrates recibía el nombre local de Arahtu, el 'río de la abundancia'. Los reyes Nabopolasar y Nabucodonosor II realizaron grandes esfuerzos en construir y reforzar con muros de ladrillo y betún los muelles de ambas riberas para protegerse de las destructivas inundaciones. Después del Éufrates, el principal canal de Babilonia era llamado Libil-khengalla, nombre que significaba '¡Que aporte abundancia!'. Aunque su origen se puede remontar a comienzos del II milenio a.C., o incluso antes, el recorrido es parcialmente conocido gracias a diversas inscripciones de los reyes neobabilónicos en las que hablan de su reconstrucción. Alimentado por el río, el canal atravesaba, protegido por muros de ladrillo embetunados, el sector oriental de Babilonia desde el palacio meridional hasta la puerta de Zababa. Antes, tenía que salvar la vía procesional con un puente. Su función fue múltiple:

asegurar el suministro de agua, la irrigación de las tierras más orientales y la navegación de barcos hasta los sectores de actividad económica de la ciudad.

Los centros urbanos mesopotámicos, habitualmente asociados a vías naturales o artificiales de agua, dispusieron de puertos o muelles fluviales llamados *karu* en lengua acadia. Debido a su proximidad al agua, estas instalaciones han sufrido las inundaciones de la región y apenas se han conservado. Una de las que sí ha sobrevivido, al menos en parte, es el muelle de la ciudad asiria de Kalhu en el río Tigris. Fue una obra magnífica de ingeniería del I milenio a.C. Estuvo formada por un paramento de piedra tallada, de una altura conservada de siete metros, que protegía una masa interna de mampostería, arena y betún. A parte de estos muelles construidos, simples riberas acondicionadas pudieron servir también para acoger las actividades portuarias de carga y descarga en el exterior de las ciudades.

Los textos en lengua acadia nos han proporcionado un largo repertorio de sustantivos para designar diferentes tipos de barcos en función de su aspecto, de su tamaño, de su origen, de su destino, de su uso, etc. (*eleppu, maturru*, v.gr.). La embarcación más corriente en Mesopotamia fue aquella capaz de mover una carga de seis toneladas, pero las hubo con mayor capacidad hasta alcanzar las treinta y seis. En la navegación local, el barco más habitual fue más pequeño, de algo más de una tonelada.

Los barcos se podían alquilar por días. Su precio variaba con arreglo a sus características y al sentido de su navegación, si remontaba o descendía, según recogen varios artículos (nº 275-277) del código del rey Hammurabi (1792-1750 a.C.). En el artículo número 236 puede leerse lo siguiente en el caso de un naufragio por escasa pericia del barquero: «Si un hombre le deja en alquiler su barco a un barquero y el barquero es descuidado y hunde el barco o lo deja inservible, el barquero le restituirá el barco al dueño del barco». En una carta de Samsi-Addu a su hijo Yasmah-Addu (1782-1775 a.C.), rey de Mari, este se queja de los precios prohibitivos del transporte fluvial y, en lugar de pagar un alquiler excesivo, mandó construir un total de sesenta barcos a la ciudad de Tuttul, en el medio Éufrates sirio, donde debió existir un importante astillero.

El transporte por barco estuvo en manos de un gremio especializado. El término acadio *malakhu,* que habitualmente se traduce de forma genérica por 'barquero', encierra una realidad más amplia y compleja, esto es, se refiere a un individuo relacionado con el oficio de la navegación (un patrón, un calafate, un carpintero fluvial, un marinero, etc.). Por ejemplo, en el artículo número 235 de la *Estela de Hammurabi,* se habla de la importancia del arte de calafatear por parte de un 'barquero', es decir, de cerrar las junturas de las maderas de las embarcaciones con estopa y brea para que no entrara el agua. La garantía de su trabajo tenía un año de validez:

> Si un barquero le calafatea un barco a un hombre y no deja su trabajo bien terminado y, en ese mismo año, el barco escora o sufre algún desperfecto, el barquero desarmará ese barco y lo reforzará con sus propios medios, y, luego, le entregará el barco ya reforzado al dueño del barco.

Sobre el modo de propulsión de los barcos mesopotámicos no tenemos demasiada información. Algunos textos de finales del III milenio a.C. recogen que cuarenta mujeres esclavas debían remontar un barco cargado de dátiles durante seis días, o que ochenta y cuatro de ellas tenían diez días para cargar la recolección de un campo, remontar el barco y descargar la mercancía a su llegada a destino. Otro texto nos dice que para ir de Lagash a Nippur, en el sur mesopotámico, un trayecto de aproximadamente ciento cuarenta kilómetros remontando el Éufrates, fueron necesarias diecisiete personas y quince días para una barcaza de dieciocho toneladas. Los remolcadores, en ocasiones mujeres reducidas a régimen de esclavitud, como hemos visto, tenían unas condiciones de trabajo muy duras. A ello contribuyó el hecho de tener que ocuparse también de las tareas de estiba y desestiba de los barcos.

Otra forma de impulsar los barcos fue con la ayuda del viento o de remos. El uso de la vela estuvo condicionado por la intensidad de los vientos, según la estación del año, y por la dirección de la navegación (si la nave descendía o remontaba el curso). La principal información disponible sobre estos usos procede de maquetas. Un modelo de embarcación de cerámica procedente de Eridu, en la baja Mesopotamia, datado a finales del V milenio a.C., es la prueba más antigua conocida de transporte acuático con vela en la región. El modelo tiene un hueco en el centro para insertar un mástil y varios agujeros en el borde del casco para atar las jarcias. En el cementerio real de Ur aparecieron varias maquetas de barcos de metal y de betún, algunas de ellas con bancadas y remos. Por último, representaciones de diversos tipos de embarcaciones navegando, entendemos que en el Tigris, aparecen entre los bajorrelieves que decoraban los palacios asirios del I milenio a.C. (fig. 29).

Heródoto definió como una maravilla extraordinaria las embarcaciones que emplearon los babilonios para navegar por el Éufrates. Según el historiador griego (*Historias* I, 194), eran circulares, como escudos, y tenían un armazón de madera, de origen armenio, revestido de cuero. Al llegar a Babilonia vendían la carga, que podía llegar a las ciento ochenta y cinco toneladas (la cifra es a todas luces excesiva), y subastaban las cuadernas de madera, pues, a su juicio, era imposible remontar el río por su fuerte corriente. Parece que determinados barcos que llegaban a Mari en el siglo XVIII a.C., descendiendo el Éufrates, no volvían a remontar el río. Un texto procedente de su archivo palacial nos informa de una embarcación comprada en Karkemish, en la actual frontera sirio-turca. En el puerto de partida valía ochenta y tres gramos de plata, pero al arribar a su destino, a Mari, su valor bajaba hasta los ocho gramos. Es posible que una vez alcanzada la capital del medio Éufrates, tras casi cuatrocientos kilómetros

29. Dibujo de un bajorrelieve con una expedición en busca de madera del Líbano y desembarco de troncos, hallado en Khorsabad (P. E. Botta y E. Flandin).

de navegación, fuera más rentable vender el barco como madera, tal como nos relata Heródoto, que remontar el río.

Dada la importancia de la navegación fluvial y el alto coste invertido en la fabricación de las embarcaciones, los principales códigos legales mesopotámicos se hicieron eco en sus normas del robo de barcos. En las Leyes de Eshnunna (ca. 1800 a.C.) el artículo número 6 se refiere al pago de una multa por valor de ochenta y tres gramos de plata si la sustracción fue hecha por un hombre libre. De acuerdo con el artículo número 8 del código de Hammurabi, en el caso de haber robado la barca de un templo o del palacio, el hombre estaba obligado a devolver treinta veces su valor y diez veces si era propiedad de otro hombre. Y si ese ladrón no tenía capacidad para reintegrar tanto lo robado como la sanción impuesta podía ser ejecutado.

¿Qué tipo de mercancías se transportó por vía fluvial en Mesopotamia? ¿Qué nos dicen los textos de la época? Los artículos agropecuarios eran los productos estrella. «[…] un hombre contrata un barquero y un barco, y lo carga de cebada, lana, aceite, dátiles […]». Este fragmento del artículo número 237 del código de Hammurabi nos muestra bien algunos de los productos que se movían por vía fluvial a mediados del siglo XVIII a.C. En general, el cereal fue la carga más frecuente y la que se desplazaba en mayores cantidades. Por ejemplo, Zimri-Lim (1774-1762 a.C.), rey de Mari, reclama en un texto el envío desde Emar, en el medio Éufrates sirio, de diez barcos cargados con cebada que suman un total de trescientas sesenta toneladas. Vino, aceite de oliva, sésamo, miel, metales, madera, ganado, etc. fueron otras mercancías que llegaron a Mesopotamia a través del comercio fluvial. En caso de naufragio, el barquero estaba obligado a restituir el barco hundido y todo el cargamento perdido. Así mismo, los barqueros tenían la obligación de pagar tasas a su paso por determinadas ciudades, que controlaban las vías fluviales, en particular, los canales. En el caso de la ciudad de Mari, el impuesto de circulación a pagar podía alcanzar el veinte porciento del valor de la mercancía transportada, ya fuese en plata o en especie. A cambio de esta tasa aduanera, llamada *miksu* en Babilonia y Mari, los barqueros recibían una acreditación o salvoconducto. En función de las relaciones políticas y de amistad entre los reinos de la época, determinados comerciantes estaban exentos de pagar esta tasa de circulación. En otros casos, la solución a la dificultad que representaba pasar por estas ciudades-peaje fue la conquista militar. Así, hacia 1760 a.C., Hammurabi de Babilonia destruyó la ciudad de Mari, a pesar de ser una vieja aliada, para anular el control que esta ejercía sobre la circulación por el Éufrates en dirección a las regiones del norte.

Los ríos y los canales de la región permitían mover grandes cantidades de mercancías pesadas y voluminosas a menor precio que por vía terrestre. En general, el transporte fluvial en una distancia corta o media (inferior a 300 km) reducía a la mitad, incluso a la cuarta parte, los costes en tiempo, en animales de carga y en hombres de una expedición terrestre. El acarreo por tierra y a larga distancia podía llegar a ser sesenta veces más costoso que el efectuado en un medio acuático. Además, en circunstancias normales, el transporte fluvial era más rápido que el realizado a lomo de animales. Un asno doméstico (llamado *agalu* en acadio), según su raza, puede llevar entre cincuenta y cien kilos y necesita beber unos treinta litros de agua diarios. Para dar respuesta a esta imperiosa obligación, los itinerarios de las caravanas pasaban cerca de pozos de agua conocidos, cuando se dirigían a destinos alejados de los ríos. Un burro de Oriente Próximo era capaz de hacer una media diaria próxima a los veinte kilómetros y su precio medio a finales del III milenio a.C. variaba entre los cuatro y los siete siclos de plata (no llegaba a los 60 g). Las limitaciones del transporte por tierra son evidentes cuando se trataba de mover grandes cantidades de materias primas. Dos barcos de treinta y seis toneladas eran suficientes para reemplazar una caravana de mil asnos. La diferencia es notoria. La supremacía del transporte fluvial fue notable desde el nacimiento de las primeras ciudades a finales del IV milenio a.C. La adopción de la rueda en el transporte por tierra unos siglos después fue clave para el surgimiento de ciudades fuera de la red fluvial.

El control de las arterias fluviales, ríos y canales, se convirtió en clave para los líderes de los distintos imperios que pasaron por Mesopotamia. Esta red fluvial mesopotámica se prolongó vía marítima por las aguas del océano Índico alcanzando, incluso, los puertos del valle del Indo. Por estas vías acuáticas van a circular productos agrícolas, materias primas y mercancías manufacturadas, sobre todo aquellas de las que carecían los pueblos mesopotámicos (metales y madera), pero también, y no fue menos importante, tropas, nuevos pueblos, nuevas ideas y nuevos avances tecnológicos. De esta manera, recursos materiales e inmateriales fluían desde la periferia al corazón de Mesopotamia.

En definitiva, la historia de los pueblos mesopotámicos se construyó gracias al valor de sus dos grandes «autopistas», aquellas que representaban los ríos Tigris y Éufrates. Dominar y mantener la regularidad de este sistema fluvial de circulación, funcionando en ambas direcciones, fue la piedra angular sobre la que los diferentes monarcas cimentaron la prosperidad de sus reinados. Romper esta red de comunicación o estar fuera de ella era un síntoma evidente de decadencia o debilidad. El bienestar a Mesopotamia llegó a través del agua de sus dos grandes ríos. Para el rey Hammurabi, la gran fuerza de su país, Babilonia, eran los barcos.

3

CIUDAD

BABILONIA Y ASIRIA: LA APOTEOSIS DE LA CIUDAD

Hoy más de la mitad de la población mundial vive en ciudades. Este extraordinario invento, nacido en Mesopotamia hace más de cinco mil años, sigue vivo y evolucionando en pleno siglo XXI. La ciudad es vida. Y esa vida urbana llegó a su punto culminante con los Imperios babilónico y asirio. En estos territorios, dos ciudades van destacar por su monumentalidad y prestigio: Babilonia, en el Éufrates, y Dur-Sharrukin, cerca del Tigris. Ambas sintetizan lo mejor de una civilización urbana milenaria, la primera de la historia.

LA CIUDAD: UN INVENTO MESOPOTÁMICO

El nacimiento de la ciudad es un tema que, a pesar de su trascendencia histórica, conocemos de forma incompleta. Que los mesopotámicos fueron los inventores de la ciudad y del nuevo modelo de vida que llevó asociado es algo que está fuera de toda duda. El hecho urbano es la quintaesencia de la civilización mesopotámica y su mayor contribución, junto con la escritura, a la historia de la humanidad. El origen de la ciudad nos conduce inexorablemente a Mesopotamia. Las primeras ciudades, fundadas junto a las riberas del Tigris y del Éufrates, no fueron algo improvisado y espontáneo. Detrás de ellas hay una larga historia de casi tres milenios (3200-539 a.C.), que llegó a su cénit en Babilonia, en el sur, y en Dur-Sharrukin, en el norte. Ambas representan un modelo desmesurado, brutal y deshumanizado, el concepto de megaciudad.

La ciudad introdujo un cambio tan profundo en el modo de vivir y de pensar, que este proceso histórico es conocido como la «Revolución Urbana». Esta revolución fue el resultado de la acumulación de un conjunto de innovaciones tecnológicas que dio origen a importantes transformaciones políticas, económicas, sociales y culturales. Entre las novedades más relevantes se hallan el urbanismo, la escritura, la metalurgia, la glíptica, la escultura, la arquitectura monumental, el comercio internacional y el transporte a larga distancia (la rueda y los canales de navegación). Parece que los fundadores de la ciudad tuvieron una concepción económica, sobre todo comercial y tecnológica, del desarrollo de la misma.

Explicar cómo fue el nacimiento de las primeras ciudades de la historia es una tarea no exenta de dificultades. En la actualidad todavía persisten importantes incógnitas a las que no es sencillo encontrar una respuesta. ¿Cómo y cuándo se produjo el paso de la aldea a la ciudad? ¿Fue una ruptura? ¿Fue una evolución? En otras palabras: ¿la ciudad fue consecuencia de la transformación de la aldea neolítica? O, por el contrario, ¿fue un hecho radicalmente nuevo? El análisis comparativo de diversos aspectos (implantación, necesidades de base, límites y defensa, morfología espacial, superficie, territorio, urbanismo, organización interior, funciones y economía) nos lleva a concluir que la ciudad no fue el resultado de la transformación o dilatación de la aldea. La ciudad mesopotámica fue una creación nueva. Fue una mutación radical, liderada por sociedades complejas, que se hizo visible en la segunda mitad del IV milenio a.C. Por tanto, la ciudad debemos entenderla como un concepto totalmente innovador, un acto pensado con el que se quiso responder a las necesidades planteadas por una nueva mentalidad.

¿Cómo fue una ciudad en Mesopotamia? A grandes rasgos, hay una serie de elementos que no podían faltar: una morfología bien definida (planta circular u ortogonal); una diversidad de fórmulas arquitectónicas, organizadas y jerarquizadas (estructuración interna del espacio), que evidencian una separación de actividades y funciones (económicas, políticas y religiosas); técnicas de urbanismo complejo (infraestructuras y calles); actividades agrícolas y especializadas (artesanos, comerciantes, soldados, etc.); existencia de una red regional y suprarregional de intercambios a media y larga distancia (rutas terrestres y fluviales) y un centro político de gestión y administración (palacio y escritura).

En contra de lo que cabría esperar, el tamaño de la superficie habitada no es un buen criterio para distinguir una ciudad de una aldea. En Mesopotamia hubo aldeas más grandes que algunas ciudades. ¡Y ciudades de tan solo una hectárea junto a otras de casi cuatrocientas! Veamos dos ejemplos del valle del Éufrates: Haradum tuvo una superficie de una hectárea y Babilonia, más al sur, un total de trescientas setenta y cinco. Hubo aldeas neolíticas de más de diez hectáreas. Las dimensiones excepcionales de Babilonia hacen pensar que fue una megalópolis, es decir, una ciudad gigantesca resultado de un desarrollo urbano desmesurado. Estrechamente vinculado a la gran superficie ocupada por esta ciudad está un asunto que siempre es complejo de dilucidar: ¿cuál fue la población de Babilonia? Los cálculos realizados son muy variables y se basan en modelos teóricos de interpretación demográfica por hectárea o unidad de habitación, que nos conducen a resultados hipotéticos. Para el período neobabilónico (s. VI a.C.), se estima que la población de Babilonia pudo variar entre los ochenta mil y los trescientos mil habitantes. Para el período persa-helenístico (ss. V-IV a.C.) se calcula que esta población debió de ser de cincuenta mil.

La ciudad, conocida como *uru* en sumerio y *alu* en acadio, se hizo realidad en la geografía de Mesopotamia gracias a la conjunción de dos actos de distinta naturaleza. Se trata, por un lado, de la construcción y, por otro, de la fundación. Construir o edificar hace referencia al aspecto formal y material de la ciudad, es decir, a la obra arquitectónica y su diseño urbanístico con el que se pretendía dar solución a las demandas de una sociedad cada vez más compleja. Esta tarea fue responsabilidad del arquitecto o constructor, que en lengua acadia se le conocía con el nombre de *itinnu*. El acto de fundar, por su parte, estuvo en manos del rey y se tradujo en un conjunto de prácticas rituales de las que la más común era el llamado depósito o clavo de fundación enterrado en los cimientos de la obra. En la ciudad de Ur se han encontrado clavos de bronce de finales del III milenio a.C. en los que el monarca aparece portando un capazo sobre su cabeza. Esta representación es una evocación de su papel como constructor y promotor de la vida urbana. Las ciudades en Mesopotamia fueron fundadas por los reyes en honor de los dioses.

En el país del Éufrates y del Tigris todo, desde la vida hasta la muerte, tuvo una explicación divina. Las ciudades no fueron una excepción. Se construyeron y se fundaron para ser la morada de una deidad principal, que actuaba como patrona y protectora de esa urbe. El dios Enki lo fue de Eridu; Enlil, de Nippur; Marduk, de Babilonia; Shamash, de Sippar; Sin, de Ur, etc. El grado de prosperidad de una ciudad dependió de la naturaleza, buena o tensa, de las relaciones que mantuvieron la divinidad protectora y el rey fundador.

De acuerdo con el pensamiento mesopotámico, las ciudades fueron construidas por orden divina. Un buen ejemplo es el caso de la ciudad-fortaleza fundada por el rey asirio Tukulti-Ninurta I en el siglo XIII a.C. Así se explica en un texto cuneiforme esta gran empresa:

> Por mandato del dios Assur, el dios que me ama, edifiqué ante mi ciudad de Assur una ciudad para el dios Assur en la orilla opuesta, junto al Tigris, sobre terrenos y prados no cultivados en

> los que no había casas ni residencias, donde no se habían acumulado escombros ni materiales de derribo, ni se había puesto nunca un ladrillo. La llamé Kar-Tukulti-Ninurta. [...] Construí en mi ciudad, Kar-Tukulti-Ninurta, el centro de culto edificado por mí, un templo sacro, un santuario para morada del dios Assur, [...].

En otro texto cuneiforme del rey asirio Sargón II (721-705 a.C.) podemos leer: «En aquel tiempo, siguiendo órdenes divinas y el impulso de mi corazón, construí una ciudad más arriba de Nínive y la llamé Dur-Sharrukin».

Fue una práctica tradicional entre los soberanos mesopotámicos del II y I milenio a.C. bautizar con su propio nombre las plazas fuertes (denominadas *duru* en acadio) y los puertos comerciales (*karu* en acadio) fundados durante sus reinados. De esta manera, Kar-Tukulti-Ninurta fue el 'Puerto de Tukulti-Ninurta' y Dur-Sharrukin, la 'Fortaleza de Sargón', por citar los dos ejemplos anteriores. El objetivo no fue otro que el de inmortalizar su figura y su papel como promotor de la vida urbana y de la civilización. Para ello levantaron nuevos asentamientos, preferiblemente en tierras nuevas deshabitadas. Cuando un monarca fundaba una ciudad, divinizaba y humanizaba al mismo tiempo un espacio físico que había estado dominado por el caos. La nueva ciudad simbolizaba el triunfo del mundo civilizado.

La muralla fue el elemento esencial del hecho urbano. A los ojos de los mesopotámicos, una ciudad sin murallas era algo impensable. Muralla y ciudad fueron dos realidades indisociables. La razón es evidente. Mesopotamia fue un mundo violento donde la guerra, normalmente por conflictos fronterizos, formó parte de la vida cotidiana de sus habitantes y dirigentes. La muralla fue, por un lado, un símbolo de fuerza, de protección y de poder frente al enemigo y, por otro, un hito físico que marcó los límites entre la civilización y el mundo exterior, desconocido y salvaje. Si la ciudad fue la esencia misma de la cultura mesopotámica, la muralla lo fue de la ciudad. En el «país de los dos ríos» no conocemos ciudades sin fortificar. El sistema de defensa era parte intrínseca del concepto de ciudad.

COMER PAN Y BEBER CERVEZA: SIGNO DE CIVILIZACIÓN

En Mesopotamia, comer pan (con levadura) y beber cerveza era sinónimo de vida civilizada. La tablilla II de la versión estándar de la *Epopeya de Gilgamesh* no deja lugar dudas. El salvaje Enkidu se convirtió en un ser humano siguiendo las usanzas culinarias de las ciudades mesopotámicas:

> Enkidu no sabía comer pan, nunca le habían enseñado a beber cerveza. La ramera le abrió su boca, diciendo a Enkidu: "Come el pan, Enkidu, esencial para la vida, bebe la cerveza, el destino de la Tierra". Enkidu comió el pan hasta saciarse, bebió la cerveza, siete copas llenas. Su ánimo se liberó, comenzó a cantar, su corazón se alegró, su rostro se encendió. El barbero arregló su cuerpo tan peludo, ungido con aceite se transformó en un hombre.

A finales del IV milenio a.C. tuvo lugar un hecho histórico transcendental en el norte de Mesopotamia: la difusión de la cultura de Uruk, la primera genuinamente urbana. Entre los objetos típicos de esta cultura se encuentra un tipo de cerámica que los arqueólogos han denominado por su aspecto «cuencos con borde biselado» (fig. 30). Aunque es un objeto muy común en el registro arqueológico de los asentamientos ligados a la expansión territorial de Uruk, han corrido ríos de tinta a la hora de dilucidar la función de este tipo de cerámica. No hay unanimidad entre los investigadores en cuanto a la determinación de cuál fue el uso para el que fueron diseñados y fabricados estos vasos. Dada la multiplicidad de contextos en los que fueron hallados (ca. 3500-3000 a.C.), se han presentado como testigos materiales

30. Lote de «cuencos con borde biselado» del yacimiento urukeo de Tell Humeida, en Siria (E. Taboada, PAMES).

de la vida religiosa (ofrendas en templos y tumbas), de la vida cotidiana (preparación de alimentos) o de la organización socio-económica (raciones para el pago de impuestos y salarios). Entre las interpretaciones más recientes se hallan aquellas que proponen su uso como moldes para elaborar pan con levadura o como vasos para distribuir cerveza o un derivado de esta (una especie de gachas de cebada) entre trabajadores de las instituciones estatales.

Con el objetivo de aportar nueva luz sobre la fabricación y el uso de estos cuencos, posiblemente de los más toscos y rudimentarios de la historia de la arqueología, organizamos en la Universidad de A Coruña un proyecto de arqueología experimental. Gracias a este interesante experimento, hoy sabemos que los cuencos no fueron elaborados ni en moldes excavados en el suelo ni exclusivamente con las manos, según se afirmaba. A pesar de que el uso del torno de alfarero ya era habitual en los talleres de alfarería, los artesanos urukeos se valieron de moldes portátiles. El resultado es un vaso de cerámica de factura poco cuidada y rápida. De hecho, el tiempo empleado en su elaboración, según nuestra investigación, oscilaría entre uno y dos minutos. Un alfarero avezado los fabricaría, sin duda, en un tiempo menor. En otras palabras, lo importante no era el cuenco y su calidad, sino su producción masiva, rápida y barata. En los yacimientos de la cultura de Uruk (que algunos arqueólogos prefieren denominar Calcolítico reciente) los «cuencos con borde biselado» aparecen a cientos y, en ocasiones, a miles. Su demanda era muy alta, pero ¿para qué? Estos suelen aparecer mayoritariamente en dos contextos arqueológicos: en basureros (una vez consumido lo que contenían se tiraban) y cerca de hornos (verdaderas panaderías para la cocción del pan).

Todo hace pensar que los llamados «cuencos con borde biselado» son el testigo material de una nueva identidad culinaria ligada a la expansión de la cultura de Uruk: el pan leudado y la cerveza. La harina de leguminosas, como por ejemplo la de yero (una especie de algarroba) y la de garbanzo, especies bien conocidas en Oriente Próximo, pudo servir de levadura, así como la cerveza. El pan con levadura era un alimento básico que, a mediados del IV milenio a.C., representaba una nueva forma de vida, urbana y civilizada. En este sentido, es importante resaltar que el pictograma *GAR* (leído *ninda* en sumerio), usado en las tablillas de Uruk, es un vaso que formalmente recuerda a los «cuencos con borde en bisel». Ha sido traducido por 'hogaza de pan' y se le atribuye, también, el significado genérico de 'alimento'. Esto indica que en Mesopotamia alimentarse era, ante todo, comer pan. Además, la similitud tipológica entre los cuencos de Uruk y los usados para hornear pan en el antiguo Egipto (aunque en una fecha posterior, ca. 2600 a.C.), conocidos como *bedja*, es otro argumento esgrimido para justificar la función de los vasos urukeos como moldes para elaborar pan con fermento (fig. 31).

31. Dos réplicas de «cuenco con borde biselado» usadas para hornear pan con levadura (J. L. Montero).

La cerveza (*shikaru* y *sibu* en acadio) era la bebida alcohólica más corriente en las ciudades de Mesopotamia. Se elaboraban distintas variedades mediante la maceración o fermentación de cebada. De acuerdo con la documentación cuneiforme, su comercialización estuvo de forma preferente en manos de taberneras (llamadas *sabitu* en lengua acadia), cuya profesión estaba sometida a una estricta regulación:

> Si una tabernera no cobra cebada como precio por la cerveza y cobra dinero según una pesa grande y rebaja el valor de la cerveza en relación al valor de la cebada, que se lo prueben y la tiran al agua (pena de ahogamiento)

podemos leer en el artículo número 108 de la estela de Hammurabi. La taberna en Mesopotamia era literalmente la 'casa de la cerveza' (*bit sibim* en acadio), por lo que podemos hablar de auténticas cervecerías. Era un lugar con mala fama en las ciudades por su promiscuidad.

En definitiva, comer pan y beber cerveza era la costumbre de los habitantes de las ciudades de Mesopotamia. Ambas acciones eran símbolo, por tanto, de modales urbanos. El vino, aunque lo había, era más raro.

BABILONIA: EL CENTRO DEL UNIVERSO

El prestigio de Babilonia, la última capital mesopotámica, no tuvo rival a los ojos de sus contemporáneos como puede verse en algunos de los augustos epítetos que le asignaron sus sabios a finales del II milenio a.C.:

> Babilonia, la ciudad donde el lujo es inagotable [...]. Babilonia, la ciudad de la verdad y la justicia [...]. Babilonia, la ciudad que aniquila a sus enemigos [...]. Babilonia, que ha recibido la sabiduría [...]. Babilonia, la ciudad santa [...]. Babilonia, el nexo de los países.

Hammurabi la definió como la «más poderosa de los cuatro cuadrantes» (entiéndase los cuatro puntos cardinales) y Nabucodonosor II llegó a afirmar que no conocía una ciudad tan famosa como la suya. Babilonia fue concebida como el centro del universo, el símbolo de la armonía del mundo, que había emergido entre otras ciudades gracias a la fuerza de su dios nacional Marduk. Y en su corazón se levantó desafiante su célebre torre escalonada, un gran zigurat universalmente conocido como la torre de Babel.

Los eruditos y teólogos babilonios contribuyeron de forma activa a deformar esta imagen de ciudad sin parangón, puesto que Babilonia no fue realmente el centro de Mesopotamia y, por extensión, del universo como ellos la definían en sus textos a finales del II milenio a.C., sino el principal polo político de la parte meridional de este territorio proximoriental. Tuvo que esperar a la caída de Asiria, con la conquista de Nínive en el 612 a.C., para transformarse en el corazón de todo el país del Tigris y del Éufrates y poder presentarse, entonces sí, como la capital de un imperio universal y la heredera de una civilización milenaria.

Babilonia no dejaba indiferente a nadie. Despertó sentimientos encontrados. Admiración y odio a partes iguales. No existe, posiblemente, en el mundo antiguo una ciudad que fuera tan deseada y temida, admirada y deshonrada, devastada y reconstruida como Babilonia. Los soberanos más carismáticos de la Antigüedad quisieron dominarla para dejar impresa su huella, bien embelleciéndola aún más, como Alejandro Magno que programó convertirla en la capital de su imperio tras su conquista en el año 331 a.C., bien destruyéndola, como hizo el rey asirio Senaquerib en el 689 a.C.

Babilonia, situada hoy al sur de Bagdad, es uno de los mejores ejemplos de la fundación teológica de una ciudad mesopotámica. Babilonia y su dios nacional, Marduk, no disfrutaban de mucho peso político a comienzos del II milenio a.C. Por esta razón, tuvieron que inventar unos orígenes míticos para situar a ambos entre las ciudades y las divinidades más antiguas y prestigiosas de Mesopotamia. Para ello, se creó un programa teológico y cosmológico basado en la elaboración de mitos, poemas, himnos y textos historiográficos en los que Babilonia se identificó con las prestigiosas ciudades de Eridu, la primera sede de la monarquía según la *Lista Real Sumeria*, y Nippur, la ciudad santa. Ambas fueron, además, la morada de los dos principales dioses del panteón mesopotámico, Enki y Enlil. No en vano, el rey Hammurabi, en las primeras líneas del prólogo de su célebre código, concedió a Marduk la categoría de Enlil. Y el barrio central de Babilonia pasó a llamarse Eridu. El mito de Babilonia empezaba a tomar forma.

Hasta 1899, fecha del comienzo de las excavaciones arqueológicas alemanas en Babilonia, la ciudad solo se conocía por el relato bíblico y por las descripciones de los autores clásicos. Estas fuentes antiguas amplificaron la reputación de la vieja capital mesopotámica al transformar su historia en leyenda. A ello ayudaron también las descripciones de algunos viajeros y exploradores europeos de época medieval y moderna que, entre los siglos XII y XVIII, recorrieron Oriente Próximo a la búsqueda de la bíblica torre de Babel. En estos relatos, Babilonia fue presentada como el símbolo de la desmesura, de la opulencia, del lujo, de la monumentalidad y de la soberbia humana. El mito de Babilonia continuaba construyéndose. El Antiguo Testamento, los autores grecorromanos, y los viajeros y artistas europeos se ocuparon de mantener vivo su recuerdo, aunque mitificado, en la cultura occidental hasta los primeros años del siglo XX, momento en que la arqueología rescató a Babilonia de la leyenda y la devolvió al plano de la historia.

ORÍGENES: CRONOLOGÍA DE UNA LARGA HISTORIA

A día de hoy, nadie sabe con seguridad, aunque parezca increíble, cuándo se fundó la capital babilónica. La subida del nivel freático del río Éufrates ha impedido a los arqueólogos acceder a los niveles más antiguos de la ciudad que se hallan a una considerable profundidad. Se estima que solo se ha excavado el 0.04 % de la ciudad correspondiente a los inicios del II milenio a.C. mientras que de las fases anteriores, si las hubo, no se conoce absolutamente nada.

La primera mención escrita indiscutible sobre Babilonia se remonta a la época de Shar-kalli-sharri (2217-2193 a.C.), el último gran monarca del Imperio de Akkad. Sin embargo, sus orígenes podrían ser más antiguos si tenemos en cuenta otras evidencias más vagas datadas a mediados del III milenio a.C. Procedentes de la misma Babilonia, se conservan varios fragmentos de cerámica y una inscripción incompleta en la que aparece escrito *BAR.KI.BAR*, un topónimo que podría ser Babilonia. Lo que sí es indiscutible, en el estado actual de la investigación, es que Babilonia no adquirió relevancia política hasta varios siglos después, con la llegada al trono de la que conocemos como la primera dinastía babilónica y, en particular, de su sexto monarca, el rey Hammurabi (1790-1752 a.C.).

Cualquier división que se haga de la historia babilónica no es ajena a cierta artificialidad. No es extraño que entre los modernos historiadores haya algunas diferencias a la hora de estructurar, por las lagunas que hay en la documentación, este período clave de la historia de Mesopotamia. A pesar de ello, por convención, la historia de Babilonia se suele encuadrar entre la fundación de la llamada primera dinastía, por el monarca Sumuabum en 1894 a.C., y la conquista de la ciudad por los persas en el 539 a.C. Este largo período de más de mil trescientos años, se organiza habitualmente en tres grandes etapas históricas: Paleobabilónico (1894-1595 a.C.), Mediobabilónico (1595-1026 a.C.) y Neobabilónico (1026-539 a.C.).

Dentro del primer período, sobresale el reinado de Hammurabi (1792-1750 a.C.), el monarca más importante de la considerada primera dinastía, que sentó los cimientos del prestigio y de la fama de Babilonia. En poco más de treinta años, el rey amorreo había convertido la ciudad en el centro de toda la vida política, económica y administrativa de un nuevo imperio, en el que su persona lo controlaba todo. El segundo período está marcado por la presencia de la dinastía kasita, que transformó Babilonia en una gran potencia, que mantuvo estrechas relaciones diplomáticas con otros reinos de Oriente Próximo y Egipto (en particular durante reinado del faraón Akhenatón). Finalmente, el tercer período, que algunos historiadores subdividen entre inicial (1026-626 a.C.) y clásico (626-539 a.C.), tuvo como principal protagonista político a la llamada dinastía caldea que, tras derrotar al Imperio asirio en el 612 a.C., reinó sobre buena parte del Oriente antiguo.

La mayor parte de los vestigios arqueológicos excavados de la ciudad de Babilonia corresponden al período neobabilónico clásico. La mitad de esta etapa estuvo ocupada por un solo reinado, el del monarca Nabucodonosor II, que gobernó durante cuarenta y tres años (605-562 a.C.). Tres grandes soberanos de la historia de Mesopotamia fueron sus modelos de inspiración: Sargón de Akkad, fundador del primer imperio de la historia hacia el 2334 a.C., Hammurabi, rey engrandecedor del nombre de Babilonia, y por último Nabucodonosor I, de quien tomó su nombre. A partir del prestigio que destilaban estos tres monarcas, Nabucodonosor II creó su propio modelo de rey: un gran conquistador, un hombre justo, un devoto de Marduk y un infatigable promotor de la vida urbana. Dominó gran parte de Oriente Próximo, ganándose el respeto de las potencias de la época, de egipcios y de medos.

En su vertiente de rey conquistador, Nabucodonosor II organizó importantes operaciones militares con el objetivo de consolidar y de extender las fronteras del imperio heredado. Tras vencer, como príncipe heredero a las tropas egipcias en Karkemish (605 a.C.), en el alto Éufrates, el monarca continuó con su programa de campañas militares contra la región sirio-palestina y Egipto. Entre los años 597 y 587 a.C., tuvo lugar la toma, hasta en dos ocasiones, de la ciudad de Jerusalén. El rey, su familia y la élite jerosolimitana fueron llevados en cautividad hasta Babilonia. Este hecho dio paso al llamado «período exílico» del pueblo de Judá. Ante el temor de perder su identidad religiosa y cultural en un mundo ajeno y extraño, el exilio fue un tiempo de recopilación, de reelaboración y de edición de muchos textos del Antiguo Testamento. Fue una época creativa transcendental para la historia del antiguo Israel y de la humanidad.

En su faceta de rey constructor, la ambición política y territorial de este monarca se hizo patente en el ámbito artístico y urbanístico con el patrocinio de ambiciosos programas de construcción y restauración, sobre todo en la capital babilónica. No en vano, este soberano ha pasado a la historia como el gran embellecedor de Babilonia. A él tenemos que atribuir, entre otras empresas, la finalización de las obras de reconstrucción del zigurat *Etemenanki* hacia el año 590 a.C. De la fastuosidad de los monumentos de la gran urbe mesopotámica se hicieron eco no solo los textos cuneiformes de la época, sino también el Antiguo Testamento y los autores grecolatinos.

Este mundo llegó a su fin en el 539 a.C., cuando el rey aqueménida Ciro el Grande conquistó Babilonia, gobernada en aquel momento por un excéntrico rey llamado Nabónido. La historia independiente de los pueblos mesopotámicos había concluido. Babilonia y Mesopotamia, y en particular su cultura, continuaron vivas bajo otras entidades políticas. Persas, macedonios y seléucidas fueron los herederos del legado babilónico. Este período se conoce como Tardobabilónico (539-141 a.C.). Hacia el 300 a.C. la ciudad de Babilonia fue abandonada como capital en favor de Seleucia del Tigris.

BABILONIA: EL SUEÑO ALEMÁN

Tras la proclamación del Imperio alemán, en 1871 los museos prusianos solicitaron a Robert Koldewey que diera los pasos previos para poner en marcha la primera expedición germana en Mesopotamia. Esta petición le llevó a explorar eventuales ruinas arqueológicas que estuvieran libres aún. Debido a que los principales yacimientos del norte estaban controlados por franceses e ingleses, Koldewey se dirigió al sur, donde visitó numerosos montículos de ruinas para su futuro proyecto arqueológico. La elección recayó sobre Babilonia, que se convertiría así en la sede de las excavaciones promovidas por los museos de Berlín.

Con la finalidad de recaudar fondos para este ilusionante proyecto se fundó en 1898 la Sociedad Alemana Oriental. A las donaciones obtenidas, se sumaron las subvenciones públicas prusianas y el apoyo financiero acordado, a título personal, por el propio emperador Guillermo II. Babilonia fue una cuestión de Estado: el primer gran proyecto arqueológico alemán en Oriente. Un año más tarde, se creó, en el seno de los museos prusianos, el departamento de Oriente Próximo antiguo diseñado para albergar los objetos hallados en las exploraciones arqueológicas programadas en Babilonia. Había que recuperar el tiempo perdido y obtener obras para rivalizar con los museos de París y Londres, inundados de tesoros llegados desde Asiria. La ciudad de Babilonia era la candidata perfecta. No era un sitio cualquiera, sino un lugar cargado de un fuerte simbolismo para la tradición judeo-cristiana. Era la ciudad del cautiverio sufrido por el pueblo judío y el emblema, según la tradición bíblica, del orgullo y de la soberbia de los hombres que culminó con la construcción de la torre de Babel y la célebre confusión de lenguas.

Robert Koldewey (1855-1925), *alma mater* de este proyecto, estudió arquitectura, arqueología e historia antigua en Berlín, Munich y Viena. Colaboró como arquitecto en las excavaciones de Assos y Lesbos, en la antigua Grecia, y de al-Hiba, Surgul y Zincirli, en Oriente Próximo. Esta experiencia se revelaría clave para la futura excavación de Babilonia. El 12 de diciembre de 1898, Robert Koldewey partió de Berlín con destino a Babilonia. Le acompañó en su aventura oriental un joven arquitecto llamado Walter Andrae, que había sido contratado por la expedición por sus excelentes dotes para el dibujo. El 8 de febrero de 1899, tras pasar por el Líbano, la expedición partió de Alepo, en el norte de Siria. Después de veintiséis días cabalgando junto al Éufrates, la caravana llegó a Bagdad. Estaban a tan solo tres jornadas de arribar al campo de ruinas de Babilonia y de hacer posible el sueño alemán.

La aventura arqueológica alemana no pasó desapercibida para la prensa española de la época, a pesar de estar poco interesada por las noticias que llegaban de Oriente Próximo. Babilonia fue una excepción, probablemente por las resonancias bíblicas que encerraba esta antigua ciudad. Fue tal el interés despertado por la próxima exploración de la vieja ciudad mesopotámica, que varios diarios españoles, algunos de alcance local, recogieron la noticia de la autorización a Alemania para excavar en Babilonia. Un periódico de Mahón, llamado *El Bien Público*, en la sección dedicada al extranjero, publicó el 22 de febrero de 1899 la siguiente nota:

> El Sultán acaba de conceder a una compañía alemana autorización para proceder a las excavaciones en las ruinas de Babilonia. La compañía, formada bajo los auspicios del Gobierno de Berlín, va dirigida por el doctor Robert Koldewey, y los trabajos durarán unos cinco años, siendo de gran interés sus resultados para la historia y la arqueología. [...]. En todo el perímetro que ocupó Babilonia a orillas del río Éufrates y a dos días de distancia de Bagdad, montañas de arena indican el sitio de los principales monumentos, entre ellos el palacio de Nabucodonosor.

Las excavaciones comenzaron el 26 de marzo de 1899 y se prolongaron hasta el 5 de marzo de 1917, fecha en la que Koldewey se vio obligado a abandonar su trabajo ante el avance de las tropas británicas en el marco de la Primera Guerra Mundial. Fueron dieciocho años de excavaciones prácticamente ininterrumpidas. ¡Fue una aventura extraordinaria! Teniendo en cuenta la extensión de las ruinas, de una superficie de más de trescientas setenta y cinco hectáreas, el mayor obstáculo que había que superar fue la extracción del inmenso volumen de tierra que ocultaba las ruinas arqueológicas. Para esta colosal tarea se llegó a contratar hasta doscientos cincuenta hombres y para facilitar la evacuación de los escombros se utilizó un sistema de raíles y vagonetas, muy útil para transportar rápidamente las toneladas de desechos extraídas por los obreros. En algunos sectores de la ciudad, las ruinas se hallaban a más veinte metros de profundidad.

Robert Koldewey quisó evitar lo ocurrido en las excavaciones de Asiria, sobre todo en Nínive y Kalhu, donde lo que primó fue la caza y captura de tesoros artísticos. No se planteó como objetivo principal la búsqueda de objetos, sino la reconstrucción histórica de la ciudad de Babilonia. A diferencia de sus predecesores en Asiria, Koldewey tuvo una formación académica en arqueología e historia antigua. Por esta razón, Babilonia representó un avance sustancial en la implantación de un método científico de trabajo en la arqueología de Mesopotamia. La metodología se basaba en un registro meticuloso de las tareas efectuadas y de la documentación hallada mediante la elaboración de planos, dibujos, croquis, diarios de campo, registro de los hallazgos, cuadernos de medidas y de fotografías.

La excavación de Babilonia fue una empresa de envergadura que requirió de unos procedimientos de registro y de control rigurosos y eficaces de cara a la futura interpretación y restauración de los monumentos exhumados. Esta labor fue especialmente delicada en el caso de los miles de ladrillos vidriados hallados en la vía procesional y en la puerta de Ishtar. En una carta enviada a su familia a finales de febrero de 1902, Walter Andrae les cuenta lo exigente de su trabajo:

> Como tengo que hacerlo todo solo –cada día hay que clasificar dos o tres cajas repletas de fragmentos [de ladrillo vidriado], que hay que lavar y numerar primero, agrupar después e insertar en el esquema- estoy ocupado casi todo el día. No puedo dejar que lo haga nadie más. Pero a pesar de la suciedad, es un bonito trabajo por el resultado. Cada día trae algo nuevo y hace más completa la reconstrucción.

Además de ocuparse del inventario y de la limpieza de objetos, Andrae fue el dibujante de la expedición. Según sus propias palabras, el procedimiento para hacer los planos fue el siguiente:

> Lo esencial en estos dibujos del terreno y de los edificios, según la manera de Koldewey, no es el sombreado, sino dibujar frente a la naturaleza, por tanto no en casa sentado a la mesa de

trabajo, donde sólo se dibujan los puntos trigonométricos fijos. Todo lo demás se plasma en el papel fuera, delante del objeto. Este es el único método para evitar todas las fuentes de error que surgen por fuerza si se traen esbozos de campo y se registran en casa.

Robert Koldewey fue el último en abandonar el campo arqueológico de Babilonia el 5 de marzo de 1917 ante la llegada de las tropas inglesas para su establecimiento en la ciudad de Bagdad. Los extraordinarios hallazgos realizados por el equipo alemán y el propio yacimiento de Babilonia quedaron abandonados a una suerte incierta con la descomposición del Imperio otomano. Fallecido Koldewey, Walter Andrae regresó a Babilonia con el permiso de las autoridades británicas para organizar el reparto de lo descubierto. Una parte se quedó en Bagdad y más de quinientas cajas fueron expedidas con destino a Berlín. En 1932 tuvo lugar la independencia de Iraq. Una de las primeras decisiones que tomó el nuevo país fue la supresión del reparto de objetos arqueológicos, que pasaron a ser propiedad exclusiva del Estado iraquí.

MURALLAS Y JARDINES COLGANTES: ¿DOS PRODIGIOS DE LA ANTIGÜEDAD?

Entre las siete maravillas del mundo antiguo, que fueron cantadas por los escritores de época clásica, se encuentran la ciudad de Babilonia y dos de sus construcciones: las murallas y los jardines, llamados colgantes por su aspecto. El hecho de aglutinar dos monumentos en una sola ciudad es una originalidad más de las muchas que distinguen a Babilonia de otros lugares de la geografía antigua.

El geógrafo de origen griego Estrabón (*Geografía* XVI, 1, 5), que vivió en el cambio de Era, describió las dos maravillas de la capital babilónica en los siguientes términos:

> Babilonia también está en una llanura y el circuito de sus murallas mide trescientos ochenta y cinco estadios, y el grosor del muro es de treinta y dos pies, mientras que la altura entre las torres es de cincuenta codos y la de las torres, sesenta. Y el paseo de la parte de arriba de las murallas es de tal amplitud que carros de cuatro caballos pueden cruzarse unos con otros con facilidad. Y por todo ello, esto y el jardín colgante son considerados una de las Siete Maravillas del Mundo. El jardín es de forma cuadrangular y cada lado mide cuatro pletros; tiene unas cúpulas abovedadas, que descansan, una tras otra, sobre una cimentación de grandes dados de forma cúbica. Y estos cubos, que son huecos, están tan llenos de tierra que admiten que se planten en ellos árboles de los más grandes, estando tanto estos cubos como las bóvedas y los arcos construidos de ladrillo cocido y asfalto. El tejado más alto tiene escaleras para subir, y a lo largo de ellas había unas tuberías, a través de las cuales los encargados de ello hacían llegar continuamente agua del Éufrates hasta el jardín. Pues este río, que tiene un estadio de ancho, discurre por el centro de la ciudad. Y el jardín está en la orilla del río.

En su recopilación de las maravillas antiguas, Filón de Bizancio calificó los jardines babilónicos como una empresa de naturaleza excepcional: «Lujuriante y real es esta obra maestra y lo que más chocante resulta es que todo el trabajo del cultivo cuelga sobre las cabezas de los que lo admiran». Y de las murallas escribió lo que sigue:

> Semíramis, además de condición real, tuvo inteligencia. Por esa razón, al morir dejó un tesoro de espectáculo, pues fortificó Babilonia echando cimientos de trescientos sesenta estadios, de modo que recorrer el perímetro de la ciudad requiere el esfuerzo de un día de marcha. Pero no solo en su tamaño está lo admirable, sino también en la seguridad de su factura y en las anchuras del área intramuro.

¿Responden estas maravillas babilónicas, tal cual fueron descritas por los autores grecorromanos, a una realidad histórica? En otras palabras, ¿existieron realmente? O, por el contrario, ¿son una invención, total o parcial, propia de autores ajenos al mundo babilónico? ¿Vieron realmente con sus propios ojos estos monumentos?

De acuerdo con las descripciones de Estrabón y de Filón, la muralla de Babilonia tuvo una longitud total que pudo oscilar entre los 385 y los 360 estadios: ¡de 68 a 73 kilómetros aproximadamente! El historiador Heródoto elevó estas dimensiones hasta los 480 estadios, es decir, a los ¡91 kilómetros! Todas estas medidas son desproporcionadas y responden a una mitificación de la ciudad de Babilonia y de su sistema de defensa. Los dos autores clásicos no visitaron ni Babilonia ni sus ruinas. De acuerdo con los parámetros del mundo grecorromano, fue una urbe de proporciones incomprensibles para todos ellos.

Las primeras referencias escritas fiables sobre la muralla de Babilonia pertenecen a los reyes asignados a la primera dinastía de la ciudad. En el siglo XIX a.C. fueron construidos dos muros de defensa. La construcción del primer muro, llamado la «gran muralla», fue iniciada por Sumuabum en el año 1894 a.C. Posteriormente, el rey Apil-Sin (1830-1813 a.C.) construyó un segundo recinto, al que denominó la «nueva muralla». Esta obra defensiva sufrió diversas reconstrucciones y mejoras durante los siguientes períodos de la historia de la ciudad hasta la conquista aqueménida del 539 a.C. Esta obra es fiel reflejo de la dilatada historia de la capital babilónica. Es muy probable que el plano de las murallas de Babilonia, publicado por los arqueólogos alemanes a partir de sus excavaciones, sea el resultado de un complejo proceso de construcciones y reconstrucciones, que se prolongó durante un largo período de tiempo (de más de mil quinientos años o tal vez más).

De acuerdo con los datos arqueológicos, la ciudad de Babilonia estuvo protegida por un sistema defensivo de planta apro-

32. Plano esquemático de la ciudad de Babilonia con la ubicación de sus puertas (A. George, modificado).

ximadamente rectangular (de 1,5 por 2,5 km) y dividido en dos mitades por el río Éufrates (fig. 32). El perímetro del gran rectángulo que fue Babilonia estuvo delimitado por un sistema de protección de más de diecisiete metros de ancho, formado por una muralla y una antemuralla, ambas construidas con adobe (fig. 33). Este viejo sistema fundacional fue reforzado y sustituido por un tercer muro, llamado el «muro del foso» que fue edificado en época neobabilónica (siglo VI a.C.). Estas son las auténticas murallas de Babilonia, las que dieron pie por su grandeza a ser calificadas de maravilla de la Antigüedad. Su descripción fue deformada y manipulada por los autores del período clásico hasta hacerlas totalmente irreconocibles.

La tradición sugiere que el rey babilónico Nabucodonosor II (604-562 a.C.) fue el responsable de la construcción de unos magníficos jardines en Babilonia en honor de su esposa, que

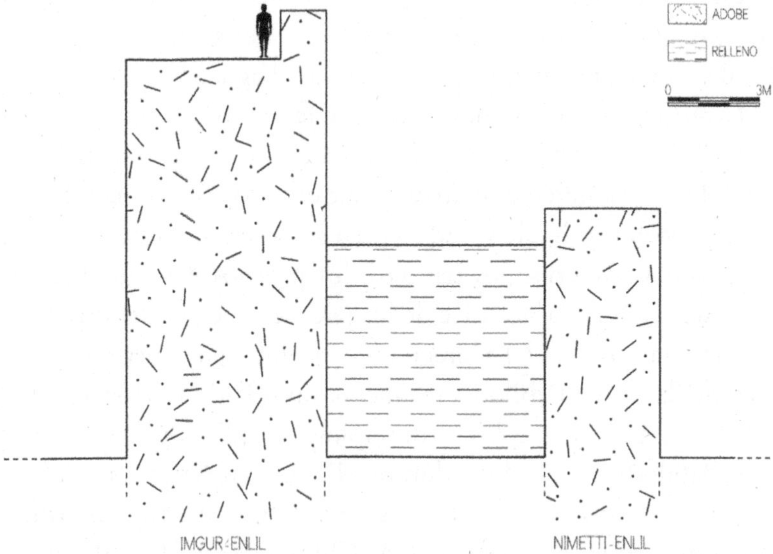

33. Propuesta de reconstrucción de la muralla de Babilonia a partir de sus dos muros principales, el Imgur-Enlil y el Nimetti-Enlil (J. L. Montero y A. García).

añoraba el exuberante paisaje montañoso de su Persia natal. Las principales referencias escritas a esta singular construcción proceden de autores que vivieron en el cambio de Era. Una de las descripciones más detalladas que nos ha llegado es la de Diodoro de Sicilia (*Biblioteca Histórica* II, 10), que comienza en la manera siguiente:

> Estaban también, junto a la acrópolis, los llamados Jardines Colgantes, obra, no de Semíramis, sino de un rey sirio posterior que los construyó para dar gusto a una concubina; dicen que esta, en efecto, era de raza persa y sentía nostalgia de los prados de sus montañas, por lo que pidió al rey que imitara, mediante la diestra práctica de la jardinería, el paisaje característico de Persia.

En el resto de su relato, el autor de Sicilia nos presenta una obra magnífica de arquitectura e ingeniería, de estructura escalonada y alimentada por máquinas para elevar el agua.

Es sorprendente, cuando menos, que no conozcamos ningún texto babilónico que mencione la existencia de este tipo de jardines en Babilonia. También es llamativo que el historiador griego Heródoto tampoco nos hable sobre ellos en su descripción de la ciudad de Babilonia. Describe los templos, los palacios, las murallas, las casas, etc., pero nada nos dice de los jardines que pendían. ¿Cómo explicar esta ausencia? La pregunta, sin embargo, puede ser otra más sencilla: ¿tuvo Babilonia realmente unos jardines colgantes?

Hoy se piensa que los jardines colgantes fueron construidos no en Babilonia por Nabucodonosor II, sino en Nínive, en Asiria, por el rey Senaquerib. Esta tesis se basa en una inscripción asiria, el llamado *Prisma de Senaquerib* de Chicago (689 a.C.), donde se describen cómo eran los jardines construidos cerca del palacio ninivita. Son presentados como una imitación de la cadena montañosa situada en el sur de la actual Turquía, y son definidos, nada menos, como «una maravilla para todos los pueblos». De este mismo monarca neoasirio se encontró un bajorrelieve en el palacio suroeste de Nínive, hoy perdido (pero del que se conserva un dibujo), donde está representado un jardín. De su nieto Assurbanipal, hay otro relieve con unos jardines regados mediante canales alimentados por un acueducto (fig. 34).

Tanto el texto del rey Senaquerib como los bajorrelieves asirios coinciden con los elementos esenciales de la descripción de los autores clásicos. El resto de los detalles y la ubicación son pura invención. En el estado actual de la investigación, todo apunta a que los célebres jardines de Babilonia son un mito. Nuestras fuentes sobre su existencia son muy tardías para ser creíbles. Al contrario, el jardín del palacio del rey asirio cumple todos los criterios para ser una maravilla del mundo antiguo. El propio Senaquerib, fascinado por las plantas exóticas, se refiere a sus jardines en los siguientes términos:

34. Bajorrelieve asirio de Nínive en el que aparecen representados unos jardines regados por un acueducto que alimenta varios canales (S. Dalley).

> Planté al lado [del palacio] un jardín botánico, una réplica de las montañas del Amanus, que tiene todo tipo de plantas aromáticas y árboles frutales, árboles que son propios de las montañas y de Caldea, junto con árboles que dan una lana que se acumula en su interior.

Es evidente que en Babilonia hubo jardines, a los que fueron muy aficionados los mesopotámicos. Pero su aspecto debió ser muy distinto al descrito por los clásicos. No se trataba de parterres elevados en terrazas. Los creados en tiempos del rey babilónico Marduk-apli-idin II (721-710 a.C.) son los mejor documentados de la capital babilónica. Gracias a una tablilla cuneiforme conocemos las plantas cultivadas en este jardín o huerto real. El texto contiene un listado de sesenta y siete especies, verduras y plantas que fueron recolectadas por los cocineros reales para elaborar sus recetas culinarias: cebollas, ajos, puerros, especies o plantas aromáticas.

UNA PUERTA PARA LA DIOSA ISHTAR

La impresionante muralla de Babilonia dispuso de ocho puertas para acceder al interior de la ciudad. Cinco de ellas portaron el nombre de algunas de las deidades más importantes del panteón mesopotámico: Ishtar (diosa del amor y de la guerra), Marduk (dios nacional babilónico), Shamash (dios de la justicia), Adad (dios de la tormenta) y Enlil (dios patrón de Nippur). Otras dos puertas fueron dedicadas a las divinidades de los centros urbanos situados en la dirección que estas indicaban: Zababa (dios guerrero patrono de la ciudad de Kish) y Urash (divinidad titular de Dilbat). La octava puerta fue consagrada al rey.

De todos los accesos a Babilonia, el más espectacular fue el dedicado a la diosa Ishtar, excavado por Robert Koldewey en 1902. Un bloque de piedra caliza fragmentado, hallado en las cercanías, con una inscripción cuneiforme confirmó la identificación de la puerta con la gran diosa mesopotámica. Aunque el texto presenta algunos daños, se ha podido reconstruir así: «Yo, Nabucodonosor, rey de Babilonia, [...], hijo de Nabopolasar, rey de Babilonia, hábilmente he reconstruido para mi señor Marduk la puerta de Ishtar con ladrillos esmaltados de puro lapislázuli». El nombre completo en babilonio de la puerta tenía un tono claramente amenazante para los enemigos: «Ishtar repele a su atacante».

¿Por qué hubo en Babilonia un acceso monumental dedicado a esta diosa? Ishtar, conocida en sumerio con el nombre de Inanna, no fue una divinidad cualquiera dentro panteón, sino la diosa más célebre y venerada de toda Mesopotamia. La fascinación que despertó residía precisamente en la imposibilidad de separar las tres caras de su compleja personalidad: erótica (diosa del amor, del placer y del sexo), despiadada y valiente (diosa de la guerra y la batalla) y astral (Venus celeste). Prueba de la admiración que despertó a lo largo de toda la geografía e historia mesopotámicas son los más de treinta y cinco templos donde se le rindió culto, muchos de ellos en ciudades tan importantes como Akkad, Kish, Uruk, Mari, Nínive o Arbela. En el arte habitualmente se le representa por una figura femenina con armas acompañada de un león. La estrella de ocho puntas y la roseta son otros de sus símbolos. Dada su condición de guerrera, la diosa se mostró siempre muy cercana a los reyes y a su rol de conquistadores. Como muestra he aquí un ejemplo referido a Naram-Sin (2254-2218 a.C.), uno de los grandes monarcas acadios: «Naram-Sin, el fuerte, rey de Akkad: cuando las cuatro partes del mundo juntas se rebelaron, por el amor con que Ishtar le amó, nueve batallas en un solo año venció [...]». Habida cuenta de la relevancia religiosa y política que la diosa del amor y de la guerra tuvo para la monarquía, no es de extrañar que la ciudad de Babilonia le dedicara una de sus puertas más importantes.

Los arqueólogos alemanes recuperaron en las cercanías de la puerta de Ishtar numerosos fragmentos de ladrillo esmaltado con una inscripción cuneiforme en color blanco. La reconstrucción del texto el rey Nabucodonosor II nos ha permitido conocer el motivo de las distintas obras ejecutadas en ese sector de la ciudad:

> Las entradas a las puertas de las murallas [...] habían quedado cada vez más bajas a raíz de los terraplenes en la vía de Babilonia. Por ello, quité dichas puertas y, con asfalto y ladrillos, puse su fundación a nivel de las aguas subterráneas; mandé hacer las nuevas puertas con ladrillos de piedra azul y preciosas figuras de toros y dragones. Como tejado, cubrí las puertas longitudinalmente de inmensos cedros. Los batientes eran de cedro con guarniciones de bronce. En todas las puertas instalé umbrales y goznes de mineral fundido. Erigí toros salvajes y dragones furiosos en el interior de las puertas, las doté con magnificencia y suntuosidad para que toda la humanidad las contemple con asombro.

35. «Dragón» babilónico de ladrillos vidriados que representa al dios Marduk en la decoración de la puerta de Ishtar (J. Jiménez).

Para otorgarle la mayor seguridad posible a este punto débil dentro del sistema de defensa de la ciudad de Babilonia, este acceso se dotó de una estructura compleja formada por dos salas con cuatro pasajes sucesivos, que en su conjunto tuvo una longitud de casi cincuenta metros. La principal diferencia con las otras puertas fue su rica decoración de ladrillos esmaltados, que se cree cubría la totalidad de la fachada. Dos animales son los protagonistas: el toro, como símbolo del dios Adad, y la serpiente-dragón, llamada *mushkhushshu* en acadio, que representa a Marduk, el dios protector de la ciudad (fig. 35). Los leones, el emblema de Ishtar, no estaban en la fachada de la puerta, sino que partían de la misma en dos procesiones a cada lado de la llamada vía procesional. Este desfile de felinos en actitud amenazante debió impresionar a los visitantes que accedían a Babilonia por este acceso, situada cerca del palacio meridional (fig. 36).

36. Friso de leones, símbolo de la diosa Ishtar, que ornamentaba la vía procesional de Babilonia (F. Masó).

En 1926, acabada la Primera Guerra Mundial y fallecido Robert Koldewey, su antiguo ayudante, Walter Andrae, regresó a Babilonia para proceder al reparto de los hallazgos realizados por la misión alemana con el recién creado Museo de Iraq, en Bagdad. Cuatrocientas cajas fueron enviadas a Berlín, la mayor parte de ellas cargadas con fragmentos de ladrillo de la puerta de Ishtar. El gran proyecto de Koldewey empezó a tomar forma: la reconstrucción en la capital alemana de un monumento procedente de Babilonia. «¡Es una maravilla y el mundo quedará asombrado! […] cuando hayamos montado esos animales y ornamentos multicolores en las paredes del Museo de Berlín, quizá ya nadie ose refunfuñar», escribió Andrae en una carta fechada el 14 de marzo de 1902.

Desde el punto de vista museográfico era una apuesta original, pionera, nunca vista. De la mano de la llamada «arqueología reconstructiva», se pretendía recrear en el corazón de Europa, y a escala real, parte de una puerta magnífica de Babilonia, aquella por la que habían pasado grandes personajes del mundo antiguo: Nabucodonosor II, Ciro el Grande y Alejandro Magno, entre otros. En palabras de Andrae:

> [...] se trataba de transmitir a nuestros contemporáneos, por lo menos, una cierta idea de la grandeza y el brillo multicolor, la solidez y el ritmo de la tremenda obra arquitectónica de Nabucodonosor. Para eso sólo había un medio: representar los más posible y a tamaño natural. Porque yo ya había tenido muy malas experiencias con la capacidad de mis conciudadanos cultos. Las imágenes y los modelos a pequeña escala no les decían nada.

Entre 1928 y 1930, bajo la dirección del escultor Willy Struck y del arquitecto Walter Andrae, se iniciaron los trabajos de preparación de los materiales y de reconstrucción de la puerta. Para convencer a las autoridades de la época de la conveniencia de esta empresa, se encargó a los pintores que hacían los decorados de la ópera berlinesa la realización de un boceto a tamaño natural en madera y papel: «Era un placer verla. Los consejeros ministeriales, que antes solo querían conceder una pareja de cada animal (porque al fin y al cabo, todos eran "iguales"), quedaron tan impactados por este modelo de teatro que lo aprobaron todo», escribió Andrae en sus memorias.

La ornamentación de ladrillos vidriados de la puerta no fue hallada *in situ*, por lo que la reconstrucción berlinesa fue una tarea muy compleja. Además, fue necesario adaptarla a las dimensiones de la sala del museo. Hubo que reducir su altura. Los fragmentos originales corresponden a veinticinco toros, a dieciséis dragones, al friso inferior y a la inscripción cuneiforme, elementos que representan aproximadamente el 20 % de la superficie reconstruida de la puerta. El 80 % restante, las partes sin decoración figurativa, se completó con piezas fabricadas en el prestigioso taller de cerámica de Helene Körting en Berlín.

37. Vista frontal de la reconstrucción de la puerta de Ishtar en Berlín (F. Masó).

El 2 de octubre de 1930, con motivo del centenario de los museos, el público berlinés pudo ver por primera vez la reconstrucción de la puerta de Ishtar, quedando impresionado por los vivos colores de los ladrillos babilónicos (fig. 37). El 26 de noviembre de 1943 una bomba destruyó el techo de la sala donde se hallaba el monumento, que se vio seriamente afectada. Ocho años más tarde volvió a abrir a los visitantes. Hoy no son pocas las voces que ponen en duda el éxito y la ética que envolvió a esta empresa, que hay que entender en el marco de una arqueología colonial ya extinguida. La cuestión no es simple y la controversia sigue abierta. Algunos argumentan, con una lógica aplastante, que los monumentos históricos deberían conservarse *in situ* en su contexto original, mientras que otros sostienen que su traslado a museos internacionales puede garantizar mejor su preservación y su accesibilidad.

LAS DOS MORADAS DE MARDUK

El espacio reservado al culto en Babilonia fue considerable. La ciudad contaba, a finales del II milenio a.C., con cuarenta y tres templos principales para los grandes dioses y con cincuenta y cinco altares dedicados a Marduk, el dios nacional de los babilonios. La arqueología ha sacado a la luz solo algunos de estos templos en el sector oriental de la ciudad de entre los que cabe destacar la doble morada, una elevada o alta y otra baja, del dios Marduk.

El corazón religioso estuvo ubicado en el barrio de Eridu, al sur del palacio meridional y al oeste de la vía procesional. Aquí se encontraba el gran santuario de Marduk, el «palacio del rey de los dioses», que comprendía dos edificios: un templo conocido por su nombre ceremonial, el *Esagil* o la 'Casa de la alta cúspide', y el zigurat, el *Etemenanki* o 'Casa (que es) fundamento de cielo y tierra'. El primero fue el templo bajo y el segundo, el templo alto de Marduk.

La excavación de este importante centro de culto, a partir de 1900, fue una empresa técnicamente compleja, ya que el templo bajo se encontraba a una profundidad de casi veintiún metros. Por esta razón, los excavadores no lograron desenterrar la totalidad del edificio. El *Esagil* fue parte activa en los rituales y las fiestas que se celebraron en la ciudad, en particular la del año nuevo, que se conmemoraba en primavera (entre marzo y abril). Las habitaciones del templo contaban con mobiliario tanto para las cuatro comidas cotidianas como para los condumios excepcionales de los dioses que vivían o visitaban el santuario durante la festividad, según relata el *Poema Babilónico de la Creación*:

> El Señor [Marduk], en el muy augusto emplazamiento que ellos le habían construido como habitáculo, invita a su banquete a los dioses, sus padres. "¡Aquí tenéis Babilonia (les dice), vuestro

habitáculo y residencia: disfrutadla! ¡Saciaos de su alegría!" ¡Los grandes dioses ocuparon, así pues, su lugar y, presentando sus copas, siguieron celebrando el banquete!

El historiador griego Heródoto (*Historias* I, 183) también nos aporta algo de luz gracias a la información que le proporcionaron los sacerdotes caldeos de Babilonia sobre el mobiliario y los rituales practicados en el *Esagil*:

> Pero el santuario de Babilonia tiene abajo otra capilla, en la cual hay una gran estatua de Zeus [Marduk] sentado, de oro, ya su lado se halla una gran mesa de oro, y el pedestal y el trono son igualmente de oro; y, según decían los caldeos; estas piezas están hechas con ochocientos talentos de oro. Y fuera de la capilla hay un altar de oro, y además otro altar, grande, sobre el cual se sacrifican las reses adultas, ya que sobre el altar de oro únicamente se permite sacrificar a las lechales. Y sobre el altar mayor los caldeos queman todos los años mil talentos de incienso el día en que celebran la fiesta de este dios. Además, en la época aquella de que hablo, había todavía en este recinto sagrado una estatua de doce codos, de oro macizo; yo no la he visto, pero repito lo que dicen los caldeos.

Al norte del *Esagil*, se halla el recinto del gran zigurat o templo alto de Marduk en Babilonia, que se levantaba en medio de un vasto recinto sagrado (de 406 por 456 m) al que se accedía por alguna de las doce puertas repartidas a lo largo de la muralla que lo aislaba del resto de la ciudad. En el lado oriental se abría la puerta principal del recinto que estaba comunicada, a través de la vía procesional, con el palacio meridional y la puerta de Ishtar. En el lado del recinto localizado al sur, hubo cuatro puertas monumentales. Dos de ellas, estaban perfectamente alineadas con otras dos del *Esagil*. Esto que aseguraba una comunicación directa entre los dos templos del dios Marduk.

En el interior de este recinto sagrado se levantó desafiante el zigurat, un gran monumento de tierra de estructura escalonada, que los babilonios llamaron *Etemenanki*. En la tradición bíblica este edificio es universalmente conocido como la torre de Babel. Sus restos arqueológicos no fueron excavados por los arqueólogos alemanes hasta el año 1913.

TRES PALACIOS PARA UN REY

En la ciudad de Babilonia la arqueología ha sacado a la luz los vestigios de tres edificios palaciales que han sido tradicionalmente atribuidos, de acuerdo con los datos textuales, al rey Nabucodonosor II y su dinastía. Estas residencias reales estaban situadas en la ribera izquierda del Éufrates, dos en la ciudad interior y una en la ciudad exterior. Se trata del «palacio meridional», ubicado cerca de la puerta de Ishtar y de la vía procesional; del «palacio central septentrional», localizado inmediatamente al norte del anterior; y del «palacio de verano», situado en el punto más septentrional del recinto exterior (a 2 km de los anteriores), y cuyo nombre oficial fue «¡Viva Nabucodonosor! ¡Larga vida a aquel que cuida el Esagil!».

Con un estilo pomposo, muy del gusto de las monarquías mesopotámicas, Nabucodonosor II describió, en la denominada *Inscripción de la Compañía de Indias*, la reconstrucción del palacio de Babilonia que había sido levantado por su padre como residencia real. Este edificio se corresponde con el que hoy conocemos, gracias a la arqueología alemana, como «palacio meridional»:

> En Babilonia, la ciudad de mi soberanía, que amo, el palacio, "Casa (que es) admiración del pueblo", el lazo del país, la morada pura, la sede de mi poder real, situado en el barrio Ka-dingir-ra, en el corazón de Babilonia, de Imgur-Enil a Libil-khengalla, el canal oriental, y de la ribera del Éufrates a Ay-ibur-shabu, que

> Nabopolasar, rey de Babilonia, mi padre que me ha engendrado, había hecho de adobe y donde había establecido su residencia, a causa de las aguas del río, sus cimientos eran poco seguros. Hacia los escalones de la calle de Babilonia, las puertas estaban caídas. Su muro exterior, una estructura de adobes, demolí y abrí sus cimientos hasta alcanzar el nivel del agua [...]. Mi corazón no deseaba que mi residencia real pudiera estar en otra ciudad. En ningún otro sitio construí un palacio como sede de mi gobierno, ni guardé los tesoros preciosos de mi realeza. En la misma Babilonia, no había ningún otro lugar digno de mi realeza.

En la misma inscripción, y con idéntico estilo, el rey Nabucodonosor se refiere a la construcción en quince días de otro de sus palacios en Babilonia, que se corresponde con el denominado «palacio central septentrional». El pasaje en cuestión dice así:

> Entre los muros, edifiqué una construcción de adobes y en su cima, una gran residencia, para mi morada real, en betún y ladrillos, elevé. La anexé al palacio de mi padre. En un mes favorable y un día propicio, puse sus cimientos en el corazón del Apsu. Elevé su cima como un acantilado rocoso. En quince días acabé los trabajos.

Según el sacerdote babilónico Beroso, del siglo III a.C., este edificio, construido en poco más de seis semanas, fue la sede de los afamados jardines colgantes:

> Construyó un nuevo palacio al lado del de su padre. Describir detalladamente su magnitud y los demás rasgos de su magnificencia sería demasiado largo; solo diré que, siendo grande y suntuoso en exceso, fue acabado en quince días. En este palacio hizo construir altas terrazas de piedra, dándoles aspecto de colinas. Plantó árboles de todas clases, y ejecutó y dispuso el llamado jardín colgante, porque a su esposa, que había sido criada en Media, le gustaban los lugares montañosos.

En otra inscripción cuneiforme, el rey Nabucodonosor II nos informa sobre la construcción del tercer palacio en la ciudad, cono-

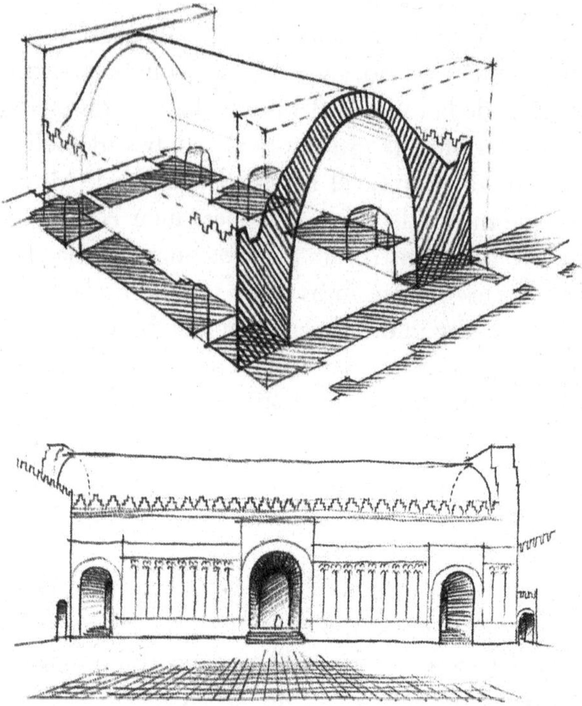

38. Hipótesis de reconstrucción con una gran bóveda del salón del trono del «palacio meridional» de Babilonia (J. C. Margueron).

cido como el de verano: «Cerca del muro de adobe, hacia el norte, mi corazón me dictó construir un palacio para proteger Babilonia. Un palacio equivalente a los palacios de Babilonia, con betún y ladrillos construí en ese lugar [...]».

De los tres complejos palaciales de Babilonia, el más importante fue el «palacio meridional». Esta fue la verdadera sede de la monarquía babilónica. Desde el punto de vista compositivo, el edificio fue el resultado de la yuxtaposición de cinco unidades arquitectónicas desarrolladas alrededor de un gran espacio central. De acuerdo con esta organización, las unidades se sucedían unas tras otras a partir de la puerta principal de entrada que estaba localizada en la vía procesional. En la tercera

39. Reconstrucción moderna del salón del trono del «palacio meridional» de Babilonia (F. Masó).

unidad, se hallaba el salón del trono. La sala tenía unas dimensiones enormes (de 52 por 17 m) y unos muros perimetrales con un gran espesor (de 6 m). Estos datos han hecho pensar que este espacio debió estar cubierto por una bóveda, que alcanzaría una altura próxima a los veinticinco metros (fig. 38). La fachada que antecedía al salón del trono estuvo revestida de ladrillos esmaltados similares a los utilizados en la puerta de Ishtar. Los motivos iconográficos escogidos para embellecer este espacio encerraban una cuidada simbología. La decoración estaba compuesta por una serie de árboles estilizados, motivos florales y un friso de leones en relieve. La palmera, el árbol mesopotámico por antonomasia, era signo de fertilidad y longevidad. El león, emblema de la diosa Ishtar, representaba el valor y la pujanza del rey y de su imperio. La organización y la distribución de esta decoración a lo largo de la fachada ha dado lugar a varias propuestas de restitución. Una pequeña parte de la misma fue reconstruida en Berlín. En Babilonia podemos ver una discutible reconstrucción moderna (fig. 39).

DUR-SHARRUKIN: EL SUEÑO DE UN REY ASIRIO

En tan solo once años, del 717 al 706 a.C., el rey Sargón II fue capaz de hacer realidad un sueño, muy propio del delirio de grandeza de los monarcas de la época: fundar una nueva capital en Asiria, el país del dios Assur, para inmortalizar su nombre. Ese lugar, que conocemos hoy como Khorsabad, cerca de Mosul, fue la antigua Dur-Sharrukin, esto es, la 'Fortaleza o Ciudadela de Sargón'.

¿Quién fue este monarca asirio? Sargón de Asiria, o Sargón II, adoptó como modelo de inspiración al gran Sargón de Akkad (2334-2279 a.C.), el creador del primer gran imperio de la historia, de quien tomó su nombre. Era hermano del rey Salmanasar V, su predecesor en el trono asirio, pero se le ha acusado de ser un usurpador a juzgar por el significado de su nombre propio (*Sharru-kin*, su verdadero nombre en acadio, se puede traducir por 'rey legítimo') y el silencio de las inscripciones de la época sobre sus orígenes. Si se hizo llamar rey legítimo, es más que probable que no lo fuera. Se estima que tomó el poder por la fuerza en el año 721 a.C.

En su condición de soberano absoluto, desarrolló, como era norma entre las monarquías mesopotámicas, un doble papel: el de rey conquistador y el de rey constructor. Su megalomanía le hizo soñar con la naturaleza universal de su poder, razón por la que utilizó los títulos habituales entre los soberanos asirios del I milenio a.C. Se presentaba como «rey del mundo» y «rey de las cuatro regiones». De acuerdo con la retórica de la intimidación y de la política del terror, muy del gusto de los asirios, Sargón expresó su capacidad de guerrear de forma épica: «He hecho correr la sangre como el agua de un río en los barrancos y los precipicios, coloreando de rojo las llanuras, las colinas y las montañas [...]». Entre las numerosas campañas militares que lideró por toda la geografía de Oriente Próximo están la toma de Samaría, capital del antiguo reino de Israel, las luchas contra el rey Midas de Frigia, la confrontación con Urartu, en Armenia, y con Babilonia, el eterno rival del sur. Pretendió, incluso, haber conquistado Egipto y Chipre. Aunque esto no es más que una fanfarronería sin valor histórico propia de la propaganda política del momento.

Además de su rol de monarca guerrero, Sargón cultivó una faceta culta que encontró en la promoción de las ciudades y de la vida urbana un campo perfecto en el que desarrollar e imprimir su fuerte personalidad. La ciudad fortificada que portaba su nombre fue concebida como un himno mudo para gloria y honor del rey, un ser fuera de lo común. En el 717 a.C. él mismo concibió, supervisó y puso en marcha la construcción de Dur-Sharrukin. Los terrenos para construir la nueva ciudad fueron expropiados, según nos relata el propio soberano:

> [...] Reembolsé a sus propietarios en plata y bronce el precio de los campos de esta ciudad según lo estipulado en las tablillas de compra y para evitar perjuicios, a los que no quisieron el precio de su campo, les di campo por campo donde quisieron.

Las obras estuvieron supervisadas personalmente por Sargón, que planificó y pensó día y noche como hacer habitable la ciudad. Impaciente con el ritmo de las obras, llegó a amenazar a los responsables de las mismas por no avanzar de acuerdo con los plazos estipulados. Los trabajos principales fueron realizados por esclavos llegados desde los reinos sometidos por el Imperio asirio. Movilizó, igualmente, a todos sus trabajadores «provistos de picos y capazos», según relata en un texto.

Un año antes de su muerte, en el 706 a.C., Sargón se instaló con su corte y su administración en Dur-Sharrukin. Para celebrarlo organizó una lujosa fiesta inaugural a la que invitó, entre otros, a gobernadores, príncipes, aliados y vasallos, de los que recibió lujosos regalos para su nuevo palacio: oro, plata, bronce, hierro, aceites, esencias, telas, caballos, camellos, etc. Esta celebración profana estuvo acompañada de un banquete sagrado con sacrificios de animales en honor de los dioses:

> En un mes favorable, en un día propicio, invité al palacio al gran señor Assur, padre de los dioses, así como a los dioses y diosas que habitan Asiria. Les presenté magníficamente regalos de oro rojo y de plata pura, ricas ofrendas, un gran regalo. Alegré sus almas.
>
> Una vez inaugurada, hubo que poblar la nueva ciudad y vigilar el orden interno:
>
> [...] Asenté en esta ciudad a gentes procedentes de los cuatro puntos cardinales, que hablaban lenguas diferentes, venían de las montañas o del país llano [...]. Para supervisarlos y dirigirlos, encargué a verdaderos asirios de competencia universal que les enseñaran cómo comportarse y la debida reverencia a la divinidad y al rey.

En el año 705 a.C., el monarca falleció en el campo de batalla, en una revuelta en la provincia de Tabal, en el sureste de Anatolia. Su cuerpo no pudo ser recuperado para recibir sepultura. Esto fue interpretado por los asirios como una tragedia y un mal presagio. Su hijo y sucesor, Senaquerib, abandonó la ciudad al considerarla un lugar maldito. Trasladó la corte a la cercana Nínive.

La ciudad soñada por Sargón, de vida efímera, entró en una fase de abandono progresivo y, finalmente, de desaparición y de olvido hasta transformarse en una colina llamada Khorsabad. Tuvieron que pasar más de dos mil quinientos años para que los tesoros artísticos de la vieja capital asiria volvieran a ver el sol. Cuatro equipos distintos han trabajado en el *tell* de Khorsabad, al norte de Mosul, desde 1843: el equipo francés liderado por los cónsules Paul-Émile Botta y Victor Place (1843-1854), el equipo norteamericano del Instituto Oriental de Chicago (1929-1935), el equipo del Servicio de Antigüedades de Iraq (1957) y, desde 2023, el equipo internacional dirigido por la Universidad de París I.

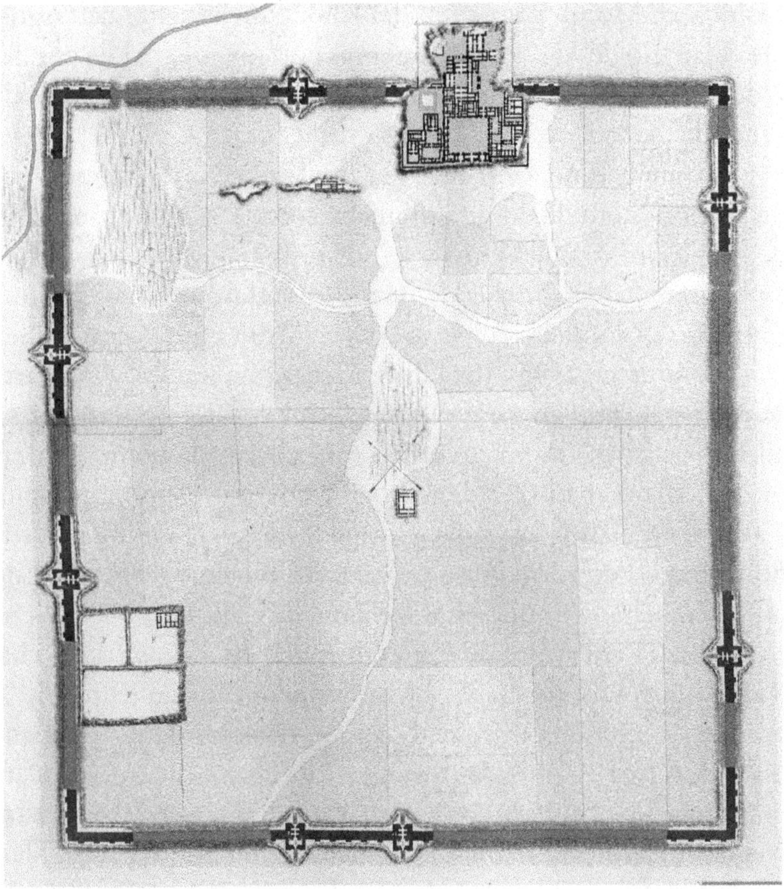

40. Planta de la ciudad asiria de Dur-Sharrukin (V. Place y E. Flandin).

LA CIUDADELA DE SARGÓN

El lugar escogido por Sargón para la implantación de la nueva fundación ha suscitado desconcierto en relación con el sistema de abastecimiento de agua y su comunicación con la red comercial de la región. A diferencia de las principales capitales imperiales asirias, Dur-Sharrukin no está situada en las riberas del Tigris. Fue fundada al pie de los montes Mursi, hoy Jebel

Bashiqa en Mosul, y a 1,5 km del Khors, un afluente del Tigris. Dos manantiales de agua, situados al norte, y una red de canales y de infraestructuras hidráulicas garantizaron el suministro de agua a la ciudad.

La nueva fundación fue una implantación delimitada por un recinto amurallado que dibujaba sobre el terreno un plano de forma casi cuadrada (de 1750 por 1650/1685 m). Eso equivale a una superficie habitable de unas doscientas noventa hectáreas (fig. 40). La muralla, construida con piedra en los cimientos y con adobe en el alzado, tuvo una envergadura notable y no parece tener paralelos en otras obras defensivas anteriores, ni por su ancho (de 24 m) ni por su altura (que se calcula pudo alcanzar más de 12 m). Estuvo, además, reforzada por ciento cincuenta y siete torres, situadas cada veintisiete metros. Con estas fortificaciones el rey asirio quiso expresar un mensaje de fuerza y de poder con el que impresionar a enemigos y visitantes.

Sobre la construcción del gran muro de defensa de la ciudad, Sargón nos cuenta en una inscripción lo siguiente: «[...] enraicé sus cimientos en la roca viva, delante, detrás y en sus dos lados, frente a los cuatro vientos, abrí ocho puertas.». La arqueología ha localizado siete puertas sobre el terreno, todas ellas con nombres de dioses mesopotámicos (Ninlil, Enlil, Adad, Shamash, Belet-ilani, Ea y Anu-Ishtar). La más célebre es la llamada puerta número tres, identificada con Adad, dios de la tormenta. El acceso era monumental: medía sesenta y siete metros de largo, estaba cubierto por una bóveda de casi siete metros de alto y jalonado por enormes toros alados de piedra.

La estructura de Dur-Sharrukin fue diseñada por su promotor de acuerdo con un estricto programa político basado en el concepto y la estructura del Estado asirio en el I milenio a.C. Cada parte de la nueva fundación tuvo un significado preciso: la muralla representaba el poder y la fuerza de la monarquía; la gran ciudadela interior fue la sede del poder real, de los altos funcionarios y de los grandes dioses; la ciudadela menor o arsenal fue la casa de la sucesión, es decir, el palacio del príncipe heredero; y la ciudad baja simbolizaba al pueblo de Asiria.

En la parte noroeste de la ciudad se hallaba la ciudadela, organizada en dos niveles y protegida con una muralla interior dotada de dos puertas monumentales ornamentadas con toros androcéfalos. El nivel inferior estuvo ocupado por cuatro residencias destinadas a altos dignatarios del Imperio asirio y por el templo dedicado a Nabu, dios de la sabiduría, que destacaba sobre una terraza particular. En el nivel superior, que dominaba toda la ciudad, se hallaba el zigurat, un santuario dedicado a diez divinidades (Ea, Sin, Adad, Shamash, Ninurta, etc.) y el complejo palacial de Sargón II. El palacio ocupó unas diez hectáreas y estuvo provisto de más de trescientas salas. Su organización interna en dos partes bien diferenciadas, responde al principio tradicional de los palacios asirios. El primer sector, llamado *babanu* o 'sector de la puerta' en asirio, era la parte pública o de uso administrativo del edificio, y el segundo, denominado *bitanu* o 'sector de la casa', se correspondía con el ámbito privado del rey y su familia. El salón de trono, que actuaba como punto de unión entre los apartamentos privados y la parte oficial del palacio, tenía un acceso triple que ha dado los ejemplares de toros alados más grandes hallados en Asiria (¡algunos alcanzaban los 5,60 m de altura!).

El palacio de Sargón estuvo decorado suntuosamente. Así lo narra el propio monarca en un texto de la época:

> Alrededor de las salas dispuse en la parte baja de los muros losas de caliza en las que hice representar las ciudades de las que me hice cargo. [...]. En las diferentes partes de este palacio, hice poner como ornamentación, gracias al arte del grabador de piedras, a todos los pueblos de los países que, de Oriente a Poniente, había conquistado con la fuerza de Assur, mi señor.

La propaganda política que decoraba los muros de las principales salas del palacio se tradujo en escenas de pagos de impuestos por los vasallos, de transporte de madera, de dignatarios, etc. Se estima que sus muros de adobe estuvieron cubiertos con aproximadamente dos kilómetros de bajorrelieves en piedra, un tipo de alabastro local conocido como «mármol de Mosul». Hoy, una parte importante de estos tesoros artísticos pétreos de Khorsabad se conservan en París y Chicago (fig. 41).

A pesar de las dificultades logísticas de aprovisionamiento de determinadas materias primas, la documentación escrita se refiere al empleo para las puertas y las cubiertas de los edificios de madera de diversos tipos: cedro, ébano, boj, ciprés, enebro, pino, etc. También está atestiguado el uso de marfil, de bronce, de plomo y de hierro, entre otros metales. El objetivo era dar una apariencia lo más lujosa posible a la casa del rey, construida con humildes adobes secados al sol. Por la naturaleza de su morador, tenía que ser un lugar sin rival.

La mayor parte de la nueva fundación imperial estuvo ocupada por lo que conocemos como la «ciudad baja», el sector residencial. Si hacemos caso a los planos publicados, parece que esta parte de la capital asiria estuvo prácticamente vacía. Esta imagen no es real y responde a que las excavaciones se concentraron en la ciudadela, donde estaban los edificios nobles, y en las puertas monumentales de la muralla. Recientes investigaciones han permitido identificar varios edificios en la ciudad baja, que han sido interpretados como grandes mansiones (de 12.000 m^2) organizadas en torno a una serie de patios.

TOROS ALADOS PARA LAS PUERTAS

> En el momento de su descubrimiento, los monolitos (toros) estaban en tal estado de conservación que parecían recién salidos de las manos del artesano; ni una pluma del tocado o de las alas, ni un pelo de la barba o de los rizos, ni un cabello de la cabeza estaban alterados.

41. Pareja de toros asirios de Dur-Sharrukin en su emplazamiento actual en el Museo del Louvre (J. L. Montero).

De esta manera tan delicada describió Victor Place, en 1867, el descubrimiento de las primeras esculturas colosales de toros alados androcéfalos, tan características de los edificios oficiales del Imperio asirio en el I milenio a.C. Nos hallamos ante un ser fantástico, híbrido, que nos lleva a un universo imaginario desconocido. Es una singular combinación de cabeza humana, alas de águila (fig. 42) y cuerpo de toro de la que se conocen más de un centenar de ejemplares repartidos, por parejas, en las puertas principales de las ciudades y palacios de la geografía de Asiria.

En Dur-Sharrukin se han localizado toros androcéfalos en varias puertas de la muralla exterior, del recinto de la ciudadela y, sobre todo, en el gran palacio de Sargón y en el del príncipe heredero. Los toros de esta ciudad asiria fueron tallados en un único bloque de alabastro extraído de las canteras locales, que podía llegar a pesar hasta treinta toneladas. Estas impresionantes esculturas funcionaban por parejas, estaban de pie sobre una plataforma y la cabeza podía tener dos orientaciones, bien siguiendo el eje del cuerpo, bien girada noventa grados. Los ejemplares de Khorsabad tenían la particularidad de estar provistos de cinco patas. De esta manera, los toros permitían al visitante dos visiones distintas, una frontal y otra lateral.

A fin de conseguir un mayor realismo, los escultores asirios dieron a los toros un tratamiento final con colores. Es decir, el aspecto con el que hoy los podemos contemplar en los museos no responde a la apariencia que tuvieron en la época. Victor Place al referirse al aspecto que tenían cuando fueron descubiertos, escribió lo siguiente:

> La ceja y la pupila del ojo habían conservado su tinte negro oscuro original, y la esclerótica su tinte blanco. Estos colores, tan frescos como cuando fueron aplicados por primera vez por los decoradores asirios, no aportaban nada extraño a la expresión de la fisonomía que, por el contrario, imprimía un fuerte sello de calma y serenidad.

Los palacios asirios fueron edificios invadidos por el color: pinturas, ladrillos esmaltados y, también, bajorrelieves y esculturas. En las pinturas murales del palacio asirio de Til Barsip

42. Detalle de las plumas del ala de un toro asirio hallado, en 2023, en la puerta nº 6 de la muralla de Dur-Sharrukin, Mosul (J. L. Montero).

(llamada también Kar-Salmanasar), en el norte de Siria, aparece un toro androcéfalo alado de color azul, rojo y negro.

Los toros descubiertos en las principales puertas de Khorsabad por franceses y americanos llevaban la misma inscripción cuneiforme, generalmente grabada en el espacio disponible entre sus patas. El texto empieza con los títulos del rey Sargón, sigue con una lista de las ciudades bajo su protección, la enumeración de sus campañas militares, el relato conmemorativo de la fundación de Dur-Sharrukin, y termina con una invocación a los dioses.

Desde mediados del III milenio a.C. se conocen en Mesopotamia numerosas representaciones de seres híbridos fantásticos, entre ellas las de hombres con cabeza de toro. A pesar de estas hondas raíces, los toros alados androcéfalos de tamaño colosal se presentan como una creación original del arte asirio. Su destino era proteger los accesos de las ciudades y de los edificios palaciales asirios en la primera mitad del I milenio a.C. «[...] protectores espléndidos hice construir, y a la derecha y a la izquierda los hice fijar como guardianes», escribió el rey Senaquerib (704-681 a.C.). Eran, por tanto, los centinelas de las puertas monumentales. Esta función benefactora se ha puesto en relación con tres términos mesopotámicos: *lamassu, shedu* y *aladlammu.* En su origen la palabra *lamassu* hace referencia a una divinidad protectora femenina frente a *shedu,* que sería masculina. Ambos términos simbolizaban la buena fortuna, la salud y el éxito. En sentido amplio, designaba una entidad protectora y bienhechora, representada inicialmente como una divinidad antropomorfa con las manos en actitud de rezo. En la época neoasiria tuvo lugar un cambio radical, pues este concepto protector pasó a estar encarnado por los toros alados con cabeza humana y de grandes dimensiones. Los reyes asirios usaron en sus inscripciones el término *aladlammu* para referirse a estas esculturas colosales colocadas por parejas en las puertas de las murallas y de los palacios.

No sabemos la razón exacta por la que a partir del reinado de Assurbanipal (668-630 a.C.) los toros alados desaparecieron de las puertas de los nuevos palacios asirios. Se ha apuntado, aunque no parece una causa creíble, que fue debido a la falta de materia prima. Es probable que su ausencia pueda estar ligada a la evolución del simbolismo religioso. Este tema va a sobrevivir, aunque con otro significado, fuera de Mesopotamia, en el arte persa. Es el caso de los toros alados ubicados en las puertas monumentales de Pasargada y de Persépolis, en el Irán de los Aqueménidas.

Entre mediados del siglo XIX y principios del siglo XX, los toros alados fueron extraídos de las puertas de las principales capitales asirias e instalados, descontextualizados, en las salas de los grandes museos de Londres, Berlín, París, Chicago o Bagdad. El descubrimiento, en octubre de 2023, de un nuevo toro en la llamada puerta del dios Ea de la muralla de Khorsabad ha reabierto el debate sobre su conservación. Actualmente, el equipo francés que llevó a cabo este hallazgo trabaja, junto con las autoridades iraquíes, en su musealización *in situ.* Los tiempos del expolio indiscriminado, propio de una arqueología colonial, son ya un lejano recuerdo de otra forma de exponer el patrimonio cultural.

La espectacularidad de estas obras escultóricas, tan apartadas de los cánones del arte clásico, despertó un gran interés en Occidente. Dio origen a una verdadera «asiriomanía» que aún sobrevive. Dos ejemplos, uno antiguo y otro reciente. La tumba del escritor irlandés Oscar Wilde, en el cementerio Père-Lachaise de París, obra realizada por el escultor Jacob Epstein en 1914, está inspirada en un toro asirio alado. En 2023, un nuevo centro comercial inaugurado en Mosul, a orillas del río Tigris, fue diseñado con una fachada de estilo asirio, de tal manera que sus puertas están decoradas con los famosos toros hallados en yacimientos de la región, reproducidos a escala natural. ¡Asiria sigue viva!

4

REALEZA

La historia de Mesopotamia fue una gesta dominada por hombres carismáticos y enérgicos que hoy conocemos bajo la denominación genérica de reyes. Así lo relatan las grandes inscripciones que estos soberanos mandaron grabar para inmortalizar sus principales hazañas: campañas militares, fundación de ciudades, decretos, tratados, etc. Mesopotamia y el vecino Egipto son la cuna de la monarquía, el sistema político que se impuso en los países tanto del Tigris y del Éufrates como del Nilo. El origen de su fuerza y de su prestigio estuvo en el férreo control ejercido sobre las aguas de estos ríos, de ahí que los historiadores hablen de las monarquías hidráulicas o fluviales. La agricultura a gran escala mediante irrigación solo era posible con un poder central fuerte capaz de dominar este recurso y sus técnicas de explotación. De esta manera surgió un monopolio del poder, que ha sido denominado «Despotismo oriental». Esta es una de las muchas hipótesis planteadas para explicar el nacimiento de la monarquía. La emergencia del sistema monárquico mesopotámico sigue siendo todavía objeto de debates y controversia. Esta forma de autoridad superior, el poder en manos de un solo individuo, surgió de manera lenta y progresiva y evolucionó a lo largo de los siglos hacia modelos cada vez más despóticos y absolutos: el poder sin rival, como decían los reyes asirios.

Ni los propios habitantes de Mesopotamia tenían claro cuál era el origen de su sistema de gobierno. Por esta razón, ante la falta de datos históricos, hubo que inventar el nacimiento de la realeza. En la *Lista Real Sumeria* se nombran los primeros reyes, sin duda legendarios, de la manera que sigue: «Cuando la realeza bajó del cielo, la realeza fue primero a Eridu. En Eridu Alulim fue rey, y reinó 28 800 años; Alargar reinó 36 000 años: dos reyes reinaron 64 800 años [...]». Eridu, la más meridional de las ciudades sumerias, fue abandonada por la realeza y esta se trasladó a Bad-Tibira y luego a Larak, Sippar y Shuruppak. En total fueron cinco ciudades en las que reinaron ocho reyes durante casi cuatrocientos mil años antes del diluvio. Después del diluvio, la realeza descendió de nuevo del cielo y se instaló en las ciudades de Kish, Uruk, Ur, etc.

Según esta lista sumeria, solo el primer rey mesopotámico reinó nada menos que ¡veintiocho mil ochocientos años! Nos hallamos, como es evidente, ante una cifra imposible que hace alusión a una época heroica en la que gobernaron unas dinastías míticas. La existencia de estos primeros monarcas no está probada históricamente, pero sí la de las ciudades donde reinaron. Es una explicación legendaria a unos orígenes desconocidos, una práctica muy habitual entre los pueblos del mundo antiguo. Si no se conocían los orígenes, se inventaban. Son los héroes fundacionales. Posiblemente, el primer rey histórico que aparece citado en esta crónica sea un tal Enmebaraggesi, rey de Kish hacia el 2700 a.C., al que se le atribuye, no obstante, un reinado de novecientos años.

A pesar de su escasísimo valor histórico, en lo referente a los inicios, la *Lista Real Sumeria* nos da algún dato interesante sobre la naturaleza del poder monárquico: su carácter sagrado, que no divino («la realeza bajó del cielo») y la fragmentación política que vivió el país de Súmer en los inicios del III milenio a.C. En esta época, el sur mesopotámico se hallaba dividido entre una quincena de «principados» de pequeñas dimensiones, con una capital al frente, a los que los historiadores han dado el nombre de «ciudades-estado». Realmente nadie sabe cómo era un estado en los inicios de la historia de Mesopotamia, de ahí que en

43. Detalle de la *Estela de los Buitres* descubierta en Tello, sur de Iraq, y conservada en el Louvre. El rey Eannatum, subido en su carro, dirige a su ejército (J. L. Montero).

ocasiones se hable con vaguedad de un «estado arcaico». La idea que hay detrás es la de una especie de «micro o mini-estados», independientes los unos de los otros, que compartían elementos comunes: mismo modo de vida, mismo cuadro cultural y religioso, mismo marco institucional (la realeza) y misma escritura y lengua (el sumerio). A pesar de ello, la documentación revela un mundo en conflicto con ciudades rivales enfrentadas entre sí por cuestiones territoriales. Un buen ejemplo es la disputa fronteriza entre los reyes de Lagash y Umma, descrita e ilustrada en la llamada *Estela de los Buitres* hacia el 2450 a.C. (fig. 43):

> Eannatum [rey de Lagash] provocó una tormenta en Umma, desató un diluvio allá. Eannatum, cuya palabra es justa, delimitó la frontera con el señor de Umma [...] y erigió una estela en aquel

> lugar [...]. El hombre de Umma a Eannatum hizo juramento: [...] Jamás violaré el territorio de Ningirsu [dios patrón de Lagash]. [...] Si alguna vez incumplo este juramento, que la gran red de batalla de Enlil, rey del cielo y de la tierra, sobre la cual he jurado, descienda sobre Umma.

No es fácil definir, por la falta de documentación, en qué consistió un «estado» (arcaico o primitivo) en Mesopotamia. Los antiguos hablaban simplemente de ciudades y nosotros de «ciudades-estado». Sus moradores no nos han dejado una descripción sobre la naturaleza de esta institución que, en lo económico, lo territorial y lo político, se fundamentó en la existencia de un poder central (el rey), así como de elementos de control contable de la actividad agropecuaria (la escritura) y de defensa (la muralla). Es decir, cereales, murallas, reyes y escritura dieron origen a ciudades, que algunos prefieren llamar ciudades-estado. Esta organización política y territorial prevaleció durante el período histórico que denominamos Dinástico Antiguo o Dinastías Arcaicas, que va del 2900 al 2334 a.C. Con la llegada al poder del rey semita Sargón, nació en Mesopotamia un nuevo concepto: el de imperio.

EL REY: UN HOMBRE GRANDE

En la conformación del poder monárquico hubo dos aspectos que confluyeron en la figura del rey: él era el representante del dios patrón de la ciudad y el jefe militar que la protegía de las agresiones llegadas del exterior. Esto convirtió al rey en un ser extraordinario, una autoridad suprema que destacaba sobre el resto de los mortales. El rey era un 'hombre grande', *lugal* en lengua sumeria. Así fue como se le denominó en sus orígenes. En algunas ocasiones simplemente se le llamaba el hombre (*lú* en sumerio) de la ciudad sobre la que reinaba: el hombre de

Larsa, de Ur o de Babilonia. En los textos cuneiformes podemos encontrar otros términos que fueron usados para referirse a los reyes mesopotámicos. Es el caso del título de *en* ('señor'), que habitualmente designaba al sumo-sacerdote de la divinidad principal de la ciudad. Sin embargo, en ciertos contextos, se empleó para referirse al rey, como en Uruk y en Ebla (Siria). En la ciudad de Lagash y de Ur fue el título de *ensi* (originalmente 'gobernador') el que se usó para referirse a sus monarcas. Por el contrario, en Kish y en Mari, en el medio Éufrates sirio, los reyes utilizaron el tradicional título de *lugal.* En acadio el rey era el *sharru.*

El poder del soberano era de origen divino. Los monarcas eran impuestos por los dioses para ejecutar sus deseos y designios. Cada reinado precisaba de la legitimación de los grandes dioses para que fuera próspero y armonioso. Para logarlo, se arbitró el sistema de la adopción, una imposición divina expresada mediante las siguientes expresiones: «este rey es el amado, el hijo o el acompañante de tal dios». Un buen ejemplo de este procedimiento lo tenemos en una inscripción del rey Eannatum de Lagash, hacia el 2450 a.C.:

> Ningirsu plantó la semilla de Eannatum [...]. Inanna lo acompañó [...] y lo depositó en el regazo de Ninhursag. Ninhursag le ofreció su pecho singular. Ningirsu se regocijó en Eannatum, la semilla plantada en el seno por Ningirsu. Ningirsu puso sobre él la extensión de su brazo, por valor de cinco codos tendió su brazo sobre él: ¡medía cinco codos, un brazo del dios! Con gran alegría, Ningirsu le dio el reino de Lagash.

Gracias a este texto, nos convertimos en espectadores del alumbramiento, de la investidura, de Eannatum como soberano de la ciudad sumeria de Lagash. Se nos dice que fue engendrado por el dios Ningirsu, dios protector de Lagash, amamantado por la diosa madre Ninhursag y acompañado por la diosa Innana (Ishtar para los semitas). Todo el proceso concluye con la entrega de Lagash por parte de su dios patrón al nuevo rey. El poder de los soberanos mesopotámicos era un regalo de los dioses y estos, a través del sistema de legitimación de la adopción, les recordaban la subordinación permanente a sus dictámenes. Por esta razón, aunque disponía de una autoridad absoluta sobre sus súbditos, el rey debía rendir cuentas ante los dioses de sus acciones políticas.

Se esperaba que los reyes reunieran en su figura una serie de cualidades fundamentales para ejecutar sus funciones y alcanzar un buen gobierno: la piedad en el mantenimiento de los templos y de las ofrendas; la justicia, porque debía ser ante todo un hombre justo y equitativo; el valor como comandante en jefe de los ejércitos en el campo de batalla; la inteligencia y la capacidad para la toma de decisiones importantes para la vida interna (decretos y gestión) y externa del reino (relaciones diplomáticas y tratados internacionales); y debía promover la vida urbana y civilizada con la fundación de ciudades, construcción de canales, de murallas, etc. (fig. 44). El rey era visto como un pastor que velaba por su rebaño. Esta metáfora está muy bien sintetizada tanto en el prólogo de la *Estela de Hammurabi* de Babilonia en la que el rey babilónico se autodefine en el prólogo como el pastor elegido por el dios Enlil, como en su epílogo donde se afirma que:

> Los grandes dioses me llamaron: yo soy el único pastor salvífico, de recto cayado, mi buena sombra se extiende por mi capital, llevé en mi regazo a la gente de Súmer y de Akkad, han prosperado por la virtud mía, los he conducido en paz, los he resguardado con perspicacia.

La llegada de los pueblos semitas a la llanura mesopotámica en la segunda mitad del III milenio a.C. introdujo algunos cambios en el modelo monárquico y de dominio territorial. Por primera vez, Mesopotamia estuvo bajo la autoridad de un único rey, Sargón de Akkad (2334-2279 a.C.). Durante un largo reinado de más de cincuenta años el rey semita sentó las nuevas bases de la realeza, convirtiéndose en el prototipo de soberano que debía

44. Detalle de la *Estela de Ur-Nanshe* hallada en Tello, sur de Iraq, y conservada en el Louvre. El rey aparece representado con un capazo lleno de adobes sobre la cabeza en clara alusión a su papel como constructor (J. L. Montero).

ser imitado. Los reyes acadios desarrollaron una política original basada en tres ideas: una voluntad imperialista, una política militar expansionista y un esfuerzo centralizador. Los monarcas y su capital, la ciudad de Akkad, eran los únicos protagonistas, no tenían rivales. Y si los había, se eliminaban.

La figura de Sargón marcó un hito dentro de la historia de la región y se transformó en modelo para los grandes reyes mesopotámicos. Sus orígenes son enigmáticos y su figura está rodeada de un halo de leyenda. A ello han contribuido textos del I milenio a.C. (¡escritos más de 1600 años después de la muerte del rey!), que se centraron en ensalzar su persona y su obra. Conocida es la leyenda autobiográfica en la que Sargón describe su nacimiento y su infancia. El relato recuerda mucho a la de otros personajes antiguos (como es el caso de Moisés o de Rómulo y Remo). Su madre, una sacerdotisa, dio a luz en secreto y lo abandonó en una cesta de juncos en las aguas del río, se supone que el Éufrates, hasta que lo rescató un aguador llamado Akki (nombre que recuerda al de Akkad). Finalmente, siendo jardinero, bajo la protección divina de Ishtar (que le otorgó su amor) llegó a ser rey. Estamos, como es obvio, ante un relato legendario construido para describir unos orígenes desconocidos. El nombre propio del rey, *Sharru-kin* ('rey legítimo' en lengua acadia), es desconcertante y evidencia todo lo contrario. Sargón debió de llegar al poder de forma irregular.

En otro texto tardío, del I milenio a.C., se dice en un estilo laudatorio que Sargón de Akkad:

> [...] ascendió al poder en la era de Ishtar y no tiene rival ni oponente. Extendió su fama, su terror sobre todos los países. Él cruzó el mar en el este y él mismo conquistó el país del oeste en año once de su reinado. Él estableció un gobierno central. Él levantó su estela en el oeste. Su botín (el botín de los países del este y del oeste) lo transportó sobre balsas. Él creó una corte de oficiales que vivía alrededor de su residencia y ejerció su dominio sobre la totalidad de los países, sin excepción.

45. Detalle de la *Estela de Naram-Sin* en la que el rey aparece representado con la tiara de cuernos, símbolo de divinización. Se conserva en el Museo del Louvre (J. L. Montero).

Tal fue su fama y prestigio que, a finales del siglo VIII a.C., un gran rey asirio se hizo llamar también Sargón (II).

Su nieto, el rey Naram-Sin (2254-2218 a.C.), llevó al Imperio de Akkad a su máxima expansión territorial, llegando al mar Mediterráneo y al país de Magán (hoy el Sultanato de Omán): «Naram-Sin [...] nueve batallas en un solo año venció y capturó a los reyes que se habían opuesto». Las inscripciones reales, además de cantar sus éxitos militares, reflejan dos importantes novedades. Introdujo un nuevo título con el que proclamar las pretensiones universales e imperialistas de su realeza: 'rey de las cuatro regiones (o puntos cardinales)', escrito *shar kibrati arbaim* en acadio. También fue el primer rey mesopotámico en utilizar el determinativo de «divino» junto a su nombre en las inscripciones y en hacerse representar con la tiara de cuernos, un símbolo reservado a los dioses (fig. 45). Unos siglos antes, en algunas inscripciones reales de la ciudad de Lagash los monarcas se consideraban a sí mismos seres de naturaleza divina. Pero hubo que esperar a la época de Akkad para que los reyes dieran el paso definitivo de afirmar explícitamente que eran dioses. De esta forma, se cambiaba el modelo de la realeza sagrada por el de la realeza divina.

Esta voluntad manifiesta de divinización por parte de Naram-Sin, considerada un sacrilegio por los teólogos de la época, puede estar detrás del grave conflicto mantenido con los dioses que, según la tradición literaria, terminó en un desastre para el monarca acadio, según narra la llamada *Maldición de Akkad*. Este enfrentamiento con los dioses estuvo liderado por Enlil, cuyo templo en Nippur fue destruido por el rey acadio. Semejante ataque despertó la ira tanto del gran dios mesopotámico (que retiró la protección de la ciudad sin dar una explicación) como de los otros grandes dioses, que castigaron a Akkad con la invasión de un pueblo destructor.

La maldición era realmente terrorífica:

> ¡Akkad, que tu hombre fuerte sea privado de su fuerza, de modo que no pueda levantar su saco de provisiones y [...] no tenga la alegría de controlar tus asnos superiores; que permanezca ocioso todo el día! ¡Que esto haga que la ciudad se muera de hambre! ¡Que tus ciudadanos, que solían comer bien, yazcan hambrientos entre la hierba y los pastos [...] el hombre se coma el revestimiento de su tejado, que mastique los goznes de cuero de la puerta principal de la casa de su padre! ¡Que la depresión descienda sobre su palacio, construido para la alegría! ¡Que los males del desierto, el lugar silencioso, aúllen continuamente! [...] En sus llanuras, donde crecía la hierba fina, ahora crecían los juncos del lamento. El agua dulce de Akkad fluía como agua salobre. Cuando alguien decidía: "¡Voy a morar en esa ciudad!", no podía disfrutar de los placeres de una morada. Cuando alguien decidió: "¡Voy a descansar en Akkad!", no pudo disfrutar de los placeres de un lugar de descanso.

Tras la muerte del rey acadio Shar-kalli-sharri en el 2193 a.C. la anarquía se apoderó de la región según cuentan las fuentes de la época:

> Los Guti, la serpiente, el escorpión de las montañas, que había ejercido violencia a los dioses, que había llevado al extranjero la realeza de Súmer, que había llenado Súmer de inquietud, que había arrebatado su mujer a aquel que tenía mujer, que había arrebatado su hijo a aquel que tenía un hijo, que había instalado la inquietud y la violencia en el país.

La tradición literaria, como vemos, atribuye a los Guti un período de desorden político en Mesopotamia de aproximadamente un siglo de duración. No hay unanimidad a la hora fijar la causa que puso fin al Imperio de Akkad. La arqueología no avala el caos generado por las destrucciones masivas que narran los textos. Lo más probable es que la caída de Akkad no fuera violenta e instantánea, sino el fruto de un proceso de debilitación política y de desintegración. Otros autores hablan, sin embargo, de una crisis climática y una fuerte sequía motivadas por erupciones volcánicas en Anatolia hacia el 2200 a.C.

Tradicionalmente se atribuye al rey Utu-khegal de Uruk (2123-2113 a.C.) la expulsión de los Guti y el restablecimiento del orden en Mesopotamia. Su hijo, Ur-Namma (2112-2095 a.C.), se proclamó rey en Ur y dio paso al llamado renacimiento de las ciudades sumerias. Este período es conocido como la tercera dinastía de Ur o simplemente como Ur III. Es el primer Imperio sumerio, que los reyes de Ur organizaron en tres áreas para su gestión: el corazón del país (Súmer y Akkad), la periferia (controlada por gobernadores militares) y los estados vasallos (dominados mediante una política de alianzas con los príncipes locales). Para gobernar este vasto territorio, los soberanos de Ur diseñaron una eficaz y compleja máquina burocrática en la que el palacio fue el principal protagonista. Este control estatal dio origen a un extraordinario volumen de textos de carácter administrativo y contable, nunca superado en la historia de Mesopotamia.

Entre los reyes más carismáticos de la tercera dinastía de Ur se hallan Ur-Namma, célebre por sus leyes y por promover la construcción de los primeros zigurats (fig. 46), y Shulgi (2094-2047 a.C.), del que se conserva un interesante himno real que debió de ser recitado públicamente en determinadas celebraciones acompañado de música. En el comienzo del himno el rey muestra abiertamente la nueva ideología imperial al presentarse como un gran héroe divinizado. Se presenta, ¡nada menos!, como hermano de Gilgamesh. Siguiendo un estilo pomposo y una cuidada selección de grandes divinidades del panteón mesopotámico, el rey describe uno a uno sus extraordinarios atributos. Él es el elegido de los dioses, el predestinado:

> Yo, el rey, desde el vientre materno yo soy un héroe, yo, Shulgi, desde mi nacimiento soy un hombre fuerte, yo soy un león de mirada feroz, engendrado por un dragón, yo soy el rey de las cuatro regiones, yo soy un pastor, el pastor del pueblo de las "cabezas negras", yo soy el noble, el dios de todas las tierras, yo soy el hijo engendrado por Ninsun, yo soy el elegido del corazón del santo An, yo soy el hombre cuyo destino fue decretado por Enlil, yo soy Shulgi, el amado de Ninlil, yo soy aquel que es tiernamente cuidado por Nintu, yo soy el único que fue dotado de sabiduría por Enki, yo soy el poderoso rey de Nanna, yo soy el león rugiente de Utu, yo soy Shulgi, aquel que ha sido voluptuosamente elegido por Inanna, yo soy un mulo, el más adecuado para el viaje, yo soy un caballo que hace ondear su cola en la calle principal, yo soy un semental de Shakan, impaciente por correr, yo soy un sabio escriba de Nisaba.

Por causas que desconocemos, aprovechando el vacío político dejado por la caída del Imperio de Ur en el 2004 a.C., se produjo un movimiento migratorio de poblaciones semitas que concluyó con su asentamiento en la llanura mesopotámica. Son

46. Vista parcial del zigurat de Ur, obra del rey Ur-Namma (F. Masó).

las tribus amorreas, llamadas *amurru* en acadio y *martu* en sumerio. Estos pastores nómadas, que hablaban una lengua semítica noroccidental, ya aparecen citados en documentos de la segunda mitad del III milenio a.C., produciéndose un significativo aumento de su presencia en los textos cuneiformes de la tercera dinastía de Ur. De hecho, el rey sumerio Shu-Sin (2037-2029 a.C.) materializó la construcción de una gran muralla entre los ríos Tigris y Éufrates, «el muro de los *martu*», con el objetivo de frenar su avance hacia la Mesopotamia del sur. A comienzos del II milenio a.C., los amorreos ya reinaban en diferentes ciudades de la geografía sirio-mesopotámica: Alepo, Mari, Larsa, Uruk y Babilonia, entre otras. Tal fue la importancia alcanzada por los nuevos reyes de estas tribus, que este período es conocido también como la etapa amorrea o amorrita de la historia mesopotámica. Entre estos soberanos cabe destacar a Hammurabi de Babilonia y a Zimri-Lim de Mari.

En este contexto histórico de comienzos del II milenio a.C., los emblemas del poder de la realeza estaban plenamente consolidados. Se trata del bastón y del círculo, que en su origen estaban vinculados a la función del rey como constructor. El círculo es una cuerda enrollada y el bastón, una especie de regla. Eran instrumentos usados por los arquitectos para medir los edificios, en particular los templos, que fundaban y construían en nombre de los monarcas y de sus dioses protectores. Simbolizan probablemente la justica y la equidad, unos de los principales valores del buen rey. Ambos símbolos aparecen representados por primera vez en una estela del rey sumerio Ur-Namma y los vemos después en monumentos de dos importantes ciudades amorreas: Babilonia y Mari. En la famosa *Estela de Hammurabi*, el rey aparece recogiendo de manos del dios Shamash los dos emblemas. En la sala 106 del palacio de Mari se halló una pintura llamada de la «investidura» por su temática. En la escena central, el rey, normalmente interpretado como Zimri-Lim, 1774-1762 a.C. (aunque no se descarta que pueda ser uno de sus predecesores), recibe el círculo y el bastón de la mano de la diosa Ishtar. Los dos distintivos representan la estrecha relación que en Mesopotamia había entre reyes y dioses, entre las instituciones del palacio y las del templo.

La segunda mitad del II milenio a.C. en Babilonia estuvo marcada por el dominio ejercido por los kasitas, un pueblo tribal cuya patria originaria es un problema no resuelto todavía por la moderna investigación. Habitualmente, pero sin argumentos concluyentes, se les considera una etnia oriunda de la región de los montes Zagros, en el oeste de Irán, desde donde habrían emigrado hasta la llanura mesopotámica.

Los principales testimonios escritos sobre la nueva dinastía babilónica en el contexto de Oriente Próximo proceden de Egipto. De acuerdo con la documentación epistolar del archivo de el-Amarna, la antigua ciudad de Akhetatón, la dinastía kasita de Babilonia formaba parte del selecto club de las grandes monarquías de la época. El famoso archivo amarniense contenía cerca de cuatrocientos textos escritos en su mayor parte en acadio. El uso de esta lengua como lengua franca en estos textos es una evidencia más del prestigio alcanzado por la corte babilónica en la segunda mitad del II milenio a.C. La mayoría de las tablillas conservadas son producto de la correspondencia mantenida entre los faraones Amenhotep III y Amenhotep IV (más conocido como Akhenatón) y los soberanos de otras grandes potencias de la región, Babilonia entre ellas. Hoy se sabe que el archivo cubría un período de unos treinta años, probablemente entre el 1385 y el 1355 a.C.

Las cartas de el-Amarna muestran que la posición de Babilonia en el siglo XIV a.C. era la de un reino relevante desde el punto de vista de las relaciones internacionales. La confirmación de este posicionamiento privilegiado de la dinastía kasita en el nuevo escenario político de Oriente Próximo viene dada por la utilización del título de «hermano» en las cartas intercambiadas entre los soberanos. Este calificativo era utilizado solo entre aquellos monarcas que se consideraban iguales y aliados. Las relaciones diplomáticas fueron especialmente intensas durante los reinados de los soberanos kasitas Kadashman-Enlil I y Burnaburiash II (1374-1333 a.C.), de los que se conservan catorce cartas. Otro testimonio de que Babilonia se había convertido en una potencia en la escena internacional fue la celebración de varios matrimonios mixtos (de princesas kasitas con el faraón) con el objetivo de sellar esta alianza de hermandad.

El estudio de las cartas de el-Amarna es muy ilustrativo sobre las normas, las prácticas y los procedimientos habituales en el campo de las actividades diplomáticas entre los reinos e imperios de la primera mitad del siglo XIV a.C. Las relaciones internacionales se cultivaban mediante tratados, correspondencia e intercambio de embajadores y regalos. Uno de los presentes más frecuentes era oro de Egipto, cuyo peso y calidad debían ser comprobados en el momento de su entrega al rey por parte de los legados. Era frecuente la queja de los monarcas sobre la parquedad de los regalos recibidos, mientras que subrayaban con regocijo la grandeza de sus propios obsequios (oro, caballos, carros, tejidos y mujeres).

Los soberanos de este distinguido club internacional se enviaban, a través de los emisarios reales y de acuerdo con un estricto protocolo, frecuentes mensajes de buena voluntad, comentarios sobre su salud y sobre la situación de su país. Así, en una carta, el rey Burnaburiash II critica que Akhenatón no se hubiera interesado por su estado de salud cuando estuvo enfermo:

> Como no me encontraba bien y mi hermano no ha mostrado el menor interés por mí, yo, por mi parte, me enfadé con mi hermano diciendo: "¿Es que mi hermano no se ha enterado de que estoy enfermo? ¿Por qué no ha mostrado interés por mí? ¿Por qué no ha enviado un mensajero a visitarme?". [...]. Pues bien, tras preguntar a mi mensajero y enterarme por él de que el viaje era muy largo, dejé de sentirme enfadado y no dije más.

Esta carta es en realidad una lección de geografía, pues el rey kasita tras conocer el largo trecho (unos 1400 km a vuelo de pájaro) que separaba las ciudades de Babilonia y de Akhetatón perdonó a su «hermano» de Egipto. A pesar de la distancia que separaba ambas ciudades, era práctica habitual que los monarcas se enviaran invitaciones con motivo de la celebración de las principales fiestas y ceremonias. Muestra de ello es el enfado que manifestó el rey Kadashman-Enlil I en una carta enviada al faraón Amenhotep III:

> Cuando celebraste una gran fiesta, no me enviaste ningún mensajero a decirme: "Ven a comer y beber", ni me enviaste ningún regalo de saludo con ocasión de la fiesta [...]. Ahora voy a dar una fiesta de inauguración de la casa. Ven personalmente a comer y a beber conmigo. No voy a hacer lo que tú.

Rey fuerte, rey del universo, rey de Asiria, rey de las cuatro partes del mundo, etc. Esta es la titulatura habitual con la que solían presentarse ante sus súbditos y reinos rivales los grandes monarcas asirios del I milenio a.C. Su poder era absoluto y sin rival. No había ningún contrapeso a su autoridad indiscutible. Dentro de este rígido sistema autocrático, la sucesión de un rey por otro era un proceso clave y no exento de tensiones. Por esta razón, los reyes asirios invirtieron grandes esfuerzos en reglamentar el proceso de sucesión al trono. Nació así una institución llamada *bit reduti* en asirio, literalmente la 'casa de la sucesión' o, si se prefiere, el palacio del príncipe heredero. El desarrollo de esta nueva institución conoció su máximo apogeo durante los reinados de Sargón II, Senaquerib, Asarhadón y Assurbanipal (721-630 a.C.).

El proceso se iniciaba con la elección por parte del rey de su sucesor, el *mar sharri* ('hijo del rey'). Esta elección tenía que ser ratificada por los dioses a través de un complejo procedimiento de adivinación y de oráculos. En un texto, el rey Asarhadón (680-669 a.C.) consulta al dios Shamash sobre la conveniencia de elegir a Sin-nadin-apli como su sucesor en el trono de Asiria: «¿Debe Asarhadón, rey de Asiria, esforzarse y hacer preparativos? ¿Debe introducir a su hijo, Sin-nadin-apli, [...] en la casa de la sucesión? ¿Es del agrado de tu divinidad? ¿Es aceptable para tu gran divinidad? ¿Lo conoce tu gran divinidad?». No es difícil imaginarse la presión a la que debieron estar sometidos los adivinos dentro de este rígido sistema autocrático. Sin-nadin-apli, sin embargo, no llegó a reinar debido a su prematura muerte en el 672 a.C.

El príncipe heredero no era siempre el primogénito. Senaquerib (704-681 a.C.) eligió como futuro rey a su hijo menor. Además, el nombramiento como heredero no era inamovible. Podía ser modificado por expreso deseo del rey o, como es obvio, por el fallecimiento del hijo elegido. Estas modificaciones en el procedimiento sucesorio dieron origen a no pocas tensiones, rebeliones y presiones internas. Con el objetivo de eliminar estos conflictos, que afectaban a la estabilidad política, los reyes asirios hicieron ratificar su decisión a través de un juramento de fidelidad llamado *adu*. Afectaba tanto a la familia real y altos dignatarios como al pueblo de Asiria y a los reinos vasallos. La finalidad era evitar las usurpaciones. Del rey Asarhadón nos ha llegado uno de estos juramentos, realizado para asegurar a Assurbanipal como príncipe heredero:

> Este es el pacto que Asarhadón, rey de Asiria, ha establecido con vosotros, ante los grandes dioses del cielo y de la tierra, sobre Assurbanipal, el príncipe heredero designado, hijo de Asarhadón, rey de Asiria, vuestro señor, a quien él ha nombrado e instalado como príncipe heredero. Cuando Asarhadón, rey de Asiria, se vaya su destino, vosotros elevaréis al príncipe heredero Assurbanipal al trono real. Él ejercerá la realeza y el señorío de Asiria sobre vosotros [...]. No le seréis hostiles y no colocaréis en el trono de Asiria, en su lugar, a uno de sus hermanos, ya sea mayor o menor. La palabra de Asarhadón, rey de Asiria, no cambiaréis y no modificaréis.

El príncipe heredero, una vez ratificado por los dioses y los hombres, era presentado en sociedad en una ceremonia pública. En ese acto se le investía con el atuendo oficial de heredero: una diadema ceñida a la cabeza. Finalmente, se instalaba en la «casa de la sucesión», un verdadero palacio, donde iniciaba su formación como futuro rey. Iba asumiendo progresivamente, en compañía de su séquito y sus mentores, responsabilidades dentro de la administración del imperio. La educación del príncipe heredero comportaba, entre otras cosas, el aprendizaje de la etiqueta real y de la pericia con las armas, así como de la sabiduría y la erudición. Assurbanipal (668-630 a.C.) nos relata en primera persona, no sin cierto grado de exageración, la esmerada educación que recibió:

> Aprendí el arte del maestro Adapa: los tesoros ocultos de todo el saber de los escribas [...]. Resolví los laboriosos problemas de la división y la multiplicación que no eran nada fáciles. Leí la artística escritura de los sumerios y el oscuro acadio [...]. He aquí lo que hacía diariamente: montaba mi corcel y cabalgaba alegremente, e iba al pabellón de la caza. Tensaba el arco y hacía volar las flechas, signo de mi valor. Lanzaba pesadas lanzas como

> si fuesen jabalinas [...]. Al mismo tiempo aprendí el ceremonial, marchando como deben marchar los reyes. Iba tras del rey, mi padre, dando órdenes a los dignatarios.

Los reyes asirios, pese a su poder absoluto, estaban limitados por una serie de supersticiones. El monarca Asarhadón se rodeó de un círculo de confianza formado por médicos, adivinos, astrólogos y exorcistas que condicionaba su vida y sus acciones. Un mal presagio predicho por los dioses, a través de la adivinación, era contrarrestado con una acción absolutamente irracional: la figura del rey sustituto. Durante cien días Asarhadón abandonó el trono de Asiria y fue reemplazado por un campesino que se instaló en el palacio y disfrutó de todos los privilegios y lujos propios de un verdadero monarca. Pasado el mal augurio, el rey sustituto fue depuesto, asesinado y enterrado como si se tratara de un verdadero soberano. Asarhadón debió de ser un rey muy inseguro y paranoico, dado que fue sustituido por un soberano de paja por lo menos en cuatro ocasiones durante su reinado.

Estas limitaciones, que efectaban a los reyes asirios, también se daban en el sur. La festividad religiosa más relevante del calendario en Babilonia con participación del soberano era la del *akitu* o 'Año Nuevo', que se celebraba durante doce días en el equinoccio de primavera. Uno de los actos fundamentales era el de la humillación del monarca quien después de ser desposeído de sus atributos reales y postrado de rodillas ante el sumo sacerdote juraba ante el dios Marduk no haber pecado contra Babilonia en los siguientes términos:

> ¡No he pecado, Señor de los Países! ¡No he descuidado tu divinidad! ¡No he causado la destrucción de Babilonia! ¡No he ordenado su dispersión! ¡No he demolido el Esagil! ¡No he permitido que caigan en el olvido sus rituales! ¡No he pegado en la mejilla de los súbditos! [...] ¡He cuidado de Babilonia, no he destruido sus murallas!

Tras este acto, el sumo sacerdote abofeteaba al rey. Si las lágrimas aparecían en el rostro del monarca, esto significaba que Marduk estaba dispuesto a su favor. Pero si no era así, le mandaba un castigo en forma de enemigo para ocasionar su caída.

LAS REINAS

En una sociedad como la mesopotámica la norma era que el poder real fuera ejercido por un hombre. En la historia de Mesopotamia las reinas solo eran mujeres asociadas, por maternidad o matrimonio, a reyes varones. No obstante, en la *Lista Real Sumeria* se hace referencia al gobierno de una enigmática reina en la ciudad de Kish. Se trata de Ku-Baba, posiblemente una posadera o tabernera, que reinó durante un siglo. De mediados del III milenio a.C. conocemos a otras mujeres influyentes dentro de la esfera real. En el cementerio real de Ur destaca el ajuar funerario depositado en la tumba de la dama Puabi (ca. 2500 a.C.), que algunos consideran propio de una reina por su extraordinaria riqueza (con la presencia oro y lapislázuli). La reina Baragnamtara (ca. 2400 a.C.) tuvo un activo papel en la administración y la actividad diplomática en la ciudad sumeria de Lagash. Sabemos que gestionaba las propiedades de la «casa de las mujeres», que poseía más de cuatro mil hectáreas de campos con valor agrícola, y que mantuvo una importante alianza con la cercana ciudad de Adab. Más atractiva es, sin duda, la figura de Enheduanna (ca. 2300 a.C.), hija del rey Sargón de Akkad. Esta princesa y gran sacerdotisa del dios Nanna en Ur es considerada la primera poeta de la historia.

Entre los siglos IX y VII a.C., en Asiria, destacaron más allá de su papel de esposas y madres las reinas Semíramis y Zakutu (también llamada Naqi'a). Para adentrarse en la figura de Semíramis el mejor punto de partida es el relato de Ctesias de Cnido, médico del rey persa Artajerjes II (405-359 a.C.), que escribió una historia de Persia que no se ha conservado. La obra se ha transmitido de forma fragmentaria a través de otros autores posteriores, en particular del historiador de época tardorrepublicana Diodoro de Sicilia (*Biblioteca Histórica* II, 4-6). Este la define como «la más ilustre de las mujeres de las que nos habla la tradición». En un relato en el que lo mítico se impone a lo histórico, se describen las hazañas de esta atractiva y atípica reina desde su nacimiento en Ascalón, ciudad de la actual costa de Israel, hasta su muerte y misteriosa transformación en una paloma. Lo que hace excepcional a Semíramis no es la fundación de Babilonia y sus campañas militares en Persia, Egipto, Libia, Etiopía e India, sino el hecho de ser mujer en un mundo dominado por los hombres. Su retrato es el de una supermujer, de rasgos y atributos claramente masculinos. ¿Estamos ante una reina viril? ¿Existió en Asiria una reina que sirviera de modelo para construir el personaje legendario de Semíramis? En la ciudad de Assur se halló una estela con un texto en el que aparece grabado un nombre propio de mujer que recuerda mucho al de Semíramis: «Sammuramat, señora real de Shamshi-Adad, rey del Universo, rey de Asiria, madre de Adad-nirari, rey del universo, rey de Asiria, nuera de Salmanasar, rey de las cuatro regiones». Gracias a esta inscripción cuneiforme, sabemos que la Semíramis de época persa y clásica fue la esposa de Shamshi-Adad V (823-811 a.C.) y la madre de Adad-nirari III (810-783 a.C.). En otra estela, dedicada por su hijo al dios Adad, podemos deducir que durante los cuatro primeros años de su reinado (810-807 a.C.) Sammuramat actuó como regente: «En el quinto año de mi reinado, cuando tomé asiento en el trono real en mi grandeza [...]». Este es el único caso conocido de regencia de una mujer en Asiria por la baja edad del legítimo heredero.

Pero una cosa es el personaje histórico de Sammuramat y otra el personaje legendario de Semíramis. Los relatos de los autores clásicos son el resultado de una visión mitificada de Oriente y de sus principales protagonistas. Bajo la figura de esta reina subyacen dos conceptos que están en el origen de su leyenda. El primero sería el de la sexualización de la historia. Para los clásicos, Asia (Asiria incluida) era un concepto femenino frente a una Europa masculina. Por consiguiente, su discurso histórico debía estar bajo la advocación de una mujer, una reina. El segundo es la identificación de la reina asiria con la diosa Ishtar, equiparable para los griegos con una Afrodita de posible origen oriental. Es asombroso el parecido entre Ishtar, diosa mesopotámica del amor y de la guerra, y la Semíramis descrita en el texto de Diodoro.

Otra gran figura relevante e influyente entre las reinas asirias fue Zakutu, casada con el rey Senaquerib (704-681 a.C.). Aunque no tuvo el rango de esposa principal, consiguió que Asarhadón, el hijo que le dio al soberano de Asiria, fuera designado príncipe heredero. Es conocida, sobre todo, por un pacto de lealtad conocido como el *Tratado de Zakutu* en favor de su nieto, Assurbanipal, como rey de Asiria. Con este pacto garantizó una transición sin sobresaltos dentro de la familia real después de que Asarhadón falleciera inesperadamente en el 669 a.C. en una nueva campaña en Egipto. El tratado concluía en los siguientes términos:

> Y si os enteráis y sabéis que hay hombres que traman una rebelión armada o fomentan una conspiración en medio de vosotros (bien sea de cortesanos o de eunucos, de sus hermanos o de alguno de la de la descendencia real o de vuestros hermanos y amigos o bien de cualquiera en toda la nación), si os enteráis y lo sabéis, los prenderéis y los mataréis y se los traeréis a Zakutu, su madre, y a Assurbanipal, rey de Asiria, vuestro señor.

Un campo en el que las mujeres de la familia real tuvieron una presencia significativa fue en el de las relaciones diplomáticas. Los reyes de Mesopotamia solían concluir una alianza internacional con una boda dinástica. Según esta costumbre, un rey entregaba a otro rey (o a uno de sus descendientes) una de sus hijas en matrimonio con la finalidad de reforzar el acuerdo. Este sistema suponía, además, un movimiento de bienes. El rey daba a su hija una dote que era de su propiedad y que podía recuperar en el caso de ser repudiada. Por su parte, el padre del novio daba al padre de la novia, como contrapartida, una serie de regalos. Sobre la dote entregada en el marco de un matrimonio dinástico en el siglo XIV a.C. por el rey Tushratta de Mittani (en el norte de Siria) al faraón de Egipto, podemos leer lo siguiente en una carta del archivo egipcio de el-Amarna:

> Estos son los regalos de boda, de todo tipo, que Tushratta, rey de Mitanni, ha dado a Nimmureya [Amenhotep III], rey de Egipto, su hermano y yerno. Él los da al mismo tiempo que entrega a su hija, a Egipto y a Nimmureya para ser su mujer.

Otro buen ejemplo de buena amistad y hermandad entre reinos sellado con un matrimonio lo encontramos en Mari. El rey Zimri-Lim (1774-1762 a.C.) de Mari desposó a la hija del rey de Alepo, Shibtu. Su dote estaba formada por joyas, muebles, vestidos y animales que, por exigencia del soberano alepino, debían ingresar junto a su hija en el gran palacio de la ciudad. Shibtu es la mujer mejor documentada en el archivo de Mari y la única en dirigirse al rey con cartas en un tono personal en las que le informa sobre diversos aspectos de la vida cotidiana del palacio:

> Di a mi Señor: así habla Shibtu, tu sierva. El palacio goza de buena salud. El 24, ha caído un aguacero en Mari. En el interior del depósito que mi Señor ha hecho, el agua ha llenado una caña (3 m).

Un mundo fuertemente masculinizado como el mesopotámico debió ocultar o silenciar el papel desempeñado por reinas y princesas. En la sociedad del «país de los dos ríos» los hombres ostentaban el poder y las mujeres eran generalmente excluidas del mismo, al menos de forma oficial. Sin embargo, los pocos datos que nos han llegado evidencian que estas tuvieron un rol relevante en parcelas fundamentales de la vida pública, económica y religiosa. La misma existencia del título de reina (*sharrutu* en acadio, que es femenino de *sharru*, rey) hace pensar que la presencia de mujeres con verdadero poder político no fue una realidad extraña en Mesopotamia. Es una cuestión de visibilidad, motivada por la escasez de fuentes disponibles, pero también por el olvido y la marginación que ha sufrido esta cuestión por parte de la investigación. Los nuevos estudios de género están modificando poco a poco esta situación, situando a las mujeres en el lugar que realmente les correspondió en Mesopotamia por encima de su condición de esposas y madres.

EL PALACIO: UNA CASA GRANDE

El rey, el *lugal*, es decir el 'hombre grande' de Mesopotamia, residía, como cabría esperar, en una 'casa grande' (o palacio), llamada *egal* en sumerio. El palacio fue la «casa del poder», el edificio monumental que representaba uno de los fundamentos esenciales de la civilización mesopotámica: la monarquía. Fue la residencia privada del rey y su familia, la sede del nuevo poder político, así como el centro económico y de la administración.

No resulta fácil establecer cuándo tuvo lugar la aparición del primer edificio que podemos calificar de palacio sin titubeos. Parece lógico pensar que el nacimiento de los palacios coincidió con la emergencia de las primeras dinastías, aunque esta cuestión histórica tampoco es sencilla de dilucidar. La ciudad de Uruk (nivel IV, 3300-3200 a.C.) ha proporcionado varias construcciones complejas, de planta tripartita, que tradicionalmente han sido interpretadas como centros de culto. No se ha encontrado en ellas, sin embargo, ningún elemento propio de una instalación de carácter religioso (un podio, un altar o una mesa de ofrendas). Además, el modelo de arquitectura de planta tripartita, documentado desde el V milenio a.C., era usado con fines profanos y no religiosos. Por esta razón, parece razonable interpretar estos monumentos de Uruk no como santuarios, sino como la sede de un poder cuya naturaleza es complicado definir.

Hacia 2600-2500 a.C. asistimos a la consolidación definitiva de la monarquía como sistema de gobierno en Mesopotamia. Este hecho histórico se materializó en la construcción en las ciudades de edificios que ya podemos conceptuar, sin dudas, como palacios, como sedes del poder político. Uno de estos primeros palacios mesopotámicos es el llamado edificio «A» de Kish. Es un buen ejemplo de la nueva arquitectura civil monumental del Dinástico Antiguo. Este palacio, que solo se conoce parcialmente, está formado por dos construcciones independientes, pero conectadas, que se abren a un mismo espacio a cielo abierto. La presencia de escaleras son el testimonio de la existencia de un piso superior reservado a los apartamentos privados y a los salones oficiales. La planta baja estaba concebida para funciones de tipo doméstico y para almacenamiento.

Desde su creación, los palacios fueron evolucionado hacia fórmulas cada vez más complejas, ganando en dimensión y magnificencia. El mejor ejemplo son los palacios de las grandes capitales asirias del I milenio a.C. Los reyes Assurnasirpal II en Kalhu, Sargón II en Dur-Sharrukin, y Senaquerib y Assurbanipal en Nínive construyeron ostentosos edificios palaciales a la medida de su ambición política. Estos palacios, verdaderos medios de propaganda política, estaban organizados en dos partes de acuerdo a una misma fórmula. Por un lado, estaba el sector público y administrativo, llamado *babanu*, y por otro, el sector privado, denominado *bitanu* en asirio. Por su parte, la ciudad de Babilonia dispuso de tres grandes palacios. En el edificio meridional, el más importante de los tres, murió Alejandro Magno en el año 323 a.C.

En sus más de dos mil años de existencia los palacios dieron respuesta a las necesidades de las distintas dinastías mesopotámicas. Pese a las diferencias formales, en ninguno de ellos podía faltar un espacio arquitectónico clave: el salón del trono. Era el punto de encuentro entre el monarca y el mundo exterior representado por los altos dignatarios de su reino y los embajadores extranjeros. La fórmula más común era la de una sala de proporciones rectangulares que estaba conectada a través de una escalera con el piso superior, donde el rey y la familia real desarrollaban su vida más íntima. La sala del trono era un lugar de lujo, decorado con relieves, ladrillos esmaltados, pinturas al fresco o tapices, con el fin de generar una escenografía que impresionase e intimidase a los visitantes.

De todos los palacios excavados en la geografía mesopotámica, el más completo y el mejor conservado (con muros de hasta cinco metros de alto) es el de la ciudad de Mari, en el medio Éufrates sirio. Este magnífico edificio, construido con adobe, tuvo una larga vida de varios siglos. Ocupaba más de dos hectáreas de superficie, contaba con varios pisos y disponía de aproximadamente seiscientas salas. Era casi una ciudad dentro de la ciudad y una de las maravillas arquitectónicas construida a orillas del río Éufrates. Fue destruido, saqueado e incendiado por las tropas de Hammurabi de Babilonia hacia el año 1760 a.C.

EL GRAN PALACIO REAL DE MARI

El conocimiento que hoy tenemos del gran palacio real de la ciudad de Mari, la metrópoli del medio Éufrates sirio, tiene dos responsables: su descubridor y su estudioso. Son los arqueólogos franceses André Parrot y Jean Claude Margueron. Ambos consagraron su vida a la excavación, a la investigación y a la restauración de este edificio excepcional. El primero escribió lo que sigue en su libro *Mari une ville perdue... et retrouvée par l'archéologie française*:

47. Foto aérea del palacio de Mari tomada en abril de 1937 (Archivo A. Parrot, MAM).

En abril de 1936, después de dos campañas, una de dos, y otra de tres meses, habíamos excavado 130 habitaciones o patios, que cubren ya más de una hectárea y media. Podemos preguntarnos, con la simple lectura del plano, si aún queda otro tanto enterrado. [...] La erosión se ha llevado mucho, especialmente en las pendientes, pero en el centro de la construcción, los muros están aún de pie con una altura media de cuatro a cinco metros, lo que no se ha encontrado en ninguna otra parte. Y esto es extremadamente precioso, pues esto nos da multitud de información. [...]. En este sentido, el palacio de Mari es de primera importancia (fig. 47).

El segundo afirmó lo siguiente, cincuenta años después, en su obra *Los mesopotámicos*:

El palacio de Mari es, con mucho, el más célebre; fama que se justifica por la conservación excepcional de sus ruinas [...], por sus instalaciones a nivel del suelo [...], por la recogida de tablillas

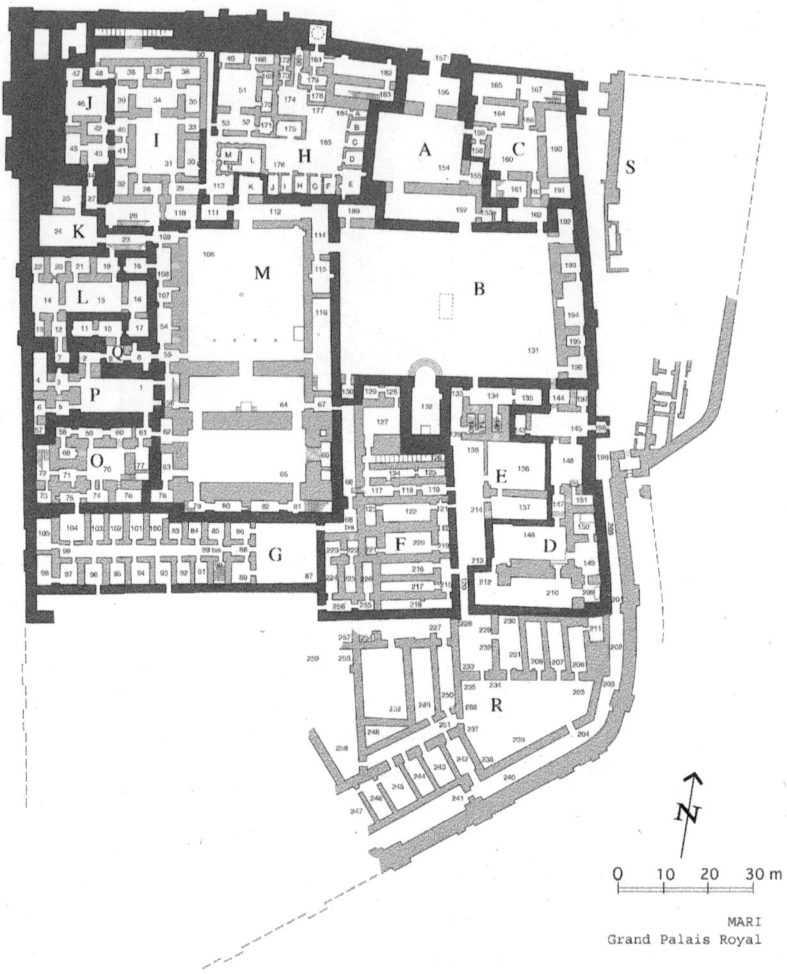

48. Plano del gran palacio real de Mari
(J. C. Margueron y N. Bresch).

[...], por la notable calidad, en fin, de los objetos de arte [...] y el número de objetos de la vida diaria. El estado en que nos ha llegado ha permitido un estudio arquitectónico detallado que ha revelado la imagen precisa de un palacio antiguo, tanto en su forma como en su organización (fig. 48).

49. Vista de una sala del palacio de Mari con grandes jarras de almacenamiento *in situ* (Archivo A. Parrot, MAM).

El descubrimiento de los principales elementos del palacio de Mari tuvo lugar entre 1935 y 1938. Trabajos posteriores permitieron completar y revisar algunas lagunas y detalles del edificio. El gran palacio real es sin duda el principal monumento de la tercera ciudad de Mari. Aunque tradicionalmente se considera que este palacio es el de Zimri-Lim, el último rey de la ciudad, en realidad él solo fue el responsable de algunas modificaciones y reparaciones menores. Su origen se remonta a tiempos de la dinastía de los Shakkanaku, probablemente hacia el 2000 a.C. Este edificio originario sirvió de base para el llamado gran palacio real, que la dinastía amorrea transformó respetando los principios reguladores del monumento. Por tanto, el palacio que nos ha llegado a través de la arqueología es el de su etapa final, aquel que fue incendiado por los soldados del rey Hammurabi. Paradójicamente, fue esta destrucción violenta la que permitió la conservación excepcional de las ruinas halladas que hacen del gran palacio de Mari una de las construcciones, con una vida de dos siglos y medio, más admirables de la Antigüedad oriental (fig. 49).

Construido íntegramente con adobe, el palacio está encerrado por un recinto periférico reforzado con torres y bastiones, cuyo trazado completo se pierde debido a la acción de la erosión, al menos en parte, por la zona meridional. En su conjunto, y desde el origen, el edificio tuvo una forma cuadrangular de ciento treinta metros de lado sin contar con el sector añadido por el sur para ser un gran almacén. En total se estima que ocupaba una superficie de más de dos hectáreas. El espacio habitable estaba distribuido entre la planta baja y la superior, lo que daba un número aproximado de seiscientas habitaciones que dibujaban un plano aparentemente laberíntico. ¡Nada más lejos de la realidad! Como veremos, el palacio se construyó siguiendo una estricta racionalidad en lo que se refiere a la organización de los espacios y de la circulación. Todo estaba pensado y planificado siguiendo rigurosos criterios de jerarquización del uso de los distintos sectores, público y privado. La circulación no era libre. Estaba sometida a restricciones y controles.

El palacio se nos presenta como una gran fortaleza para alojar y proteger al rey y a su familia. Situado en una posición central y dominante dentro de la ciudad, solo disponía de dos accesos desde el exterior: uno secundario y otro principal. El secundario era una puerta de servicio reservada para la entrada y salida de mercancías del almacén palacial situado en la parte meridional del edificio. Era la puerta por la accedían y salían los carros y animales cargados con todo tipo de materias primas y productos manufacturados (metales, tejidos, cereales, etc.). La razón de este acceso independiente era doble. Por un lado, evitar las molestias que suponía el trasiego de mercaderes, transportistas, mozos de carga y animales por la planta baja del palacio y, por otro, garantizar la seguridad interna. Dos puertas interiores conectaban la parte oriental del palacio con esta zona de almacenes y reservas, que se conoce de forma incompleta.

Por su parte, la entrada central estaba ubicada en la fachada norte y era de uso restringido. Estaba reservada al rey, a su familia, a embajadores extranjeros, a gobernadores provinciales, a altos funcionarios del reino, a ciertos sacerdotes y sacerdotisas, y al personal interno (escribas, asistentes, cocineros, esclavos, responsables de mantenimiento, etc. bajo la estricta supervisión de sus superiores). Era una puerta compleja fuertemente defendida y controlada que daba paso a un vestíbulo vigilado por un cuerpo de guardia encargado de abrir y cerrar una puerta de dos hojas. A continuación, el visitante se encontraba con un patio dominado por el personal del intendente real que estaba instalado junto con sus ayudantes en un sector provisto de habitaciones, baños y cocinas. Era necesario salvar dos nuevas puertas con guardián para llegar a un patio de grandes dimensiones (de 48 por 32 m), conocido como el «Patio del templo de las pinturas». Una vez aquí, el visitante ya estaba realmente en el palacio. Este gran espacio a cielo abierto hacía la función de regular, a modo de cruce de caminos, la circulación interna: al sur hacia el sector sagrado, donde destaca la capilla consagrada a la diosa Ishtar, profusamente decorada con pinturas murales. Uno de los paneles conservados, de gran calidad artística y pintado de color marrón, ocre, gris, rojo, blanco y negro, presentaba dos registros horizontes principales en los que tema central era una escena de ofrendas a dos divinidades sentadas. En la parte superior, el protagonismo es para la diosa Ishtar, que aparece recibiendo un cuenco con ofrendas de manos de una diosa menor. En la parte inferior, un rey, con barba y un gorro típico de la monarquía de la época, se nos muestra haciendo una libación a un dios, que inicialmente se interpretó como Sin, dios de la luna, aunque hoy se cree que es Shamash, el dios de la justicia.

Por el noroeste, el gran patio regulador disponía de un acceso único controlado por un cercano puesto de guardia que autorizaba el paso a la parte occidental del palacio: una zona que estaba ocupada, entre otras unidades, por la casa del rey, la casa de las mujeres y la administración. Este sector occidental estaba dominado, a su vez, por otro gran patio (de 29 por 25 m), llamado el «Patio de la palmera» a causa del árbol artificial que estaba plantado en el centro como símbolo de abundancia y fertilidad. En su lado meridional se encontraba la gran fachada que antecedía al sector oficial del palacio, su verdadero corazón: el salón del trono. La fachada, interrumpida por un único acceso central, estaba ornamentada con pinturas sobre el enlucido de los muros de adobe, protegidas de la lluvia y del sol por un porche soportado por cuatro pilares de madera. Dentro de esta decoración mural se encuentra la célebre pintura la investidura (fig. 50). Se trata de un panel rectangular (de 2,50 por 1,65 m) formado por una composición central y dos laterales. Las dos laterales son idénticas y en ellas destaca una palmera en la que dos hombres recogen dátiles, otro árbol muy estilizado, tres animales fantásticos y una diosa protectora. Para el mundo mesopotámico la palmera era un símbolo de riqueza y de exu-

50. Detalle central de la pintura de la investidura del palacio de Mari (J. Lauffray).

berancia propio de un reinado exitoso. La escena central está organizada en dos registros superpuestos. En el nivel inferior hay pintadas dos diosas, que tienen un vaso del que afloran cuatro cursos de agua con peces. Nuevamente estamos ante una metáfora de la prosperidad, condición que era inseparable de un recurso fundamental para Mesopotamia como era el agua. Y en el nivel superior de la pintura está el tema fundamental: el rey de Mari recibiendo los atributos del poder monárquico, el anillo o círculo y el bastón, de manos de la diosa Ishtar que aparece armada y apoyando uno de sus pies sobre un león. El mensaje, antes de acceder al salón del trono, era claro y directo: el rey y su poder como generadores de vida y de bienestar. ¿De qué rey de Mari hablamos? Generalmente se piensa que se trata de Zimri-Lim, el último rey de la ciudad. Pero hay argumentos para pensar que pueda ser Yakhdun-Lim (1810-1794 a.C.) o incluso otro anterior, del siglo XIX a.C.

A continuación, había una sala, llamada *papakhu* en los textos, que funcionó como una antesala, dotada de cierta sacralidad, en el camino de aquellos que iban a visitar al soberano en su trono. En su interior, sobre un podio, se hallaba la escultura de la llamada diosa del vaso de las aguas manantes (fig. 51). La figura viste un traje largo con volantes sobre el que hay grabado hilos de agua y peces. El vaso está unido a una perforación interna, que llega hasta la base de la estatua. Esto hace pensar que originalmente era una fuente de agua y que en la etapa final del palacio dejó de funcionar como tal. Finalmente, por dos puertas laterales se entraba en el salón del trono. Con veintiséis por once metros y unos muros de adobe de cinco metros de alto, en el momento de la excavación, es la sala más imponente del palacio. La altura original debió de alcanzar la docena de metros y la iluminación se realizada por una serie de ventanas laterales ubicadas en la parte superior. En uno de los lados cortos se halló una losa monolítica usada para acoger el trono real, la cátedra en la que se sentaba el rey para recibir a los más distinguidos e ilustres visitantes. Era una sala de audiencias. Enfrente, el rey podía contemplar una tribuna donde había una verdadera galería con las estatuas de sus antepasados. Una escalera, situada en un pasillo cercano, conectaba directamente este espacio oficial, el salón del trono, con los apartamentos privados del monarca situados en el piso superior. Una sala de recepción, decorada con pinturas murales, daba acceso a la «Casa del rey». En ellas, como cabía esperar, el monarca (y su rol de constructor, vencedor de enemigos, recaudador de tributos y cazador) es el gran protagonista. Esta misma temática la veremos un milenio más tarde, aunque sobre otro soporte, en los bajorrelieves de los grandes palacios asirios.

Al oeste del salón del trono se encontraban otros sectores importantes en la vida cotidiana del palacio. En primer lugar, estaban las cocinas que contaban con un gran horno abovedado

51. El equipo de la misión de Mari con la diosa del vaso que mana agua tras su descubrimiento en el palacio en marzo de 1936 (Archivo A. Parrot, MAM).

central. En esta zona los arqueólogos encontraron numerosos moldes de terracota de formas y motivos variados (circulares con decoraciones geométricas, forma de pez o de león, etc.), empleados para elaborar pan o algún tipo de dulce. Comunicada con esta unidad, había una serie unas sencillas instalaciones formadas por una veintena de pequeñas habitaciones reservadas a alojar a los esclavos al servicio de la «Casa del rey». Al norte de las cocinas, se hallaba el sector de la administración que ha aportado centenares de textos de naturaleza administrativa, posiblemente caídos desde el piso superior. Por último, todo el ángulo noroeste del palacio estaba ocupado por cinco unidades, era el espacio ocupado por la «Casa de las mujeres» y el personal esclavo asociado. Se cree que debió albergar unas doscientas cincuenta mujeres, entre las que estaban las esposas del rey, sus hijas, sus hermanas, las mujeres consagradas a la música, el personal doméstico femenino, las guardianas, etc.

La evidente complejidad del palacio de Mari refleja las diversas funciones para las que fue concebido. El palacio es un espacio político, administrativo y económico. Las distintas unidades arquitectónicas que lo conforman manifiestan esta complejidad organizativa, así como el estricto control para circular por sus salas y distintos sectores. Los textos indican que las puertas del palacio estaban cerradas durante la noche por razones de seguridad, pero también a ciertas horas del día. ¡En particular durante el momento de la siesta!

El palacio era ante todo la residencia del rey y sus allegados. Era la «casa grande» donde desarrollaba la vida cotidiana un hombre con poderes especiales y que exigía un confort elevado. Por ejemplo, el palacio estuvo equipado con bañeras, hornos para calentar el agua, retretes, tuberías de cerámica para la evacuación de aguas usadas en pozos, conductos de aireación en el interior de los muros para facilitar la ventilación de la planta baja, aljibes para acumular agua, etc. (fig. 52). El palacio y sus instalaciones revelan el nivel de conocimientos técnicos alcanzado por los arquitectos mesopotámicos. No se trataba solo de dominar una materia prima tan humilde como el adobe, sino también de crear una arquitectura compleja que respondiera a un trazado planificado de acuerdo con un sistema de proporciones regulado. El gran edificio palacial de Mari es en gran medida el espejo de los logros de toda una civilización. ¡Una maravilla sin paragón!

El palacio de Mari encerraba, además, otra maravilla: nueve salas llenas de tablillas cuneiformes. ¡Un total de veinte mil textos! Estos archivos, que abarcan un período de cincuenta años, contienen documentación de varios soberanos de Mari (1810-1760 a.C.). La mayor parte de los textos son de tipo administrativo y nos hablan sobre aspectos del funcionamiento del palacio como el pago de tasas, la contabilidad de las reservas de cereal, la compra de metales, etc. Sin duda, el conjunto más interesante es el de las cartas, que nos informan sobre los acontecimien-

52. Sala de baño del palacio de Mari (Archivo A. Parrot, MAM).

tos políticos, las relaciones diplomáticas o los viajes de los reyes, por ejemplo. En una sala del palacio de hallaron unas cuatro mil cartas. Entre ellas se encuentra un proyecto de tratado entre Zimri-Lim y Hammurabi de Babilonia contra el rey de Elam o las reprimendas a Yasmah-Addu por parte de su padre por estar sumido en una vida de lujo y fiesta y no dedicarse a los asuntos militares del reino: «En lugar de abrir jarras (de cerveza) y de gastar plata, da satisfacción a los soldados, ciudadanos del país, que van a ir a Mari para reforzar la defensa de la ciudad», le espetó, sin rubor, su progenitor.

5

JUSTICIA

No conocemos ni en sumerio ni en acadio términos que podamos traducir por lo que nosotros entendemos por ley y tribunal. Tampoco parece que lo que habitualmente llamamos «códigos legales» mesopotámicos, siguiendo la tradición historiográfica, lo fueran en sentido estricto. Ninguno recoge de forma sistemática todas las normas con las que afrontar la compleja casuística de las sociedades urbanas del «país de los dos ríos». Su contenido está más próximo al concepto de sentencia que de ley. Esto no significa que en Mesopotamia no hubiera justicia. Los mesopotámicos utilizaron dos sustantivos que podemos relacionar con la noción de justicia: *kittu* y *mesaru*. El primer vocablo hace referencia a la idea de 'honestidad' o 'estabilidad' y el segundo a la de 'equidad' o 'ámbito de lo recto'. Ambos conceptos fueron considerados hijos de Shamash, dios de la justicia, por los teólogos mesopotámicos. Por esta razón, en contexto mesopotámico parece más acertado hablar de estelas (o textos) de justicia o equidad que de códigos de leyes. No obstante, por la fuerza de la tradición y por su fácil conceptualización, en las próximas páginas seguiremos hablando de códigos.

Dado que impartir justicia fue una prerrogativa real, el monarca encarnó el papel de juez por excelencia, de restablecedor de la equidad, en virtud de la legitimidad divina de su poder. Es así como nació un ideal político, el del rey justo o equitativo (*shar mesharim*, en acadio), es decir, un líder que asume la misión de guía moral, a modo de «buen pastor», para proteger a su pueblo, en particular a los más débiles y a los oprimidos. El mejor ejemplo de este nuevo modelo, que representa al monarca como el guardián de la equidad, lo hallamos en la célebre *Estela de Hammurabi*, soberano de Babilonia (1792-1750 a.C.).

La justicia en Mesopotamia fue un acto público que se celebraba en las puertas de los templos y de los palacios de las ciudades. En este lugar, la justicia fue impartida por magistrados profesionales, por jueces (*dayyanu* en acadio) que ejercieron su profesión en nombre del rey. De igual manera, los gobernadores provinciales tenían delegada la prerrogativa real de juzgar siempre que se tratase de temas locales. No debemos olvidarnos tampoco del peso que tuvieron, sobre todo entre los pueblos y tribus semitas de la región, el derecho consuetudinario y las prácticas de la costumbre y de la tradición oral.

LOS PRIMEROS «TEXTOS DE JUSTICIA»

Hasta la fecha, tenemos constancia de la existencia de seis grandes recopilaciones de leyes en Mesopotamia, escritas en cuneiforme, a las que tradicionalmente llamamos códigos legales. Se trata de las leyes de Ur-Namma, de las leyes de Lipit-Ishtar, de las leyes de Eshnunna, del código de Hammurabi, de las leyes asirias medias y de las leyes neobabilónicas. De todos ellos, los códigos legales más antiguos son los que fueron escritos en lengua sumeria: el de los reyes Ur-Namma (2112-2095 a.C.) y Lipit-Ishtar (1934-1924 a.C.). Su estructura interna es similar y responde a un modelo tripartito que hunde sus raíces en el género literario de las grandes inscripciones reales. Aunque no se conservan de forma íntegra, ambos textos constaban de un prólogo, de un cuerpo de leyes y de un epílogo en forma de maldición. Las llamadas leyes siguen una formulación casuística, es decir: si alguien realizaba una acción no permitida, le ocurrirá algo (sanción).

La primera obra conocida que responde al modelo de código de leyes mesopotámico de organización tripartita es la que se atribuye a Ur-Namma, rey fundador de la tercera dinastía de Ur (2112-2004 a.C.). No se ha hallado el texto original, escrito con toda probabilidad sobre una estela de piedra ilocalizada. Lo que tenemos son tabillas de arcilla, seguramente copias de escolares, que no permiten reconstruir la totalidad del documento original. Se conoce gran parte del prólogo así como treinta y cinco leyes, algunas de ellas incompletas. Del epílogo, por el contrario, no tenemos ni una sola línea, pero esto no pone en duda su existencia.

En el prólogo Ur-Namma nos habla, entre otras cosas, de las acciones que llevó a cabo en nombre de Nanna, el dios luna titular de Ur, con el fin de mejorar el comercio (fluvial y terrestre) en su país y de regular el sistema de medidas y peso. Concluye con las palabras siguientes: «No impuse trabajos obligatorios; hice desaparecer la enemistad, la violencia y los gritos de dolor dirigidos al dios Utu –patrono de la justicia–; establecí la justicia en el país».

Cada una de las leyes comienza por *tukum-bi*, 'si' en sumerio. A partir de aquí, y tras la locución adverbial *ud-ba* ('en aquel tiempo'), los sumerólogos han identificado un total de treinta y cinco leyes, buena parte de ellas con líneas de texto desaparecidas o ilegibles. Se desconoce el número original de leyes, ya que no se conserva la totalidad del texto en los manuscritos conocidos. El texto empieza con el delito más grave, el asesinato: «Si un hombre cometía un homicidio, a ese hombre se le daba muerte» (nº 1). También se recogen las principales agresiones sexuales (violación y adulterio): «Si un hombre hacía uso de la fuerza y violaba a una mujer de un hombre adulto (*gurush* en sumerio) que aún no había sido desvirgada, a ese hombre se le daba muerte» (nº 6); o «Si un hombre seguía a la esposa de hombre adulto por iniciativa de ella y yacía en su regazo, a esa mujer se le daba muerte y al hombre se le ponía en libertad» (nº 7). La situación jurídica de los esclavos, cuestiones de tipo matrimonial (como el repudio de una esposa), falsos testimonios y la explotación agrícola de campos son otras temáticas que abarca el código.

Con la caída del Imperio de Ur, acontecida hacia el 2004 a.C., el vacío de poder subsiguiente dio paso a la disputa por la hegemonía política en el sur de Mesopotamia por parte de las dinastías de dos ciudades, Isin y Larsa. Al quinto rey de la dinastía de Isin, Lipit-Ishtar (1934-1924 a.C.), pertenece otro importante conjunto de leyes escrito en lengua sumeria y organizado según la clásica estructura tripartita. En el prólogo, el soberano hace referencia a sus decisiones en favor de la equidad y del bienestar de su pueblo de la manera siguiente:

> [...] yo, Lipit-Ishtar, [...] establecí la libertad de los hijos y las hijas de la ciudad de Nippur, de los hijos y las hijas de la ciudad de Ur, de los hijos y las hijas de la ciudad de Isin, de los hijos y las hijas de Súmer y de Akkad, sobre quienes se hallaba el yugo de la esclavitud, y repuse el orden.

El cuerpo legal, conservado de forma incompleta, abarca temas de diversa naturaleza que reflejan las inquietudes y delitos más comunes de la sociedad de la época: robos, alquileres de barcos, tierras y bueyes, pago de impuestos, herencias y diversos aspectos relacionados con los niños y las mujeres. Veamos dos ejemplos relativos a la herencia de una hija y a la adopción de un hijo: «Si un hombre fallecía sin tener un hijo, sus hijas solteras son sus herederas» (nº 2) o «Si un hombre no criaba conforme a sus aptitudes al niño al que había tomado para criar, y tal cosa ante los jueces se confirmaba, el niño regresaba junto a la madre que lo había engendrado» (nº 27).

El código de Lipit-Ishtar sí que conserva gran parte del epílogo que incluye una maldición contra quien no respetara el contenido inscrito en su estela, ya fuese rey, sumo sacerdote o gobernador. De ser el caso, sus ciudades quedarían convertidas en «montones de ruinas» y el país se quedaría sin rey. Y para aquel que no alterara la estela, le envía una bendición en los términos que siguen:

> Cuando establecí la justicia en Súmer y Akkad, erigí esta estela. Aquel que no dé instrucciones para que le hagan algún daño (a la estela), aquel que no destruya mi obra, aquel que no borre esta inscripción y no inscriba en ella su nombre, que obtenga un vida recta y duradera.

Es importante destacar que los dos textos legales sumerios, el de Ur-Namma y el de Lipit-Ishtar, prefiguran el código más célebre de todos los nacidos en Mesopotamia, el que compondrá Hammurabi de Babilonia tres siglos más tarde.

LOS AMORREOS APARECEN EN LA HISTORIA

El reinado de Hammurabi marcó un hito en la historia de Mesopotamia que contribuyó, como él mismo afirmó, a engrandecer el nombre de Babilonia transformándola en el centro del universo. Babilonia no nació con la llamada primera dinastía de la que Hammurabi fue, eso sí, su más importante monarca. Entre la caída del Imperio de Ur, las dinastías de Isin-Larsa y la llegada de Hammurabi a Babilonia se extiende un período de más de doscientos años (2004-1792 a.C.) infelizmente poco conocido. Estos siglos iniciales de la historia de Babilonia están marcados por la aparición de un nuevo elemento étnico en Oriente Próximo. Son las tribus amorreas, llamadas *amurru* en acadio y *martu* en sumerio. Los escribas utilizaron este término para designar las tierras situadas de forma genérica al oeste de Mesopotamia. Los amorreos serían los «occidentales». Estas tribus nómadas de pastores, que hablaban una lengua semítica noroccidental, ya aparecen citadas en documentos de la segunda mitad del III milenio a.C. Para frenar su avance hacia las tierras mesopotámicas del sur, el rey sumerio Shu-Sin (2037-2029 a.C.) mandó levantar un gran muro de defensa entre los ríos Tigris y Éufrates.

Aprovechando el vacío dejado por la caída del Imperio de Ur en los últimos años del III milenio a.C. se produjo un intenso movimiento migratorio de estas poblaciones semitas, que concluyó con su asentamiento en la llanura mesopotámica. De esta manera, a comienzos del II milenio a.C., los amorreos se hicieron con el poder político y empezaron a reinar en importantes ciudades de la región sirio-mesopotámica: Alepo, Mari, Larsa, Uruk y Babilonia, entre otras. El cambio étnico fue notable. Una parte importante de la población de estos reinos usaba nombres propios de origen amorreo.

HAMMURABI, REY DE LOS CUATRO CUADRANTES

Hammurabi es uno de los reyes más conocidos de la historia de Mesopotamia gracias a su famosa estela, expuesta hoy en una sala del Museo del Louvre (fig. 53). Prototipo de soberano amorreo conquistador, fue el sexto monarca de la primera dinastía de Babilonia que rigió su destino durante un largo reinado de más de cuarenta años (entre 1792 y 1750 a.C., según la cronología media). Transformó la base territorial heredada de su padre, de extensión modesta, en un imperio relevante a imitación de aquellos fundados por los grandes reyes mesopotámicos del III milenio a.C. (dinastías de Akkad y de Ur). La instauración de su hegemonía política en Mesopotamia vino acompañada, como es lógico, de la eliminación de sus vecinos rivales. Hammurabi invirtió los treinta y tres primeros años de su mandato en una política de alianzas interesadas y de conquistas militares.

A su llegada al trono, Hammurabi estaba rodeado por monarquías más fuertes que la suya. Este fue el caso de Larsa, en el sur, y de Eshnunna, en el noreste. En el norte, el también

53. Estela del código de Hammurabi, hoy conservada en el Louvre (J. L. Montero).

amorreo Shamshi-Addu estaba creando el gran reino de la Alta Mesopotamia. Sin embargo, su habilidad, su astucia y su pericia militar terminaron por revertir la situación a su favor. Hasta la muerte del rey Shamshi-Addu en el 1775 a.C., hecho que representó un considerable alivio para el monarca babilónico, Hammurabi demostró una gran prudencia con respecto a los territorios del norte. La creación de su imperio fue un proceso largo y complejo que empezó en el año 1787 a.C. con la toma de las ciudades de Isin y de Uruk, en el sur mesopotámico, y concluyó en el 1760 a.C. con la conquista y destrucción de la ciudad de Mari (en el curso medio del Éufrates), acaudillada por otra dinastía amorrea.

En el prólogo de su célebre estela, el propio Hammurabi mandó enumerar cada una de las ciudades que formaron parte de su imperio. De las veintiséis ciudades citadas, veintiuna se concentraban en la Mesopotamia meridional, concretamente en el espacio geográfico comprendido entre Eridu, al sur, y Eshnunna, al norte. Para dar cohesión y conectar este territorio con el exterior, el monarca babilónico lo dotó de dos importantes vías de penetración hacia el norte. En el Éufrates medio, conquistó las ciudades de Mari y de Tuttul, y en el Medio Tigris, las ciudades de Assur y de Nínive. El objetivo era controlar el acceso directo a los recursos naturales de los que carecía el sur de Mesopotamia: la madera y los metales del norte de la actual Siria y del sureste de Turquía.

Hammurabi se convirtió, tras eliminar a todos sus rivales principales, en el dueño y señor de Mesopotamia. En este sentido, es interesante observar en las inscripciones cuneiformes cómo evolucionaron los títulos y los epítetos utilizados por el rey. Lo hicieron al mismo ritmo que cambió la situación territorial. Así, de «rey de Babilonia», Hammurabi pasó a ser, tras la conquista de Larsa, «rey de Súmer y de Akkad», y después de la toma de Mari utilizó el título de «rey de todo el país amorreo». Finalmente, se apropió del título tradicional de «rey de las cuatro orillas o cuadrantes» con el que los grandes monarcas del III milenio a.C. expresaron la idea de universalidad de la realeza, es decir, la imposición por parte del rey de sus designios en el mundo conocido.

Tras más de treinta años, el monarca amorreo transformó la ciudad de Babilonia en el centro de toda la vida política, económica y administrativa de un nuevo territorio en el que su persona lo fue todo. Gracias a tan importante logro político y militar, Hammurabi se presentó ante sus contemporáneos como un monarca modélico por su astucia, su tenacidad y su capacidad de conquista. En un himno se exaltan, sin ahorrar en atributos, las virtudes del monarca babilónico: «Hammurabi, el rey, héroe poderoso, exterminador de enemigos, diluvio de los combates, que aniquila el país del adversario, que apaga las batallas, que pone fin a las discordias, que destruye los soldados como figuras de arcilla». De igual manera, en el prólogo de su código, el soberano babilónico se arroga toda una serie de facultades y poderes propios de un gran héroe sin rival: el pastor elegido, el rey prudente, el protector del país, la malla capturadora de enemigos, el guerrero compasivo, el búfalo feroz que cornea a los enemigos, el perfecto, el príncipe puro, el sabio, el buen ecónomo, el primero de entre los reyes, el silenciador de rebeldes, etc.

HAMMURABI, EL REY DE LA EQUIDAD

> Yo soy Hammurabi, el rey de la equidad. A quien el divino Shamash le otorgó la verdad: mis palabras son exquisitas, mis obras no tienen igual; solo para un imbécil son algo vacío, para el agudo, están destinadas a la gloria.

Como vemos, el rey era el encargado de garantizar en sus territorios la aplicación y la vigencia de *misharu* (la 'equidad') y de *kittu* (la 'estabilidad') en nombre del dios patrón de la justicia,

Shamash. La protección y defensa de ambas dimensiones morales, que dieron lugar a la noción de rey justo, se materializaron en una estela de piedra universalmente conocida como el *Código legal de Hammurabi*. La estela, conservada hoy en el Museo del Louvre, estuvo originariamente en alguna de las grandes ciudades de su imperio, con toda probabilidad en Sippar, situada al norte de la capital. Parece lógico pensar que esta fuera su ubicación inicial, pues Sippar fue un importante centro de culto al dios solar Shamash, el garante de lo justo. El monumento no fue hallado en Mesopotamia, sino en Susa, en Irán. A esta ciudad del país de Elam llegó, a mediados del siglo XII a.C., como botín de guerra junto a otros tesoros artísticos mesopotámicos. Shutruk-Nahhunte I, rey elamita, instaló estas obras de arte en un gran patio asociado a los principales templos de la acrópolis de Susa para exhibir sus trofeos de guerra.

Entre diciembre de 1901 y enero de 1902 el equipo de la delegación francesa en Persia, dirigida por Jacques de Morgan, efectuó tan sensacional descubrimiento. La estela apareció fragmentada a causa, probablemente, de la devastación perpetrada en la acrópolis de Susa por el rey asirio Assurbanipal, en el año 646 a.C. Morgan describió semejante hallazgo en estos términos en 1905:

> Este monumento no es, estrictamente hablando, ni una estela ni un obelisco; su forma irregular se debe a que el texto que debía llevar era muy largo y el artista había aprovechado el material al máximo, limitándose a desbastar y pulir el bloque. En la parte superior vemos al dios Shamash sentado, entregando al rey, su siervo Hammurabi, el estilete con el que grabaría las leyes bajo inspiración divina. Así es como Dios entregó a Moisés las tablas de la ley. [...] Aunque se descubrió en Susa, esta estela no es elamita; fue grabada en Caldea para la ciudad de Sippar y las leyes están escritas en lengua semítica.

En abril de 1902, tan sólo tres meses después de su descubrimiento y tras un largo trayecto por tierra y mar, el monumento llegó a París, donde fue expuesto en el *Grand Palais* y, finalmente, en el Museo del Louvre. Entre 1939 y 1945, en el contexto de la Segunda Guerra Mundial, la estela se guardó en el castillo de Chambord, en el valle del Loira. Fue el dominico Jean Vicent Scheil, en septiembre de 1902, quien le dio el nombre con el que se la conoce en todo el mundo, esto es, *Código de las leyes de Hammurabi*. Poco después, en 1903, en otra publicación más divulgativa en francés la llamó la *Ley de Hammurabi (hacia 2000 a.C.)*. Desde entonces se han realizado innumerables ediciones y traducciones del texto en los más diversos idiomas modernos pues, como dijo el propio Scheil, «el código de Hammurabi es un monumento, no solo de la historia de los pueblos de Oriente, sino también de la historia universal».

EL REY Y EL DIOS SOL

La *Estela de Hammurabi* debe su forma irregular al hecho de que respeta la forma original del bloque de basalto negro (de 2,25 m de alto) con el que se elaboró. De procedencia desconocida, probablemente de los Zagros o de Jebel Sinyar, este gran monolito, que fue cuidadosamente pulido, sirvió de soporte para un relieve de notable valor iconográfico y para una larga inscripción cuneiforme.

El relieve está situado en la parte superior de la estela y representa una escena cargada de un fuerte simbolismo sobre el poder real: el encuentro de un dios y un rey (fig. 54). Se trata de una representación de la ceremonia de la investidura en la que el monarca, en pie, recibe de una divinidad, sentada en su trono, las insignias de la realeza mesopotámica, es decir, un anillo o círculo y un bastón. Son el centro de la composición. En su origen ambos símbolos, que realmente son una vara de medir y una cuerda enrollada, estaban relacionados con la función del rey como constructor. Estos instrumentos de medición tuvie-

54. Relieve que decora la parte superior de la *Estela de Hammurabi* (J. L. Montero).

ron también una vinculación simbólica con la justicia y, por tanto, con la figura del rey justo. No en vano, una de las grandes virtudes del soberano mesopotámico fue la administración de la equidad.

La factura del relieve está muy cuidada y los detalles de la vestimenta de los dos protagonistas representados, así como sus actitudes encierran un fuerte significado metafórico. El personaje de la derecha aparece sentado sobre un trono sin respaldo, lleva una barba generosa, va ataviado con un vestido largo de volantes y porta sobre su cabeza una tiara con cuernos, atributo de los grandes dioses de Mesopotamia. Sus pies desnudos reposan sobre un pedestal decorado con una especie de escamas, representación alegórica de la montaña por la que nace el sol cada día. Se ha especulado sobre quién puede ser esta divinidad, ya que no hay inscripción alguna que asegure su identificación. Generalmente, se cree que se trata de Shamash, la deidad solar de la justicia. Esta propuesta se apoya, por un lado, en los rayos que emanan de los hombros del personaje de la estela (el dios-sol cuya luz elimina las sombras, de ahí su asociación con la justicia) y, por otro lado, por el monumento donde aparece representado (un código legal).

Enfrente de la divinidad, aparece representado, a menor tamaño, un individuo en pie que tiene la mano derecha levantada cerca de su boca en señal de respeto y atención. Ostenta los atributos propios de la realeza mesopotámica desde finales del III milenio a.C.: un vestido largo, que deja libre el hombro y el brazo derechos, la cabeza cubierta por una especie de gorro o bonete y la barba real. Su mirada está centrada en la divinidad y en la solemnidad del momento: la ceremonia de su investidura como rey del nuevo Imperio de Babilonia. Se trata del retrato, sin duda idealizado, del rey Hammurabi.

PALABRAS DE EQUIDAD GRABADAS EN PIEDRA

Debajo del relieve se encuentra la gran inscripción en acadio (dialecto babilónico), escrita con signos cuneiformes, que ocupa el resto de la *Estela de Hammurabi*. El texto estaba formado originalmente por casi cuatro mil líneas, de las que se han conservado aproximadamente tres mil quinientas. Todas aparecen encerradas en casillas rectangulares distribuidas en cincuenta y una columnas que se leían en vertical y de derecha a izquierda (fig. 55). Tanto la escritura como la lengua alcanzaron aquí una gran perfección técnica y literaria. Las numerosas copias que nos han llegado en tablillas de arcilla, muchas de ellas escolares, son prueba evidente del prestigio que conoció como obra literaria.

El texto se divide en tres partes, de acuerdo con la tradicional estructura de este tipo de documentos de naturaleza legal: prólogo (5 columnas), leyes o prescripciones (41 columnas) y epílogo (5 columnas). El prólogo y el epílogo están escritos en un hermoso estilo propio de la literatura heroica y lírica, lo que engrandece aún más el carácter monumental y oficial de la estela. Por el contrario, el cuerpo legal está escrito en una lengua cotidiana. Habida cuenta que el soporte habitual de la escritura cuneiforme era la arcilla, la tecnología utilizada para escribir sobre la dura superficie pétrea de la estela fue distinta. Esto solo pudo ser obra de lapicidas y cinceladores especializados que posiblemente no tuviesen plena conciencia del texto que copiaban a partir de un modelo hecho por un escriba sobre tablillas de barro.

En cuanto a la datación de la estela, tanto el prólogo como el epílogo ponen de manifiesto que esta debió de pertenecer a la parte final del reinado de Hammurabi, ya que al describir la geografía de su imperio enumera ciudades que no conquistó hasta el año 1760 a.C., caso de la ciudad de Mari. Por tanto, la estela habría que fecharla unos años antes del fallecimiento del monarca en el 1750 a.C.

El prólogo es una fuente de información extraordinaria para conocer la historia de la nueva Babilonia, de su rey y de su dios protector: la investidura del monarca, la ascensión de Marduk como dios padre, la creación de su imperio y, finalmente, sus decisiones para asegurar el bienestar de sus súbditos. Hammurabi nos presenta a Babilonia y Marduk como los dos grandes pilares sobre los que cimentó su obra política. Babilonia era una ciudad de segundo rango hasta que, por voluntad divina, el monarca amorreo la transformó en la capital de su imperio. En el inicio del prólogo se puede leer que los grandes dioses: «[...] le impusieron a Babilonia su sublime nombre y la hicieron la más poderosa de los cuatro cuadrantes.». Dicho de otra manera, la ciudad de Babilonia se impuso en el mundo civilizado como el centro del universo. Y el texto continúa con las siguientes palabras: «[...] en su seno le aseguraron a Marduk un reino sempiterno cuyos cimientos son tan sólidos como los del cielo y la tierra». Marduk, una divinidad mesopotámica menor, se convirtió en la figura protectora de la nueva Babilonia con la categoría de Enlil (el dios principal y más fuerte del panteón).

55. Detalle de la inscripción cuneiforme que recorre la *Estela de Hammurabi* (J. L. Montero).

Hammurabi nos muestra, también en el prólogo, la base teológica de su realeza, presentándose como el elegido de los grandes dioses para conquistar la gloria militar y política de su ciudad:

> [...] también a mí, a Hammurabi, el príncipe devoto y respetuoso de los dioses, a fin de que yo mostrase la equidad al país, a fin de que yo destruyese al malvado y al inicuo, a fin de que el prepotente no oprimiese al débil, a fin de que yo, como el divino Shamash, apareciera sobre los "cabezas negras" e iluminara la tierra, a fin de que promoviese el bienestar de la gente, me impusieron el nombre: yo soy Hammurabi [...] el huracán de los cuatro cuadrantes, el engrandecedor del nombre de Babilonia, el agrado del corazón de Marduk, su señor [...].

Una vez proclamado rey, Hammurabi desarrolló, bajo la protección de un renovado Marduk, una intensa actividad de expansión territorial que dio lugar al nacimiento del Imperio babilónico,cuya geografía urbana es descrita con cierto detalle en el prólogo. En el siguiente orden aparecen enumeradas las ciudades que dominó, según el texto de la estela: Nippur, Eridu, Babilonia, Ur, Sippar, Larsa, Uruk, Isin, Kish, Kuta, Borsippa, Dilbad, Kesh, Lagash, Girsu, Sugal, Karkara, Adab, Mashkan-Shapir, Malgum, Akkad, Eshnunna, Tuttul, Mari, Assur y Nínive. Estas veintiséis ciudades definen las fronteras del imperio diseñado y creado por Hammurabi.

El prólogo concluye con la siguiente manifestación de principios de Hammurabi: «Cuando Marduk me mandó a gobernar el pueblo, a enseñarle al País el buen camino, yo hice de la verdad y la equidad el asunto más importante: me ocupé del bienestar del pueblo». Con esta solemne declaración, se da paso en la estela al cuerpo legal, lo que el propio rey llamó «decisiones de justicia» o «sentencias de equidad». Estas, llamadas comúnmente leyes, fueron enumeradas por el padre Scheil en la primera edición del texto, en 1902, siguiendo un criterio sintáctico. Cada una de ellas presenta la misma estructura gramatical: una frase en condicional, introducida por la conjunción 'si' (*shumma* en lengua acadia), donde se describe una situación o problema concreto, seguida de una respuesta en futuro en forma de sanción contra el infractor: «Si un hombre se dedica a saquear y lo detienen, ese hombre será ejecutado» (nº 22). Teniendo en cuenta la laguna existente en la estela, que fue borrada parcialmente en el siglo XII a.C., no se conoce el número exacto de leyes que contenía, pero en ningún caso alcanzaría las trescientas.

Los temas abordados en el cuerpo legal cubren el derecho penal, civil y administrativo. Los artículos pueden organizarse en diversas agrupaciones de contenido similar que en la estela no aparecen marcadas de una manera especial. Una división probable de las doscientas ochenta y dos prescripciones podría ser la que sigue:

a) Falso testimonio y la administración de justicia (artículos 1-5): «Si un hombre acusa a otro hombre y le imputa un asesinato pero no puede probárselo, su acusador será ejecutado» (nº 1).
b) Robo (artículos 6-14 y 21-25): «Si un hombre se dedica a saquear y lo detienen, ese hombre será ejecutado» (nº 22).
c) Esclavos (artículos 15-20 y 278-282): «Si un esclavo le dice a su dueño: "Tú no eres mi dueño", que el dueño pruebe que él es realmente su esclavo y, luego, le cortará la oreja» (nº 282).
d) Explotación de las propiedades reales y soldados (artículos 26-41). «Si un hombre le compra el ganado mayor o menor que le haya dado el rey al soldado, perderá el dinero que haya pagado» (nº 35).
e) Trabajos agrícolas (artículos 42-66/A). «Si un hombre abre una acequia para regar y luego se cruza de brazos y deja que el agua se lleve el campo de un vecino suyo, pagara una indemnización en cebada según la cosecha de su vecino» (nº 55).
f) Alquiler y mantenimiento de viviendas (artículos 67/B-H). Parte conservada con múltiples lagunas.
g) Dinero, depósitos y deudas (artículos L-126): «Si un hombre le entrega a otro hombre en depósito plata, oro o lo que sea, que todo lo que entrega se lo enseñe a

testigos, que redacte un contrato, y que luego efectúe el depósito» (nº 122).

h) Familia (artículos 127-194): «Si alguien toma una esposa, pero no redacta un contrato relativo a ella, esta mujer no es una esposa» (nº 128).
i) Golpes y heridas (artículos 195-214): «Si un hijo golpea a su padre, que le corten la mano» (nº 195).
j) Oficios y contratación de servicios (artículos 215-277): «Si un médico le produce una incisión profunda al esclavo de un individuo cualquiera y le provoca la muerte, restituirá esclavo por esclavo» (nº 219).

«Estas son las sentencias de equidad que estableció Hammurabi, rey potente, y que hizo aceptar al país como conducta segura y dirección correcta». De esta manera, empieza el epílogo con el que termina la inscripción de la *Estela de Hammurabi*. En esta parte, el texto recupera el estilo elevado y culto muy acorde con el objetivo perseguido: el nombre del rey no debía caer en el olvido y su voluntad no sería alterada por sus sucesores. Para ello Hammurabi mandó grabar una maldición divina contra todo aquel que no respetara su contenido:

> Si ese hombre no atiende a las palabras que he grabado en mi estela, desprecia mis maldiciones y no se arredra ni ante las maldiciones de los dioses, y aniquila la legislación que yo he impuesto, les da un sentido torcido a mis palabras, altera mis signos y designios, raspa mi nombre inscrito y luego graba el suyo o, debido a estas maldiciones, instiga a otro que lo haga él, a ese hombre, sea un rey, un señor, un gobernador u otro sujeto, llámese como se llame [...]. Que, en los venideros días, sea cuando fuere, el rey que surja en el país guarde las palabras de la equidad que he grabado en mi estela; que no falsee la legislación que le he impuesto al país [...].

De no ser así, Hammurabi le tenía guardada una maldición terrorífica. Para ejecutarla, en caso necesario, invocó a los principales dioses del panteón mesopotámico. Este es el espeluznante castigo que le tenía reservado Ninkarrak, la diosa de la medicina, a aquel que en el futuro alterase los propósitos del monarca babilónico:

> [...] le haga salir en sus miembros una dolencia grave, un mal demoníaco, un tumor doloroso que no se calme, cuya naturaleza desconozca el médico, que no pueda aplacar con vendajes y que (como el mordisco de la muerte) no se lo pueda arrancar para que, hasta que se le extinga la vida, no cese de llorar por su virilidad.

El texto del código concluye así:

> Que los grandes dioses de cielos y tierra [...] lo maldigan con una maldición nefasta a él, a su semilla, a su país, a sus tropas: a su gente y a su ejército. Que, con estas maldiciones, el divino Enlil lo maldiga en virtud de su dictamen inalterable, y que le alcancen ya.

UNA SOCIEDAD Y TRES CLASES

La *Estela de Hammurabi* es especialmente interesante para reconstruir cómo fue la organización de la sociedad de Babilonia a mediados del siglo XVIII a.C. La población babilónica estuvo repartida en tres grupos bien distintos. En lengua acadia estas tres categorías fueron denominadas *awilu*, *mushkenu* y *wardu*, en función de su importancia social.

El *awilu* representaba una categoría social privilegiada vinculada, directa o indirectamente, con el poder. El problema surge cuando se intenta traducir a nuestro idioma, ya que su significado puede variar según el contexto en el que aparezca. Normalmente designaba a un hombre, individuo o persona libre en posesión de todos sus derechos y que gozaba de cierto prestigio. Pero este término puede referirse también a los miembros de la alta administración palacial. En este caso se podría traducir por algo parecido a aristócrata, señor o noble.

Más compleja resulta aún, a nuestros ojos, la interpretación del concepto acadio *mushkenu* que ha sobrevivido en castellano, a través del árabe, en la palabra «mezquino» en castellano. La etimología no ayuda a resolver el problema, ya que este sustantivo acadio deriva de una raíz que significa 'inclinarse'. Por tanto, un *mushkenu* sería 'el que se inclina', lo que se puede interpretar como un súbdito. Normalmente se le ha identificado con un simple particular o individuo cualquiera de extracción social humilde. En general, fueron campesinos urbanos y habitantes de aldeas, hombres y mujeres libres que conformaron el grueso de la población babilónica, en cuyo interior hubo importantes diferencias económicas.

Los esclavos o siervos, los *wardu* en lengua acadia (*amtu* en femenino), forman la última categoría social. Se trataba de personas que no podían disponer de ellas mismas, pues dependían de un señor que los podía comprar o vender. La condición de esclavo se adquiría por nacimiento, por deudas o por ser prisionero de guerra. Por tanto, se distinguía entre los esclavos nacidos en la casa y los esclavos comprados. La libertad no les estaba vetada. En algunos casos, podían ser liberados por sus dueños o por decreto real. Este acto jurídico por el que se devolvía al esclavo los derechos de los que había sido privado, se denominó *anduraru* en acadio. También podían comprar su libertad y casarse, incluso, con la hija de un hombre libre para asegurar la libertad de sus descendentes:

> Si el esclavo de un palacio o de un individuo cualquiera toma por esposa a la hija de un señor y ella da a luz hijos, el dueño del esclavo no reclamará como esclavos a los hijos de la hija de señor. (nº 175)

Con el fin de impedir la huida de esclavos, se reprimió con dureza a los cómplices de dicha acción delictiva: «Si un hombre esconde en su casa a un esclavo o una esclava escapados del palacio o incluso de un individuo cualquiera, y cuando los pregonan no los saca, ese cabeza de familia será ejecutado» (nº 16).

LA FAMILIA Y LA MUJER

El bloque consagrado en la *Estela de Hammurabi* a la familia es el más importante. El núcleo familiar fue el elemento sobre el que pivotó la sociedad babilónica. Por esta razón, el soberano babilónico mostró una evidente preocupación por regular cuestiones relacionadas con el matrimonio y la herencia que eran la base de la estructura familiar babilónica, pero también sobre el divorcio, el adulterio, el incesto, la adopción y la viudez.

El matrimonio en Babilonia consistía en tomar a una mujer y sacarla de la autoridad de su padre para que pasara a estar sometida al control del marido. Técnicamente fue un traslado de residencia: del hogar paternal al hogar conyugal. La boda estaba acompañada de un intercambio de bienes. El padre de la novia le otorgaba una dote (*sheriktu* en acadio) que pasaba a sus hijos. El marido, el dueño de la esposa, tenía los derechos de usufructo y de administración de la dote que seguían siendo propiedad de la mujer. La esposa recuperaba su administración al enviudar y si esta fallecía sin descendencia los bienes volvían a su familia (a sus hermanos). El padre, a cambio de entregar a su hija, recibía como contrapartida un regalo (denominado *terkhatu* en acadio) de la familia del novio. No era el precio por su virginidad, sino una compensación por la pérdida de mano de obra femenina en la casa paterna. El matrimonio fue habitualmente monógamo, pues en cada familia solo una mujer podía llevar el título de esposa legal. Sin embargo, el marido podía tener otras esposas, de segundo rango, a modo de concubinas. Si la esposa principal no le daba hijos, el esposo tenía derecho a tener una segunda mujer en condiciones de semiesclavitud. La primera esposa actuaba como la madre de los niños nacidos por esta vía.

El divorcio estaba admitido, aunque más bien se trataba de un acto de repudio. La esposa repudiada regresaba a la casa de su padre con la dote:

> Si un hombre se divorcia de su esposa principal, que no le ha dado aún a luz hijos, le entregará completo el dinero de su precio de novia; además le restituirá íntegramente la dote que trajo de casa de su padre, y que, luego, se divorcie de ella. (nº 138)

Solo en condiciones excepcionales, la esposa podía dejar el hogar conyugal. En el caso de enfermedades contagiosas, como la sarna o la lepra, que le impedían tener relaciones sexuales con su marido la esposa se podía marchar: «Si esa mujer no está de acuerdo en seguir viviendo en casa de su marido, que le restituya íntegramente la dote que trajo ella de casa de su padre, y se marche» (nº 149).

La estela recoge varios tipos de delitos sexuales, en particular el adulterio, la violación y el incesto, que afectaban de forma directa a la mujer. Las relaciones fuera del matrimonio del esposo no se consideraban adúlteras. Solo la mujer podía ser acusada de adulterio y su esposo tenía la potestad de perdonarla: «Si la esposa de un hombre es sorprendida acostada con otro varón, que los aten y los tiren al agua; si el marido le perdona la vida a su esposa, el rey le perdonará también la vida a su súbdito» (nº 129).

El incesto era castigado con la hoguera o el destierro: «Si un hombre, después de muerto su padre, se acuesta con su madre, que los quemen a ambos» (nº 157) y «Si un hombre tiene relaciones sexuales con una hija suya, a ese hombre lo echarán de la ciudad» (nº 154).

A la violación de una joven esposa, cuyo matrimonio no había sido consumado aún, se aplicaba la pena capital:

> Si un hombre agarra a la esposa de otro hombre, que no había conocido varón y vivía aún en la casa de su padre, y se acuesta con ella, y lo sorprenden, que ese hombre sea ejecutado; esa mujer quedará impune. (nº 130)

El aborto violento estaba penado con una sanción económica, cuya cuantía variaba en función de la clase social a la que pertenecía la mujer afectada. Si la mujer era de la clase superior se pagaba una multa por valor de 83 gramos de plata y si era una esclava esta bajaba a los 16 gramos. En el caso de que el aborto provocara la muerte de una mujer de la clase de los *awilu*, la estela dictaminaba que se matase a la hija del infractor: «Si un hombre golpea a una hija de hombre y le provoca la pérdida del fruto de sus entrañas, pagará 10 siclos (83 gramos) de plata por el fruto de sus entrañas» (nº 209); «Si esa mujer muere, que maten a su hija» (nº 210).

En el caso de que el marido abandonara el hogar de forma voluntaria o forzada, al ser hecho preso, la mujer tenía derecho a instalarse en la casa de otro hombre: «Si alguien es hecho preso y en su casa no hay de comer, que su esposa entre en casa de otro; esta mujer no tiene culpa» (nº 134).

Podía recurrirse a la adopción por parte de hombres solteros y también en el caso de que el matrimonio no tuviera hijos varones. La adopción solía hacerse por dos vías: bien acogiendo a un niño abandonado, bien pagando a sus padres naturales: «Si un hombre se lleva un pequeño recién nacido para adoptarlo y lo cría, ese crío no podrá ser reclamado» (nº 185). El niño, que todavía no era adulto, podía regresar con su familia natural: «Si un hombre se lleva un pequeño para adoptarlo, y, una vez que se lo ha llevado, él no cesa de buscar a su padre y a su madre, que el crío ese vuelva a casa de su padre» (nº 186).

DEL «OJO POR OJO» A LA PENA CAPITAL

Es, sobre todo, en la aplicación de las penas ante un mismo delito, cuestión vital que está determinada con precisión en la *Estela de Hammurabi*, donde mejor se observan las diferencias sociales. Estas sanciones son de diferente importancia y naturaleza según la categoría social de la víctima. He aquí algunos ejemplos:

> Si un hombre golpea a una hija de un *awilu* y le provoca la pérdida del hijo de sus entrañas, pagará 10 siclos de plata (83 g) por el fruto de sus entrañas; si es la hija de un *mushkenu* a quien le provoca a golpes la pérdida del fruto de sus entrañas, pagará 5 siclos (41,5 g) de plata; si golpea a la esclava de un hombre y le provoca la pérdida del fruto de sus entrañas, pagará 2 siclos (16,6 g) de plata. (nº 209, 211 y 213)

Si bien el código de Hammurabi se inscribe, en muchos de sus aspectos, dentro de la vieja tradición mesopotámica, este introduce una importante novedad en lo referente a la reparación de los daños causados. Se trata de la llamada «ley del talión», conocida popularmente como «ojo por ojo, diente por diente». Consistía en sancionar al culpable con el mismo daño sufrido por la víctima. Esta norma ahondaba sus raíces en el derecho consuetudinario y en las tradiciones propias de las tribus semíticas, a las que pertenecían los amorreos. La Biblia, concretamente el Éxodo (21, 23-25), se hace eco de la misma tradición: «[...] si resultare daño, darás vida por vida, ojo por ojo, diente por diente, mano por mano, pie por pie, quemadura por quemadura, herida por herida, contusión por contusión». El Éxodo es parte esencial de los libros designados, según la tradición judía, con el nombre de la Torá, 'la Ley', que se considera obra de Moisés.

En el código de Hammurabi, la ley del talión se aplicaba solo a la clase superior, la de los *awilu*, y tenía un valor más bien ejemplarizante y disuasorio: «Si un hombre deja tuerto a otro, lo dejarán tuerto a él» (nº 196); «Si le rompe un hueso a otro, que le rompan un hueso a él» (nº 197); o «Si un hombre le arranca un diente a otro hombre de su mismo rango, que le arranquen un diente a él» (nº 200). Parece improbable que la ley del talión se aplicase literalmente. Su valor fue más simbólico y educativo que real.

Las principales penas recogidas en la estela eran de tres tipos: la pena de muerte, los castigos corporales y las sanciones económicas. La pena capital estaba reservada para los delitos considerados graves en la sociedad babilónica. Este era el caso del falso testimonio, del rapto de niños, de la colaboración con esclavos fugados, del saqueo, del complot contra el rey, del adulterio, del incesto, del homicidio voluntario, la negligencia de un profesional que terminaba con el fallecimiento del cliente, etc. Veamos un par de ejemplos: «Si un hombre acude ante un tribunal para hacer un falso testimonio y luego no prueba su declaración, si se trata de un caso con pena de muerte, ese hombre será ejecutado» (nº 3); o «Si un albañil le hace la casa a un hombre y no consolida bien su obra y la casa que acaba de hacer se derrumba y mata al dueño de la casa, ese albañil será ejecutado» (nº 229). Algunas veces se podía aplicar la pena de muerte por sustitución: «Si el derrumbe de la casa mata a un hijo del dueño de la casa, que ejecuten a un hijo de ese albañil que la construyó» (nº 230).

El texto de la estela dictamina la aplicación de la pena capital en treinta y ocho ocasiones. El modo habitual de ejecución fue la hoguera, la horca o el empalamiento. Ponemos, a continuación, un ejemplo de cada tipo:

> Si en la casa de un hombre se declara un incendio y a algún hombre que había venido a apagarlo le apetece algún objeto y se queda con el objeto del dueño de la casa, ese hombre será quemado en ese mismo fuego. (nº 25)

En relación con el ahorcamiento, «Si un hombre abre un boquete en una casa, lo ejecutarán y lo dejarán colgado en frente de ese boquete» (nº 21) y sobre el empalamiento, «Si la esposa de un hombre, a causa de otro varón, hace que maten a su marido, a esa mujer la empalarán» (nº 153).

Los castigos corporales, verificados en quince casos, eran muy variados y se aplicaban normalmente a los autores de injurias y de agresiones físicas. Estas sanciones se traducían, entre otras, en la flagelación, la mutilación, el arrastre por el suelo atado a un animal y el afeitado de la cabeza. La mutilación consistía en amputar aquella parte del cuerpo relacionada con la falta o con la negligencia cometida: «Si un hijo golpea a su padre, que le corten la mano» (nº 195); o «Si un médico realiza una incisión profunda en un hombre con bisturí de bronce y le provoca la muerte, o si le abre la sien a un hombre con bisturí de bronce y deja tuerto al hombre, que le corten la mano» (nº 218).

Las sanciones económicas tenían como objeto reparar o compensar los daños provocados a miembros de los grupos sociales inferiores y resolver los litigios relacionados con la actividad comercial, los trabajos agrícolas y la gestión administrativa. Las multas impuestas se podían pagar bien en metálico (según un determinado peso de plata), bien en cereal: «Si esa esclava muere pagará 1/3 de mina (166,6 g) de plata» (nº 214). Eran frecuentes las indemnizaciones parciales: «Si un hombre alquila un buey y le rompe un cuerno, le corta la cola o le rasga la lomera, que abone la quinta parte de su valor en plata» (nº 248); y también las compensaciones totales, es decir, la restitución del bien dañado por otro igual: «Si un hombre le deja en alquiler su barco a un barquero y el barquero es descuidado y hunde el barco o lo deja inservible, el barquero le restituirá el barco al dueño del barco» (nº 236). Por último, en la estela hay algunos casos de aplicación de las penas de desheredamiento por mala conducta del hijo (nº 169), de confiscación de bienes (nº 2) y de destierro por incesto (nº 154).

Solo en dos ocasiones, en delitos de adulterio y brujería, se recurre en la *Estela de Hammurabi* a la ordalía (nº 2 y 132), es decir, al dictamen de los dioses a través del río. Su aplicación está reconocida en los casos de acusaciones graves, ante la falta de pruebas suficientes o ante el temor al perjurio. La ordalía era una prueba irracional. El juicio del río tenía como objetivo que el acusado, o un sustituto, demostrara su inocencia. No está claro cómo se ejecutó esta práctica con arraigo en la región desde mediados del III milenio a.C. Pudo consistir en nadar bajo el agua una determinada distancia o en sumergirse en una fuente de betún líquido. El rechazo a participar en esta prueba suponía la pérdida del proceso.

¿CÓDIGO LEGAL O TESTAMENTO POLÍTICO?

¿Estamos ante el conjunto de normas por las que se regía la sociedad babilónica de mediados del siglo XVIII a.C.? ¿Se trata, por tanto, de un verdadero código legal? Para el padre Scheil, el primer traductor del texto, no había dudas: fue un código de leyes. En la actualidad, esta denominación no está unánimemente aceptada. Una cosa es obvia, no se trata de un código en el sentido moderno del término. Los historiadores del derecho estiman que la *Estela de Hammurabi* no contiene una colección legislativa destinada a ser aplicada. En la justicia moderna, una ley es un precepto de carácter general dictado por una autoridad competente para reglamentar la conducta de la sociedad y velar por su bien. Sin embargo, en el «Código» de Hammurabi nos hallamos ante situaciones concretas, tratadas de un modo binario (un caso y su contrario) o concéntrico (un caso y sus variantes).

La documentación de la práctica jurídica conservada, como las actas de los procesos y contratos, rarísimas veces se refiere directamente a la *Estela de Hammurabi*. Una excepción es una carta de su sucesor, el rey Samsu-iluna (1749-1712 a.C.), donde se hace alusión a los salarios que debían abonarse a las distintas categorías de artesanos y que aparecen grabados en la estela. Sin citarlas, parece ser una alusión a las disposiciones número 273 y 274. El texto de Hammurabi debió de ser una referencia para los jueces. El propio soberano nos dice en el epílogo que la gran inscripción debía servir para:

> Que el oprimido al que llevan a juicio pueda acudir ante mi estatua de Rey de la Equidad, que lea y relea mi estela inscrita y oiga mis exquisitas palabras, que mi estela le aclare el caso, el mismo comprenda su sentencia, y su corazón respire diciendo: "Hammurabi [...] ha convertido el bienestar en el destino sempiterno de la gente e impuesto su derecho en el País".

Es innegable, a la luz de estas palabras, que el texto tenía una función eminentemente instructiva y laudatoria.

Al inicio del epílogo, Hammurabi definió las prescripciones mandadas grabar en la estela como 'palabras de justicia' (*awat misharim*) o 'sentencias equitativas' (*dinat misharim*) y no como leyes. El vocablo acadio *dinu* designaba la decisión legal, la sentencia o el veredicto correspondiente. Su concepción de la justicia fue, como es obvio, muy distinta de la nuestra. Lo que el rey Hammurabi quiso compilar en su obra no eran leyes, sino sentencias tomadas en virtud de unas normas basadas en costumbres y tradiciones que hoy desconocemos. El monarca babilónico hizo una selección de las decisiones de justicia (las más sabias, justas y equitativas) tomadas a lo largo de su reinado. El texto de la estela no fue concebido como un código legal en sentido estricto, sino como un modelo dentro del ámbito judicial por su valor ejemplarizante. Cada artículo hay que entenderlo no como una ley, sino como el resumen de una sentencia o decisión de justicia. De acuerdo con este principio, el llamado código de Hammurabi no fue una colección legislativa destinada a ser aplicada, no tuvo un valor normativo, sino instructivo. Si bien el monarca en persona no impartía justicia, lo hacía indirectamente a través de su obra. Así, cuando se quería otorgar autoridad a una decisión en sede judicial, el juez recurría a la expresión acadia *simdat sharrim* ('decisiones del rey').

Muchos asiriólogos han señalado la analogía que tiene esta estela con las grandes inscripciones conmemorativas de los monarcas mesopotámicos. En su opinión, estaríamos ante una inscripción real muy particular con aspecto de código legal. En lugar de poner el acento, como era habitual en este tipo de inscripciones recordatorias, sobre los éxitos militares o sobre las obras promovidas, Hammurabi se presentó en la estela como el abanderado del soberano justo. Se trataba de un nuevo modelo real en el que debían inspirarse sus sucesores. El código era una autoalabanza real con la que el rey rendía cuentas a los grandes dioses de Mesopotamia de sus principales logros en el ámbito de la justicia. La estela era en sí misma una manifestación de una ideología monárquica materializada en forma de testamento político de un reinado de prestigio. Este modelo nuevo para los futuros soberanos de Babilonia concebía la administración de la equidad como la mayor virtud del buen rey. Por esta razón, el monarca se convirtió en el responsable de lograr el bienestar de su pueblo, mostrándole el buen camino y la verdad por mandato divino. Hammurabi se autodefinió, en varias ocasiones, como el «rey de la equidad», el gran benefactor de su pueblo.

El llamado, por tradición, código de Hammurabi no fue una obra original, sino la culminación de ensayos anteriores. Estuvo precedido por, al menos, otros dos textos comparables escritos en lengua sumeria (el de los reyes Ur-Namma y Lipit-Ishtar). Estos códigos más antiguos, de estructura tripartita (prólogo, cuerpo legal y epílogo), inspiraron al rey babilónico unos años antes de su fallecimiento en el 1750 a.C. Incluso el relieve que remata la estela no fue una creación original babilónica. Nos hallamos ante un motivo iconográfico: la divinidad que entrega los emblemas del poder y de la justicia al rey, ya representados en una estela de Ur-Namma.

Sin llegar a ser una obra estrictamente original ni la más antigua en su género, la *Estela de Hammurabi* es una fuente excepcional para reconstruir la mentalidad, la sociedad, la economía y la religión de Babilonia en la primera mitad del siglo XVIII a.C.

6

ESCRITURA

Que la escritura es el mayor invento y el más revolucionario de la humanidad es un hecho indiscutible. No existe mejor herramienta para transmitir el pensamiento. Es un hito que marcó para siempre el devenir de la historia y su posterior estudio. ¿Se imaginan un mundo sin escritura, sin textos, sin libros, sin bibliotecas, sin archivos? Sería un mundo muy oscuro. Tradicionalmente se ha considerado que la aparición de los primeros documentos escritos marca el inicio de la historia. Esto es un tópico historiográfico que debería abandonarse por responder a una concepción obsoleta y parcial de una realidad mucho más compleja. La escritura, por sí sola, no constituye la frontera, si es que esta barrera existió realmente, con los tiempos prehistóricos. De hecho, como veremos más adelante, los primeros pasos del ser humano hacia el desarrollo de una escritura plena se dieron en el Neolítico, es decir, en plena Prehistoria. En otras palabras, la escritura no fue un hecho espontáneo, sino el resultado de un larguísimo proceso que empezó casi cuatro mil años antes de su definitiva culminación.

¿Quiénes fueron los responsables de tan relevante invento? Esta no es una cuestión sencilla y enfrenta en un debate estéril a orientalistas y egiptólogos desde hace mucho tiempo. Parece que la primera escritura nació de manera casi simultánea, aunque de forma independiente, en el valle del Nilo y en el «país de los dos ríos». Los primeros textos de escritura jeroglífica egipcia pertenecen al final del período Nagada II, hacia el 3200 a.C. Y los primeros textos mesopotámicos conocidos proceden del nivel IV de la ciudad sumeria de Uruk, datado en el 3300-3200 a.C. A la luz de estos datos, los antiguos habitantes de Mesopotamia pueden enorgullecerse de ser la cuna de las primeras palabras escritas, pero sin restarle ni un ápice al logro de sus vecinos norteafricanos.

La escritura nació en Mesopotamia para dar respuesta a las crecientes necesidades de una sociedad cada vez más compleja que caminaba, sin saberlo, hacia lo que nosotros llamamos civilización. Si hay un responsable del nacimiento de la primera escritura, ese es la ciudad. Escritura y ciudad fueron de la mano. Ambas formaron parte del fenómeno urbano. Las ciudades mesopotámicas fueron concebidas como grandes centros de gestión y administración y la herramienta clave fueron los textos. Por esta razón, los primeros documentos escritos fueron de contabilidad de materias primas vinculadas a una actividad comercial creciente, sofisticada y a larga distancia. Son sencillos balances impresos sobre arcilla que contabilizan cantidades y productos agropecuarios (cereales, ganado, jarras de cerveza, etc.). La primera escritura mesopotámica nació por imperativos económicos. Fuera de la actividad comercial, era un sistema con evidentes limitaciones de expresión. Hubo que esperar varios siglos para asistir al nacimiento de una escritura plena y, por tanto, de la literatura. La literatura sumeria se remonta al 2500 a.C. y conforma el primer capítulo de la literatura universal.

La historia de la literatura mesopotámica está estrechamente ligada a la de la escritura cuneiforme y a dos tradiciones lingüísticas distintas. En lengua sumeria y acadia, los escribas mesopotámicos cultivaron una extraordinaria diversidad de géneros literarios. Los grandes protagonistas fueron siempre los dioses y los reyes. Atendiendo a una clasificación moderna, podemos distinguir: poemas épicos que narran las hazañas extraordinarias de personajes excepcionales; mitos sobre distintas temáticas, en los que los dioses son el eje central (creación del mundo, de ultratumba, disputas entre deidades, etc.); himnos de hondo sentido religioso, concebidos en honor de los dioses y los reyes para su recitación con un acompañamiento musical; lamentaciones en las que se lloraba la destrucción y la caída de grandes ciudades y el consiguiente sufrimiento de los dioses; conjuros contra ciertos seres malignos y todo tipo de obras sapienciales compuestas con una finalidad moral e instructiva. Dentro de este tipo de literatura, que emanaba de la sabiduría popular, hay toda una rica variedad de subgéneros. Es el caso de las disputas o debates, los proverbios, los acertijos, las fábulas, las instrucciones o enseñanzas, los relatos de tipo humorístico, etc.

Las principales obras literarias mesopotámicas a nuestra disposición proceden de palacios, de templos y de escuelas de escribas, instituciones donde se desarrolló una intensa actividad cultural y amanuense. Las bibliotecas de Nippur, en el sur, y de Nínive, en el norte, han proporcionado la mayor parte de la literatura sumeria y acadia. De la ciudad de Nippur procede el texto de arcilla de un escriba, o bibliotecario, que es considerado el catálogo literario más antiguo conservado, de comienzos del II milenio a.C., que constaba de una lista de sesenta y dos composiciones literarias.

En una sociedad esencialmente analfabeta como la mesopotámica en la que los escribas ostentaban el difícil arte de escribir y de leer, al hablar de literatura debemos pensar más en un público formado por escuchantes y espectadores que en un público de lectores. La literatura en Mesopotamia era un arte más pensado para su representación que para ser leído. Es decir, nos hallamos ante una cultura de tradición esencialmente oral. Esto explicaría también la poca relevancia que se le da a la autoría de las obras que generalmente se atribuyen a un dios o a la inspiración divina. No obstante, conocemos los nombres de algunos autores mesopotámicos. Entre ellos se encuentra Sin-leqi-unninni, escritor al que se atribuye la composición entre los siglos XIII y XII a.C. de la llamada epopeya babilónica clásica o estándar de

Gilgamesh. También hubo escritoras entre las que destaca Enheduanna, hija del rey Sargón de Akkad (2334-2279 a.C.) que escribió varios himnos.

CUÑAS Y BARRO: LA PRIMERA ESCRITURA

Los antiguos sumerios crearon su propia explicación sobre el origen de la escritura. Lo hicieron a través de un bello relato épico en el que se atribuye a Enmerkar, rey de Uruk hacia el 2700 a.C., la genial idea de trazar unos signos sobre arcilla para comunicarse con el señor de Aratta, en Irán, ante el temor de que el mensajero no fuera capaz de recordar y de reproducir fielmente su mensaje tras un largo viaje:

> Como el mensajero, por ser las palabras difíciles y muchas, sería incapaz de transmitirlas verbalmente, el señor de Kullab [Enmerkar] tomó arcilla con su mano, la alisó y puso por escrito sus palabras en ella a la manera de una tablilla. Mientras que hasta entonces no había habido nadie que pusiera las palabras en la arcilla, ahora, en aquel día, así vino a suceder en realidad. [...] El señor de Aratta tomó en sus manos el pedazo de arcilla del mensajero. El señor de Aratta escrutó la arcilla: nunca había visto nada igual. Las palabras dichas tenían forma de clavo, su estructura estaba grabada. El señor de Aratta siguió mirando el pedazo de arcilla. ¡No salía de su asombro! ¿Qué era aquello?

A pesar de que esta epopeya sumeria es una explicación legendaria a un hecho cultural de naturaleza histórica, lo reseñable es que Enmerkar no recurrió a la ayuda divina para crear la escritura, es decir, las primeras palabras escritas se presentan como un invento humano y no de los dioses.

Como es obvio, la invención de la escritura en Mesopotamia no fue un acto espontáneo y mucho menos improvisado por un rey, sino el resultado de un largo proceso que llegó a su punto culminante hacia el 3200 a.C. Los primeros pasos hacia la escritura se remontan al Neolítico, a partir del 8000 a.C. En este período, las sociedades agropecuarias utilizaban un sencillo sistema de contabilidad formado por pequeñas fichas de arcilla de formas diversas (esféricas, cilíndricas, cónicas, discoidales, ovoides, etc.). Cada una de ellas se correspondía con una materia prima. Por vez primera, se usaba un objeto para expresar algo que otra persona podía comprender sin que mediara un mensaje verbal. Estas fichas las podemos definir como verdaderas «palabras tridimensionales», que podían pasar de unas manos a otras.

Posteriormente, en el IV milenio a.C., con la aparición de estructuras sociales más complejas, las formas de las fichas se hicieron más variadas y se crearon nuevos métodos para archivarlas. Se empezaron a usar bolas de arcilla en cuyo interior se introdujeron una serie de fichas. Para conocer el número de fichas introducidas se imprimían en el exterior de estas bolas una serie de marcas. Una bola que contenía ocho fichas ovoides portaba impresa en su superficie externa ocho marcas ovales. Aunque nos hallamos en un estadio previo a la escritura plena, aquí ya hay una clara intencionalidad: perpetuar un mensaje (el contenido interior de la bola) para que no se olvide. Y, para ello, se utilizó como soporte el barro.

La bola de arcilla fue reemplazada, más adelante, por las llamadas «tablillas con muescas y signos» sobre las que se dibujaron o imprimieron algunas de aquellas fichas especificando, además, cantidades. Cuando las fichas fueron reemplazadas por su imagen impresa en la superficie de una tablilla de arcilla, los dibujos resultantes conservaron el mismo contenido semántico. Por ejemplo, la ficha de arcilla circular con una cruz en el centro, que hoy sabemos que significaba 'oveja', pasó a ser el signo bidimensional usado para referirse a este animal. En este caso, no hay ninguna relación entre el aspecto físico de la oveja y el signo impreso sobre las tablillas. Sin embargo, a excepción de este y algunos casos más, la mayor parte de los nuevos signos escritos representaban una realidad reconocible (un pez era un pez, una espiga una espiga, una palmera una palmera, etc.). Los primeros signos fueron realmente dibujos esquemáticos. Por esta razón, se les denomina pictogramas (signos-imagen). La escritura nació cuando los signos pasaron a representar palabras que se leían en una determinada lengua. De acuerdo con los datos arqueológicos, el templo más importante de la ciudad de Uruk, en el sur de la llanura mesopotámica, es el que ha proporcionado las tablillas más antiguas basadas en un sistema de escritura pictográfico. Se trata en su mayoría de textos contables, datados hacia el 3200 a.C., en los que se registran los productos, las cantidades, los movimientos (entradas y salidas) y los nombres de las personas que participaron en esa actividad económica (fig. 56). La identificación de la lengua transcrita por los pictogramas mesopotámicos, conocidos también como protocuneiforme, sigue siendo objeto de debate entre los filólogos. A pesar de que los primeros textos proceden del antiguo territorio del país de Súmer, no hay ninguna seguridad de que se trate de la lengua sumeria. De hecho, algunos investigadores prefieren hablar de otra lengua a la que llaman protoeufrática. Por el contrario, otros especialistas consideran que detrás de esta primera escritura está el sumerio. Esta tesis es la que consigue el mayor consenso.

En el extremo final del IV milenio a.C., en el llamado período de Uruk III, los signos pictográficos se alejaron de los dibujos iniciales para adoptar una forma más esquemática. Algunos siglos más tarde, hacia el 2600 a.C., las tablillas descubiertas en la ciudad de Shuruppak, no muy lejos de Uruk, muestran un tipo de signo distinto. Este ya no ha sido trazado como un dibujo, sino que ha sido impreso a base de pequeños trazos rectilíneos con aspecto de cuña. Esta nueva manera de escribir provocó que el dibujo originario (el pictograma) perdiera realismo y se transformara en un signo abstracto, descompuesto en cuñas, que, además, sufrió un giro de noventa grados. Este cambio en el sistema gráfico fue debido al uso del cálamo, un nuevo instrumento de

56. Tablilla de contabilidad con signos pictográficos procedente de Uruk (J. L. Montero).

caña cortado en bisel en uno de sus extremos. Nacía, de este modo, la denominada escritura cuneiforme. Se la conoce así por la forma de sus signos (pequeñas cuñas o tetraedros cóncavos), a los que los sumerios llamaron *santak* y los acadios *santakku* ('triángulo'). Este sistema de escritura fue longevo, ya que estuvo en uso durante más de tres milenios. El último documento con escritura cuneiforme conocido se fecha hacia el año 80 d.C.

El subsiguiente empleo de ideogramas (signos-ideas), simples y compuestos, permitió a los escribas expresar nociones más complejas, muchas de ellas de naturaleza inmaterial (la amistad, por ejemplo). Esta escritura de ideas o palabras se reveló insuficiente para expresar la complejidad social y cultural alcanzada por la civilización urbana mesopotámica. La solución fue el paso a una escritura de sonidos o fonogramas basada en el sistema ya existente. La grafía de los signos cuneiformes no se modificó inicialmente. Siguió siendo la misma que antes. Los signos ya no se utilizaron por lo que significaban, sino por su sonido. Por ejemplo, los signos 'ka' y 'lu', 'boca' y 'hombre' en sumerio, dejaron de significar tal cosa y solo interesaban por su valor fonético, esto es, el sonido 'ka' y 'lu'. De esta forma, nacieron los silabogramas, es decir, un repertorio de signos silábicos sin contenido semántico, cuya combinación dio vida a un sistema de escritura sin límites de expresión. Uniendo sílabas, se inventaron nuevos vocablos. Veamos un ejemplo: el signo 'an' era una estrella que representaba la noción de 'dios'. Pero, al margen de este significado, el mismo signo también fue usado como una sílaba que formaba parte de una palabra nueva. Un caso es el del sustantivo *antallu*, 'eclipse' en acadio, en el que 'an' ya no significa dios. De hecho, no significa nada. Es un silabograma o sílaba sin valor semántico. Este sistema se adaptó muy bien al acadio, una lengua con palabras polisilábicas. Con el paso de los siglos, los signos cuneiformes continuaron evolucionando hacia grafías más esquemáticas y simples para hacer más fácil y rápido el trabajo de los escribas. Si hacia el 2400 a.C. era sencillo ver aún la relación formal existente entre el signo pictográfico original y su derivado en cuneiforme, hacia el 700 a.C. ya era imposible (fig. 57).

La invención de los números fue otro hito en el proceso de desarrollo de la escritura en Mesopotamia. Fueron creados por los contables de Uruk, a finales del IV milenio a.C., no para representar números abstractos, sino para indicar las cantidades de determinadas mercancías (cereales y animales inicialmente). La muesca semicircular pequeña representaba una medida de cereal; el círculo correspondía a diez unidades; una muesca semicircular grande a sesenta unidades; y si esta muesca grande estaba marcada por un círculo nos hallamos ante seiscientas unidades. Con la adopción del sistema cuneiforme una cuña pequeña vertical pasó a ser una unidad (así hasta nueve); una cuña en ángulo era diez; una cuña vertical grande era sesenta; y si esta última estaba tocada por una cuña en ángulo esa cifra era seiscientos. Como vemos, el sistema mesopotámico de contar era a la vez decimal y sexagesimal. En un primer momento, es probable que los animales se contaran por diez con la ayuda de los dedos de las manos y que sesenta, que puede ser divisible por muchos números (2, 3,

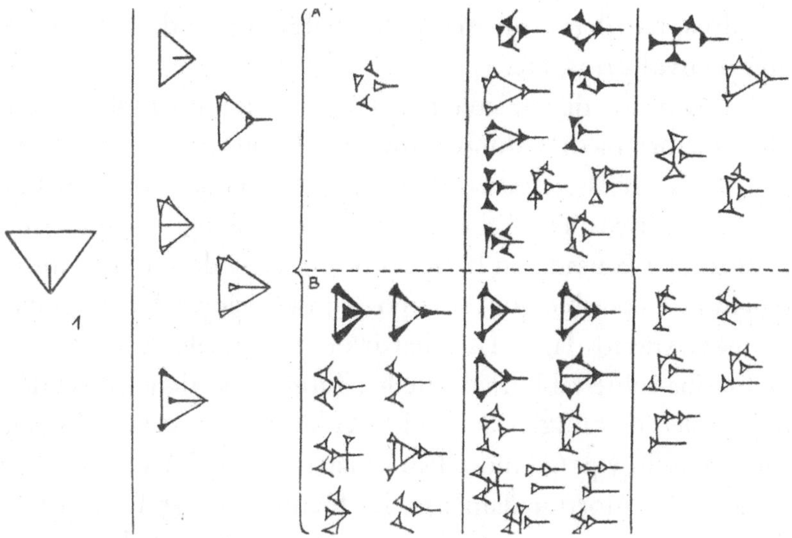

57. Evolución del signo escrito usado para expresar 'mujer': desde el pictograma al cuneiforme asirio-babilónico (R. Labat).

4, 5, 6, 10, 12, 15, etc.) era más apropiado para medir los cereales. Hoy, más de cinco mil años después, el sistema sexagesimal, con base sesenta, sigue en uso. Se emplea para medir el tiempo (horas, minutos y segundos) y los ángulos (en grados).

La arcilla era el soporte más utilizado por los escribas para el desempeño de su oficio. Se trataba de un material fácil de obtener en los valles del Tigris y del Éufrates, que se adaptaba muy bien a la elaboración de distintos tamaños y formas. El formato más común fue el de tablillas cuadradas y rectangulares, cuya dimensión podía variar de unos pocos centímetros a casi medio metro. Como es obvio, las medidas del soporte tenían que ver con la longitud del texto a escribir. Nada tiene que ver un sencillo texto administrativo con un tratado internacional o un diccionario. Además de tablillas de arcilla, los escribas usaron otros formatos en función del destino y del contenido del texto cuneiforme: ladrillos, clavos de fundación, cilindros, barriletes, prismas poligonales, forma de hígado, sobres o envoltorios, etc.

Los textos de carácter más noble y monumental se escribieron sobre piedras duras y metales (bronce, oro y plata). Es el caso de estelas, estatuas, bajorrelieves, placas fundacionales, sellos cilíndricos, etc. En estos casos, la tecnología para escribir es distinta a la usada en la arcilla por tratarse de soportes duros y rígidos. Es posible que este tipo de inscripciones fueran grabadas por expertos lapicidas a partir de un modelo realizado por un escriba sobre tablillas de arcilla. También se tiene constancia del empleo de tablillas de madera cubiertas con cera, así como cuero, papiro y pergamino. Estos materiales orgánicos no se han conservado. Afortunadamente, las fuentes iconográficas asirias (bajorrelieves y pinturas palaciales) nos informan sobre su uso en el I milenio a.C.

LOS ESCRIBAS Y EL ARTE DE ESCRIBIR

La escritura cuneiforme estaba en manos de especialistas, hombres y mujeres, que habían recibido previamente una cuidada formación. Son los escribas, llamados *dub-sar* en sumerio (*dub* significa 'tablilla' y *sar* 'escribir'). Aunque era un oficio que se solía transmitir de padres a hijos, la formación estaba habitualmente en manos de un maestro experimentado, el *ummia* o 'padre de la escuela', que ejercía su magisterio en la 'casa de las tablillas' (*é-dub-ba* en sumerio y *bit tuppi* en acadio). ¿Cómo eran las escuelas de escribas en Mesopotamia? Hasta la fecha, las excavaciones arqueológicas no han proporcionado los restos de un edificio oficial que podamos identificar como un espacio reservado de manera exclusiva a la enseñanza de la escritura cuneiforme (fig. 58). Parece lógico pensar que la transmisión de este conocimiento tuvo lugar en casas particulares, en la vivienda de los propios maestros. En la ciudad de Nippur, una de las capita-

58. Sala del palacio de Mari interpretada, por error, como una escuela de escribas (Archivo A. Parrot, MAM).

les mesopotámicas más prestigiosas en la formación de escribas, se conoce una modesta casa del siglo XVIII a.C. en la que se hallaron más de mil cuatrocientas tablillas cuneiformes repartidas en cinco habitaciones. Además de esto, los arqueólogos hallaron un horno para cocinar, vajilla de cerámica, un juego de mesa y unas singulares instalaciones con cubos rectangulares en el suelo usadas para reciclar tablillas de arcilla. La persona que vivía allí se dedicó a enseñar a unos pocos discípulos el arte de la escritura. Entre ellos se encontraba un joven aprendiz de escriba llamado Elletum, que firmó con su nombre algunos de los textos cuneiformes hallados en la casa.

La instrucción de los escribas era estricta y comprendía una serie de etapas formativas fundamentales. En primer lugar, los alumnos debían aprender a modelar la arcilla para elaborar tablillas en las que escribir, de forma habitualmente lenticular. Era una sencilla bola aplastada que cabía en la palma de la mano. A continuación, el aprendiz debía dominar el instrumento de escritura, el cálamo, que generalmente estaba hecho a partir de un fragmento de caña. En Tell ed-Der, la antigua ciudad de Sippar-Amnanum, se conocen varios cálamos de hueso, de sección cuadrada y extremos en bisel. Sorprende su pequeño tamaño, de poco más de cinco centímetros de longitud.

Tras dominar las tres cuñas básicas (vertical, horizontal y en ángulo) con las que se elaboraban los signos escritos, el estudiante pasaba a copiar un signo o una serie de signos cuneiformes siguiendo un modelo hecho por su maestro. Estos primeros signos hechos por el discípulo eran grandes y, en ocasiones, algo torpes en comparación con el modelo que debían copiar. Sobre el proceso de aprendizaje de la escritura, un texto sumerio de Nippur nos cuenta lo siguiente:

> Aprendiz de escriba, ¿adónde has ido? He ido a la casa de las tablillas. ¿Qué has hecho en la casa de las tablillas? Leí en voz alta mi tablilla, me comí mi comida. Preparé mi nueva tablilla, la escribí, la acabé y me dieron mis tablillas modelo; por la tarde me trajeron mis tablillas de ejercicio. Al cerrase la casa de las tablillas, me fui a mi casa. Entré en casa. Mi padre estaba sentado. Enseñé mis ejercicios a mi padre. Le recité mi tablilla; mi padre se alegró. [...]. Despertadme temprano: no debo retrasarme; si no el maestro me pegará. Después de levantarme temprano, vi a mi madre y le dije: "dame la comida; me voy a la casa de las tablillas".

A juzgar por lo que podemos leer en el mismo texto procedente de Nippur, el ambiente y las normas de comportamiento en las escuelas de escribas de Mesopotamia debieron de ser muy estrictas:

> En la casa de las tablillas, el hombre de servicio me dijo: "¿Por qué llegas tarde?". Asustado y con el corazón latiendo, me presenté ante el maestro y le saludé con respeto. Leí mi tablilla

> a mi director de la casa de las tablillas. Él dijo: "Te has dejado algo". Y me azotó. [...] El responsable de la buena conducta dijo: "¿Por qué has hablado sin mi permiso?". Y me azotó. El responsable de la comida dijo. "¿Por qué no has quitado el cubilete?". Y me azotó. El responsable de la buena conducta dijo. "¿Por qué te has levantado sin mi permiso?". Y me azotó. El responsable de la puerta dijo: "¿Por qué has salido sin mi permiso?". Y me azotó. [...] El responsable del sumerio dijo: "¿Por qué no has hablado en sumerio?". Y me azotó. Mi maestro dijo: "Tu mano está poco hábil". Y me azotó.

En otro texto escolar se nos habla del riguroso calendario que seguían los aprendices de escriba: «La cuenta de los días que paso en la escuela está establecida así: mis días de vacaciones: tres días por mes, las diferentes fiestas: tres días por mes; así quedan veinticuatro días por mes que paso en la escuela».

Una vez que la caligrafía del estudiante era buena, este debía empezar a memorizar y a escribir el silabario cuneiforme: 'tu', 'ta', 'ti', 'nu', 'na', 'ni', etc. A continuación, pasaba a las listas de palabras en lengua sumeria organizadas por temas: metales, animales, plantas, etc. y a la redacción de pequeñas frases. Era habitual que el maestro escribiera las líneas que el estudiante debía copiar en la parte derecha de una tablilla rectangular. Cuando, a finales del III milenio a.C., el sumerio pasó a ser una lengua muerta, no hablada, los escribas continuaron aprendiéndolo junto con su traducción al acadio. Esta actividad generó una especie de diccionarios o listas léxicas muy útiles para los asiriólogos. Era una lengua prestigiosa, la más antigua, usada también en la redacción de contratos. Varios proverbios dejan claro su importancia: «Un escriba que no conoce el sumerio, ¿qué escriba es?» o «Un escriba que no conoce el sumerio, ¿cómo puede traducir?». Los escribas debían ser bilingües.

La siguiente etapa de la formación elemental incluía las matemáticas y los principales sistemas de medidas (peso, longitud, volumen, superficie, capacidad, etc.). Se comenzaba memorizando las tablas de multiplicar. De ellas se han encontrado muchas copias en las escuelas. La formación avanzada iba más allá de otorgarle al aprendiz un oficio útil para la vida. En algunos casos, se formaba verdaderos intelectuales en el campo de la literatura sumeria. Se empezaba copiando las obras fundamentales y estudiando su gramática.

Tras superar la instrucción escolar, el trabajo de los escribas variaba sensiblemente según quién fuera su empleador. Tres eran las posibilidades: los templos, el palacio o particulares. En el último caso, los escribas se ocupaban de redactar cartas y contratos de naturaleza económica o social (alquiler y compra-venta de bienes muebles o inmuebles, transportes, préstamos, matrimonios, adopciones, herencias, divorcios, etc.). Los escribas mejor instruidos trabajaron al servicio de reyes y sacerdotes, administrando sus propiedades y la actividad económica, ocupándose, así mismo, de la correspondencia oficial y de los acuerdos con otros reinos. Su actividad incluía, también, la redacción de las inscripciones reales monumentales y la de los códigos legales. En el campo de la erudición y el conocimiento, se ocuparon de escribir sobre temas tan diversos como la medicina, las matemáticas, la astrología, la adivinación, etc. Y, por supuesto, es de reseñar su labor fundamental en la copia, la reelaboración y la redacción de obras de literatura de distintos géneros. Templos y palacios crearon espacios específicos, lo que hoy llamamos archivos y bibliotecas, para almacenar y preservar toda esta preciosa documentación escrita.

La mayor parte de los escribas profesionales que conocemos eran hombres, aunque, en menor número, también hubo mujeres. Las primeras referencias a mujeres escribas son de la segunda mitad del III milenio a.C., de la época de Akkad y de la tercera dinastía de Ur. En palacios y templos de comienzos del II milenio a.C. se tiene constancia, igualmente, de mujeres dedicadas a la escritura. En las listas de asignaciones periódicas de aceite y lana del palacio de Mari figuran nueve mujeres escriba. Así mismo, entre la dote de una hija del rey Zimri-Lim (1774-1762 a.C.)

de Mari figuraba una escriba esclava llamada Shimat-ilat. En Sippar, en la misma época, se conocen los nombres femeninos de una veintena de escribas entre mujeres consagradas (sacerdotisas) y vinculadas a familias acomodadas. Una de ellas, llamada Inanna-ama-mu, parece haber sido la hija de un escriba con el que debió formarse. Del I milenio a.C. también hay algunas referencias a mujeres que escribían. En Nínive, se mencionan seis escribas de probable procedencia aramea encargadas de redactar textos en alfabeto arameo sobre papiro. En Kalhu, otra capital asiria, se conoce una mujer llamada Attar-palti que es designada como la escriba de la casa de la reina.

En lo que refiere al acceso de la mujer mesopotámica al arte de escribir parece que la única diferencia es cuantitativa y no cualitativa. La menor presencia de mujeres escribas es el reflejo de su discriminación social y económica. Las mujeres tuvieron la misma relación con la escritura que los hombres en Mesopotamia: mismo sistema de aprendizaje y misma especialización profesional. Este mismo planteamiento también lo vemos a nivel religioso. En Mesopotamia hubo dos divinidades vinculadas a la escritura, una femenina y otra masculina: Nisaba, diosa de las plantas (de grano) y de la escritura, y Nabu, hijo de Marduk, dios de la escritura, de los escribas y de la sabiduría.

A diferencia del Egipto faraónico, donde se conservan numerosas esculturas de escribas sentados (*sesh* en egipcio), en el arte mesopotámico son raras las representaciones conservadas. Cuando aparecen en bajorrelieves y pinturas del I milenio a.C., lo hacen en el ejercicio de su profesión. En una pintura mural de Til Barsip, en Siria, datada en el siglo VIII a.C., están representados dos escribas. Uno escribe en cuneiforme asirio sobre una tablilla de arcilla con la ayuda de un largo cálamo y otro lo hace sobre un papiro, probablemente en arameo cursivo. En un bajorrelieve procedente del palacio de Senaquerib, en Nínive, dos escribas asirios portan respectivamente una tablilla de madera y una piel sobre las que están escribiendo.

UN MUNDO PLURILINGÜE

El cuneiforme es uno de los sistemas de escritura más longevos de la historia. Se usó durante más de tres milenios para expresar diversas lenguas en la vasta región que va desde el Mediterráneo oriental al golfo Arábigo-Pérsico y de Anatolia a Egipto. La diversidad étnica que encierra el concepto Mesopotamia se tradujo, como es obvio, en una diversidad lingüística.

El sumerio es la lengua más antigua del mundo. Se tuvo constancia de su existencia, por vez primera, en los textos bilingües hallados en las bibliotecas de Asiria. Inicialmente, los especialistas rechazaron que fuera realmente un idioma antiguo. Pensaban que era un sistema secreto de los escribas asirios para esconder una ciencia esotérica. Los descubrimientos a finales del siglo XIX de archivos en las ciudades sumerias pusieron fin a esta absurda idea. El sumerio es una lengua aglutinante, es decir, las raíces nominales o verbales se modifican con prefijos o sufijos para denotar las distintas categorías gramaticales y léxicas. Se habló en el sur de Mesopotamia hasta los inicios del II milenio a.C. A partir de entonces, pasó a ser una lengua culta, como el latín en la Europa medieval, cuyo estudio fue obligatorio en las escuelas de escribas durante muchos siglos.

Es una lengua rara, aislada, que no está emparentada con otras del Oriente Próximo antiguo (ni semíticas ni indoeuropeas). Este aislamiento está íntimamente ligado a otro hecho de difícil respuesta: ¿quiénes fueron los sumerios?, ¿cuál es su origen? Esta vieja cuestión está lejos de ser resuelta. Las posturas siguen enfrentadas. La teoría tradicional, fundamentada en criterios lingüísticos, considera que los sumerios no son un pueblo autóctono mesopotámico. Arribaron al sur del país del Tigris y del Éufrates desde el este, posiblemente desde la India. Otra tesis defiende, por el contrario, que se trata de la evolución interna de una población local que consiguió imponerse, al menos desde el punto de vista lingüístico, sobre el resto de componentes étnicos regionales. No se trataría, por tanto, de una invasión o migración. Los arqueólogos consideran que no hay ruptura en el registro de los yacimientos. Esto hace pensar que los sumerios no llegaron de fuera, siempre estuvieron en Mesopotamia. De esta manera, se considera que la cultura mesopotámica de Obeid era ya una cultura sumeria hacia el 5000 a.C.

La principal familia lingüística de Mesopotamia es la semítica, cuyo nombre proviene de Sem, uno de los tres hijos de Noé según el Génesis (5, 32). La lengua acadia es la más antigua de esta familia y, de acuerdo con su situación geográfica, pertenece al grupo semítico oriental. Se utilizó desde mediados del III milenio a.C. hasta el siglo I de la Era actual. Tuvo dos variaciones principales o dialectos: una en el norte, el asirio, y otra en el sur, el babilonio. Desde el siglo XIII a.C. existe otra variación no dialectal del acadio que hoy conocemos como babilonio estándar, que es la lengua literaria culta (no hablada).

El acadio se escribió con el sistema cuneiforme que originalmente fue pensado para escribir el sumerio. En la segunda mitad del II milenio a.C., el acadio se convirtió en la lengua franca de las relaciones internacionales entre las potencias de la época: hititas, babilonios, egipcios, ugaríticos, mitannios, chipriotas, etc. Esto explica, por ejemplo, la existencia del archivo con trescientas cincuenta cartas de arcilla escritas en cuneiforme y lengua acadia hallado en Tell el-Amarna (antigua Akhetatón), ciudad del Egipto faraónico. Este archivo epistolar, hallado de forma fortuita en 1887, es el resultado de la correspondencia mantenida entre los monarcas del Oriente Próximo antiguo y los faraones de la dinastía XVIII, Amenhotep III y Akhenatón (1353-1335 a.C.). En este contexto de intensas relaciones internacionales y de intercambio de cartas, las figuras del mensajero y del traductor eran fundamentales. El rey Tushratta de Mitanni, en el norte de Siria, escribió al faraón Amenhotep III en los términos siguientes:

> Mane, el mensajero de mi hermano, y Khane, el intérprete de mi hermano, yo los he exaltado como dioses. Les he dado muchos regalos y los he tratado muy amablemente, pues su informe era excelente. En todo lo que les concierne nunca he visto hombres de tanto talento. Que mis dioses y los dioses de mi hermano los protejan.

Khane, que vivió a mediados del siglo XIV a.C., era un traductor egipcio que hablaba con fluidez acadio y probablemente hurrita.

En 1974, arqueólogos italianos sacaron a la luz un nuevo archivo palacial en la ciudad de Ebla, al sur de Alepo (Siria), fechado hacia el 2300 a.C. Cabeza de un importante reino, Ebla se presenta como una capital de cultura mesopotámica fuera de la Mesopotamia estricta. No hay unanimidad entre los filólogos a la hora de definir la lengua eblaíta porque mientras para unos es un dialecto del acadio antiguo y, por tanto, pertenece a la rama de los semitas orientales, para otros es una lengua semítica occidental (relacionada con el amorreo y el arameo).

El amorreo es una lengua semítica noroccidental de la que no se han encontrado textos. Lo que se conoce son nombres propios amorreos incluidos en documentos acadios redactados con escritura cuneiforme y ubicados en archivos mesopotámicos del II milenio a.C. Al mismo grupo lingüístico también pertenecen el ugarítico y el arameo. El ugarítico, la lengua del reino de Ugarit (cerca de la costa mediterránea de Siria), fue la primera en usar hacia el siglo XIII a.C. un sistema de escritura cuneiforme alfabético formado por solo treinta signos consonánticos. Posteriormente, a partir del siglo VIII a.C., el arameo, una lengua fácil de dominar, comenzó su transformación en lengua de intercambio internacional para asirios, babilonios y persas aqueménidas que la convirtieron en la lengua oficial de su imperio. Fue utilizado desde las orillas del Mediterráneo hasta el valle del Indo. Los arameos adoptaron el alfabeto cananeo-fenicio para escribir su lengua sobre arcilla y papiro.

Otra familia lingüística relevante para la historia de la región es la representada por las lenguas indoeuropeas que usaron la escritura cuneiforme por influencia mesopotámica. La primera de ellas es el hitita (llamado *neshili* por los propios hititas), cuyo principal conjunto de textos procede de los archivos de su gran capital, la ciudad de Hattusa, en el corazón de Turquía. Se trata de unas veinticinco mil tablillas fechadas entre los siglos XVI y XIII a.C. Al grupo de las lenguas anatolias pertenecen también el luvita (en sus variantes cuneiforme y jeroglífica).

La otra lengua indoeuropea es el persa antiguo, escrita entre los siglos VI y IV a.C., con un sistema seudoalfabético cuneiforme de treinta y seis signos. Esta lengua, hablada en tiempos de la dinastía de los Aqueménidas, fue la primera escritura con signos cuneiformes en ser descifrada en la primera mitad del siglo XIX con la ayuda de las fuentes griegas. Su uso parece que estuvo reservado a cuestiones vinculadas con la realeza. Son, sobre todo, textos grabados en monumentos y paredes rocosas. La inscripción rupestre del rey Darío en Behistún (Irán) es la más extensa escrita en persa antiguo.

A este conjunto de lenguas expresadas en cuneiforme podemos añadir otras minoritarias, que también fueron importantes para la historia de Mesopotamia. Se trata del hurrita y del urarteo, dos lenguas emparentadas que comparten un sustrato común con otras del Cáucaso nororiental. El hurrita se escribió desde el final del III milenio a.C., aunque la versión que mejor comprendemos es la de la segunda mitad del II milenio a.C., época a la que pertenecen la mayor parte de los textos conocidos procedentes de los archivos de Nuzi, Ugarit, Hattusa y el-Amarna. Por su parte, el urarteo es la lengua del antiguo reino de Urartu, en la actual Armenia, conocida por inscripciones del I milenio a.C.

Por último, nos falta hablar de la lengua elamita. Elam fue un país del sur de Irán, que interactuó con frecuencia, generalmente de forma violenta, con los cercanos territorios mesopotámicos.

Sus primeros textos, fechados a finales del IV milenio a.C., se redactaron con una escritura que hoy llamamos protoelamita y que aún no ha sido descifrada. Por influencia mesopotámica, la lengua elamita se escribió, a partir a mediados del II milenio a.C., con el sistema cuneiforme. Nació, así, el denominado elamita cuneiforme.

En resumen, la diversidad lingüística que caracteriza el mapa de Mesopotamia y de sus vecinos es el resultado de una historia compleja y convulsa en la que los préstamos culturales eran frecuentes entre los distintos pueblos que habitaron la región. El mejor ejemplo de ello es el sistema de escritura cuneiforme, inventado para el escribir el sumerio y utilizado, posteriormente, por otras lenguas muy distintas. Esa es la riqueza cultural de la llamada «Gran Mesopotamia».

LA BIBLIOTECA DE NÍNIVE

> Las cámaras que estoy describiendo parecen haber sido un depósito para tales documentos en el palacio de Nínive. Estaban completamente llenas hasta una altura de un pie o más desde el suelo; algunas enteras, pero la mayor parte rotas en muchos fragmentos, probablemente por el derrumbe de la parte superior del edificio. Eran de diferentes tamaños; las tablillas más grandes eran planas y medían nueve por seis pulgadas; las más pequeñas eran ligeramente convexas y algunas no medían más de una pulgada de largo, con sólo una o dos líneas de escritura. Los caracteres cuneiformes en la mayoría de ellas eran singularmente nítidos y bien definidos, pero tan diminutos en algunos casos que eran casi ilegibles sin una lupa. Estos documentos parecen ser de varios tipos. Muchos son registros históricos de guerras y expediciones lejanas emprendidas por los asirios; algunos parecen ser decretos reales y llevan el nombre de un rey, el hijo de Asarhadón; otros, divididos en columnas paralelas por líneas horizontales, contienen listas de

59. Recinto amurallado de Nínive, parcialmente reconstruido. En su interior está la colina de Kuyunyik, lugar donde apareció la famosa biblioteca de Assurbanipal en el siglo XIX (F. Masó).

los dioses y probablemente un registro de las ofrendas realizadas en sus templos.

Con estas palabras describió Austen Henry Layard en su obra *Discoveries in Nineveh and Babylon,* publicada en 1853, el descubrimiento en Nínive de la biblioteca del palacio del rey Senaquerib (704-681 a.C.), abuelo de Assurbanipal, creador de otra biblioteca aún mayor en otro palacio de la misma ciudad. Antes de la gran biblioteca de Alejandría existió la de Nínive, en Asiria.

Este extraordinario hallazgo se produjo en medio de una fuerte controversia con los franceses por el control de las excavaciones en Kuyunyik, una de las principales colinas de la antigua Nínive (fig. 59). En el centro de esta polémica se hallaba el brazo derecho de Layard, Hormuzd Rassam. Este árabe cristiano de Mosul encontró en 1853, gracias a una serie de excavaciones nocturnas, uno de los más bellos bajorrelieves del arte asirio, el del rey Assurbanipal cazando un león, así como numerosas tablillas cuneiformes que él atribuyó a la famosa biblioteca del monarca asirio. Unos meses después de este oscuro episodio poco edificante, las tablillas de Nínive se enviaron al Museo Británico.

En realidad, el descubrimiento de la biblioteca real de Nínive fue un proceso gradual. Las tablillas no fueron halladas todas juntas en la misma sala, sino en varios edificios, principalmente en los palacios norte y suroeste y en los templos de Ishtar y de Nabu. Dada la formación en el arte de la escritura de la que presumía el rey Assurbanipal, este decidió crear una gran biblioteca en la capital de Asiria. Esto le llevó a acumular en una sola ciudad el mayor número de textos literarios existente en escritura cuneiforme, ¿Qué contenía la llamada «biblioteca de Assurbanipal»? Por su temática, el conjunto de textos se puede organizar en tres grandes grupos. El primer conjunto estaría formado por textos literarios y académicos referidos a temas diversos: religión, medicina, magia, rituales, mitos, épica, léxico, historia, etc. De algunos se conservan varias copias por alguna razón que desconocemos. La mayoría estaban escritos en babilonio estándar, pero también en asirio y en sumerio y constituyen el núcleo de lo que podemos llamar la cultura mesopotámica escrita en cuneiforme. El segundo grupo lo constituían consultas oraculares y textos de adivinación y el tercero, cartas, contratos, informes y documentos administrativos.

Para crear esta biblioteca, de la que hoy se conservan unas veinte mil tablillas en Londres, Assurbanipal hizo traer a los mejores escribas con el fin de recopilar manuscritos originales y realizar copias. Un grupo de escribas babilónicos, de los que conocemos sus nombres, formaron parte de este proyecto para reunir lo más importante de la cultura mesopotámica en una sola biblioteca: «El día que leas mi carta, reúne a Shumay, el hijo de Shum-ukin, Bel-etir, su hermano, Aplay el hijo de Arkat-ili y los expertos de Borsippa que conozcas». El rey no puso reparos en enviar mensajeros a las bibliotecas de las ciudades babilónicas para adquirir textos y, luego, copiarlos en asirio en Nínive. En caso de oposición a su compra, se recurría a la realización de copias en tableros de cera que desgraciadamente no se han conservado. Un texto administrativo se refiere también a la presencia en la capital asiria de algunos escribas babilónicos cautivos que fueron forzados a copiar tablillas bajo coacción.

En Nínive se han hallado algunas cartas cursando órdenes para la adquisición de tablillas. Uno de los agentes que trabajaba para este proyecto fue un tal Shadunu, escriba de Borsippa, ciudad babilónica donde intentó comprar, e incluso confiscar, tablillas a eruditos particulares o al archivo del templo del Ezida, el templo del patrón de la escritura:

> [...] recoge todas las tablillas que se encuentren en sus casas o que estén depositadas en el Ezida, todo lo numerosas que sea posible, incluidas las tablillas raras que se encuentran en tus archivos y que ya no existen en Asiria. [...] Del mismo modo, si encuentras tablillas acerca de las cuales no te he escrito pero que tú las consideras dignas de mi palacio, envíamelas.

Se estima que los cerca de treinta mil fragmentos de tabillas cuneiformes hallados en la biblioteca de Nínive se corresponden aproximadamente a cinco mil textos, algunos duplicados (hasta seis copias). Este volumen considerable de obras estuvo sujeto a un riguroso orden y control internos. Cada tablilla disponía de una etiqueta o colofón de la biblioteca con su número de orden, el nombre de la serie a la que pertenecía y la primera línea del siguiente texto. También era frecuente que los textos llevaran una indicación de pertenecía al rey Assurbanipal:

> La tablilla de arcilla de Assurbanipal, rey del mundo, rey de Asiria, que confía en Assur y Ninlil. Vuestra excelencia no tiene igual, Assur, ¡Rey de los dioses! Quien se lleve la tablilla, inscribe su nombre en lugar de mi nombre, que la ira de Assur y Ninlil borre para siempre su nombre y su simiente de la tierra.

En algunos casos, la indicación de que la tablilla era propiedad real se hizo con signos cuneiformes escritos con tinta, debido probablemente a que la arcilla ya estaba demasiado seca y dura. Un texto de la colección indica que la consulta de una obra debía realizarse en presencia de un funcionario real.

Sobre la función de esta biblioteca no hay unanimidad. Para unos era la biblioteca personal de un rey que se vanagloriaba de ser culto y, por tanto, fue organizada para su disfrute personal. El colofón conservado en un texto no parece dejar lugar a dudas:

> [...] La sabiduría de Nabu, los signos de la escritura, tantos como se han creado yo los escribí en tablillas. Yo ordené las tablillas en serie, yo las reuní, y para mi real contemplación y recitación. Yo las deposité en mi palacio.

Según otros, sin embargo, se trataba de una biblioteca de referencia profesional para atender las necesidades de los especialistas en la interpretación de los augurios a través de la adivinación y la magia al servicio del soberano, pero esta interpretación no explicaría la presencia de obras puramente literarias. Al margen de cuál fuera el uso de esta biblioteca, se ha sugerido que el conocimiento milenario acumulado en ella y su consiguiente prestigio pudieron haber influido en la creación posterior, en el siglo III a.C., de la biblioteca de Alejandría, en Egipto, y en su objetivo de recopilar en una sola ciudad todo el saber griego.

Las tablillas cuneiformes más conocidas de la biblioteca de Assurbanipal en Nínive se corresponden con lo que hoy llamamos obras de literatura. Dos destacan sobre el resto: el *Poema de Gilgamesh* y el *Poema Babilónico de la Creación*. Junto a estas obras literarias más famosas, la biblioteca albergaba también un interesante conjunto de textos de tipo sapiencial, una colección de proverbios y un curioso lote de textos de carácter humorístico y satírico.

GILGAMESH: LA PRIMERA ÉPICA

Antes que las aventuras de Odiseo, el gran héroe de la mitología griega, fueron las prodigiosas hazañas de Gilgamesh de Uruk. El *Poema de Gilgamesh* es la primera obra de literatura a la que se le puede otorgar la categoría de epopeya. Se estima que esta composición mesopotámica estuvo formada por unos tres mil versos que no se han conservado en su totalidad. Las lagunas, afortunadamente, están repartidas a lo largo de todo el poema. Esto nos permite reconstruir sin grandes dificultades la trama de la obra.

La obra se organiza alrededor de las andanzas de Gilgamesh en pos de una meta inalcanzable: la eterna juventud. El rey de Uruk se presenta como un gran hombre que, pese a su extraordinario valor, encarna el temor universal ante el misterio de la muerte. ¡Gilgamesh no quería morir!

¿Quién fue Gilgamesh? Se ha sugerido que su nombre, probablemente sumerio, podría significar algo como 'El antiguo en la plenitud de su vida' o 'El viejo es joven'. De ser correcta esta traducción, este nombre propio haría alusión al motivo central de la obra, que no es otro que la búsqueda de la inmortalidad. Detrás del personaje literario hubo un personaje histórico. En otras palabras, Gilgamesh existió antes de la composición de su célebre poema. Todo indica que fue rey de la ciudad de Uruk, en el sur de Mesopotamia, hacia el 2650 a.C. En la *Lista Real Sumeria*, redactada hacia el 1900 a.C., se dice que gobernó ciento veintiséis años en la ciudad de Uruk (después del diluvio que todo arrasó). Una lista de dioses elaborada en Shuruppak hacia el 2550 a.C. habla ya de él como un personaje divino. El prestigio que destilaba la figura de Gilgamesh favoreció la adaptación y la tergiversación de su verdadera historia. Debió de ser un rey fuera de lo común en su tiempo, razón por la que a su muerte el personaje abandonó, en virtud de sus proezas y su fama, el plano de la historia y pasó al dominio del mito, de la literatura. Esto hace muy difícil separar el personaje real del legendario (fig. 60).

La épica lo transformó en un ser sobrehumano llamado a un destino excepcional. Los antiguos griegos reservaron el concepto de héroe para hablar de estos grandes hombres de existencia memorable. Era una especie de estadio intermedio entre los dioses y los seres humanos. En Mesopotamia no existió este concepto, lo que no impidió que tras su fallecimiento Gilgamesh se viera envuelto en un halo de leyenda transmitida por vía oral. De esta manera, el rey de Uruk se vio sometido a un proceso complejo de mitificación. El propio poema define a Gilgamesh como un ser singular, una especie de semidiós: dos tercios divino y un tercio humano. La divinización de un hombre no era concebible para el pensamiento religioso mesopotámico, ya que la inmortalidad era un privilegio reservado a los dioses. Esa es la gran lección de la epopeya que canta las aventuras del rey de Uruk.

La versión final que nos ha llegado del *Poema de Gilgamesh* es el resultado de un largo y complicado proceso compositivo, primero oral y luego escrito. Gracias a la recuperación por parte de los reyes de la tercera dinastía de Ur (2112-2004 a.C.) de la figura de Gilgamesh, al que adoptaron como modelo de inspiración (el rey Shulgi no tiene rubor en presentarse como su hermano), los asiriólogos han distinguido cinco grandes etapas compositivas de la epopeya. Las dos últimas son las más relevantes en la evolución y transmisión final de la obra. La cuarta etapa, que se puede datar en los siglos XIII-XII a.C., es la que se conoce como la epopeya clásica o estándar. Fue obra de un autor llamado Sin-leqi-unninni que la editó en once tablillas a partir de materiales más antiguos. Esta versión se conoce, como era tradición en Mesopotamia, por las tres primeras palabras acadias del poema: *Sha nagba imuru*, es decir, 'El que vio lo más hondo' y su texto se ha conservado a través de copias posteriores. La quinta etapa, fechada en los siglos VIII-VII a.C., es la que conocemos como la recensión ninivita de la epopeya clásica. Esta versión procede de la bi-

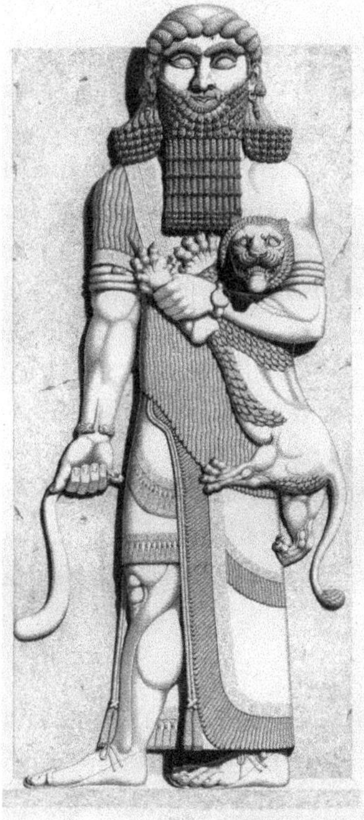

60. Posible representación del rey Gilgamesh, abrazando un león, en un bajorrelieve de Dur-Sharrukin (P. E. Botta y M. E. Flandin).

blioteca de Assurbanipal en Nínive. No es una simple copia de la etapa anterior, sino una reedición que incluye una tablilla más hasta llegar a un total de doce. No sabemos quién intervino (ni tampoco cuándo) para completar la obra con este nuevo texto que algunos consideran de una calidad mediocre en comparación con el resto.

La tablilla I de la versión ninivita del poema nos presenta al protagonista, a Gilgamesh de Uruk, como lo que fue, un ser extraordinario, pero engrandecido aún más por el estilo épico de la obra:

> Voy a presentar al mundo a aquel que todo lo ha visto, ha conocido la tierra entera, penetrado todas las cosas, y en redor explorado todo lo que está oculto. Excelente en sabiduría, todo

> lo abarcó con la mirada: contempló los secretos, descubrió los misterios, nos ha contado sobre antes del Diluvio. De vuelta de su lejano viaje, agotado, pero apaciguado, grabó sobre una estela todos sus trabajos. [...] Excepcional monarca, célebre, prestigioso. Audaz retoño de Uruk, búfalo de cuerno terrible, precedía a su gente, cabecilla, o bien, les seguía, como refuerzo para los suyos, poderosa arma de guerra, protector de sus tropas, masa de agua embravecida que derriba incluso muros de piedra: tal era el hijo de Lugalbanda. Gilgamesh, de extraordinaria fuerza, hijo de la vaca sublime, Ninsuna la Búfala, tal era Gilgamesh, perfecto, deslumbrante, aquel que abrió los pasos de las montañas, excavó pozos en la nuca de los montes, cruzó el mar, el mar inmenso hasta allí donde sale el sol y exploró el universo entero buscando la vida sin fin [...]. Entre la muchedumbre de los hombres nunca ha habido uno que pudiera rivalizar con él en soberanía y declarara como él: "el rey soy yo, yo solo".

Tal debió ser la hermosura del rey de Uruk que la mismísima Ishtar, la diosa mesopotámica del amor y de la guerra, le propuso casarse con ella. En la tablilla VI podemos leer lo siguiente en un tono impregnado de erotismo:

> Gilgamesh lavó su melena, la ató con una cinta adecuada y le echó los bucles sobre su espalda, se quitó sus ropas sucias para vestirse con otras nuevas envolviéndose en una amplia túnica, que ciñó con un fajín. Cuando se hubo puesto la corona, Ishtar la princesa se sintió fascinada por la belleza de Gilgamesh. "Vamos Gilgamesh le dice ella ¡Cásate conmigo! Ofréceme tu fruto, sé mi marido, yo seré tu esposa".

Sin embargo, para hondo enojo de la diosa, Gilgamesh la rechazó por considerarla una amante terrible y peligrosa. En realidad, un matrimonio entre un hombre mortal y una diosa no era posible.

El poema alcanza las más altas cotas de belleza en las tablillas VIII y X, cuando se relata la muerte de Enkidu, el compañero de aventuras de Gilgamesh. ¿Quién era Enkidu? Era un ser primitivo (mitad hombre mitad animal), que representaba el mundo salvaje, no civilizado:

> Abundantemente velludo por todo el cuerpo, tenía una cabellera femenina con bucles abundantes como un campo de espigas. Carente de conciudadanos y de país, vestido ridículamente a lo salvaje. En compañía de gacelas pastaba; en compañía de su manada frecuentaba la aguada, disfrutaba del agua en compañía de bestias.

Antes de viajar a la ciudad de Uruk para conocer a Gilgamesh, Enkidu fue sometido a un singular proceso de transformación que le llevó a abandonar el universo animal del que procedía. Cuenta el poema que lo hizo a través del acto sexual, yaciendo durante seis días y siete noches con una mujer. De esta manera, conoció los placeres de la vida civilizada, el comportamiento humano, sufrió el rechazo del mundo animal y entró en el de los hombres.

> Descubre tu sexo, que él tome tu voluptuosidad y no temas agotarlo. Cuando te vea así se abalanzará sobre ti: deja caer tu vestido para que él se acueste sobre ti, y haz con él, con este salvaje, tu trabajo de mujer. Entonces su manada, que se había criado con él, le será hostil mientras a ti él te mimará con sus arrumacos.

Esto fue lo que le dijo a la prostituta el cazador que había organizado este encuentro sexual por orden de Gilgamesh. Enkidu necesitaba recibir aún otras enseñanzas para completar su metamorfosis en un ser civilizado. Tenía que dejar de alimentarse como una bestia y comer los alimentos de los humanos, aquellos que se elaboraban en las ciudades de Mesopotamia. ¡No conocía ni el pan ni la cerveza! Tras saciarse comiendo y bebiendo los alimentos propios de la vida urbana, Enkidu completó su mutación en un hombre civilizado. Despojado de su parte animal, ya estaba preparado para viajar a Uruk y conocer a Gilgamesh con el que, a pesar de la desconfianza inicial, entabló una profunda relación de amistad. A partir de aquí, los dos unieron sus fuerzas para llevar a cabo gestas extraordinarias dignas de ser cantadas en el poema. La más notable fue la lucha contra el terrible ogro guardián del Bosque de los Cedros.

Tras acometer no pocos desmanes y correrías junto a Gilgamesh, Enkidu cayó gravemente enfermo y falleció. Gilgamesh se retorció desgarrado de dolor por la muerte de su gran amigo y por la impotencia de no poder devolverlo a la vida. Es el triunfo implacable de la muerte el que hace mostrar el lado más humano del rey de Uruk. ¡Seis días y siete noches afirma Gilgamesh que lloró a su amigo! ¡Y se negó a enterrarlo hasta que los gusanos salieron por la nariz! Estaba desesperado y convocó para llorar a toda la naturaleza (montañas, ríos, árboles, etc.), a los animales con los que vivió en la estepa y a los hombres, jóvenes y ancianos, de Uruk. En su desesperación, Gilgamesh pronunció las siguientes palabras en el funeral de Enkidu:

> Los príncipes del territorio vendrán a besarte los pies; la gente de Uruk yo les haré llorar y lamentarse por ti; por ti sumiré en el duelo a los más gloriosos de mis súbditos. Y yo mismo, después de tu muerte, adoptaré un aspecto desgreñado, y revestido únicamente con los despojos de un león, vagabundearé por la estepa.

A partir de entonces, el rey de Uruk empezó a tener miedo a la muerte y puso en marcha un plan para buscar y conocer el secreto de la vida infinita.

UN DILUVIO MÁS ANTIGUO QUE EL BÍBLICO

George Smith, antiguo técnico de la Casa de la Moneda de Londres, fue el autor de un gran hallazgo para la historia del mundo antiguo y de la Biblia. Se encontraba organizando en el Museo

Británico los miles de fragmentos de tablillas cuneiformes llegados desde las excavaciones inglesas en Asiria, cuando de repente se topó con un texto que le llamó la atención. Era una tablilla como las demás, de arcilla e incompleta, procedente de la biblioteca de Nínive. La sorpresa saltó cuando Smith empezó a leer las líneas de texto conservadas:

> En una lectura rápida de la tercera columna mi mirada se fijó en el dato de que la nave encalló sobre el monte Nizir, y en la siguiente información acerca del envío de la paloma, que no podía encontrar un lugar donde posarse y regresaba. Inmediatamente me di cuenta de que había descubierto, al menos en parte, el relato caldeo del Diluvio.

Rebuscando entre las cajas enviadas desde Nínive halló otros fragmentos de la misma tablilla. George Smith había hecho un descubrimiento inesperado y revolucionario: ¡un texto sobre arcilla con signos cuneiformes que hablaba de un diluvio que recordaba mucho al narrado en la Biblia!

El 3 de diciembre de 1872 Smith pronunció una conferencia ante la asamblea de la Sociedad para la Arqueología Bíblica de Londres. En ella dio a conocer su importante hallazgo. Por vez primera, un relato recogido en uno de los libros fundamentales del Antiguo Testamento, el Génesis, era documentado fuera de la Biblia. Y, presumiblemente, en un texto más antiguo que el bíblico. El impacto que esta revelación tuvo en la sociedad de la época y, en especial, en el campo de los estudios bíblicos fue insólito. La prensa londinense se hizo eco de tan relevante noticia. El periódico *The Daily Telegraph* llegó incluso a patrocinar nuevas excavaciones en Nínive para que George Smith pudiera completar su puzle textual. Así, unos días después de iniciados los trabajos en la colina de Kuyunyik, el 7 de mayo de 1873, Smith encontró la aguja en el pajar: ¡nuevos fragmentos de tablillas cuneiformes que rellenaban la laguna de la narración del Diluvio! Smith volvió en otras dos ocasiones para excavar y seguir buscando. Murió en 1876 en Alepo de disentería, a los treinta y seis años, cuando se dirigía de nuevo al norte de Iraq.

El fragmento del texto del diluvio que había descubierto el erudito inglés era una parte de la tablilla XI del *Poema de Gilgamesh*. En este punto del ciclo épico, Gilgamesh, temeroso de la muerte tras el fallecimiento de su amigo Enkidu, se encuentra con un personaje llamado Uta-napishti. Sorprendido por su apariencia normal, Gilgamesh pide que le cuente cómo obtuvo «la vida sin final», es decir, la misteriosa inmortalidad de la que goza. Uta-napishti le explica un secreto de los grandes dioses: la historia del Diluvio Universal que arrasó toda la humanidad.

Los dioses Anu, Enlil, Ninurta y Ennugi (este último una especie de «fontanero divino» responsable de los canales y conducciones de agua), reunidos en la ciudad de Shuruppak, estando molestos con los seres humanos acordaron eliminarlos de la tierra con un gran diluvio (*abubu* en acadio): «Adad desplegó en el cielo su silencio de muerte, reduciendo a tinieblas todo lo que había sido luminoso».

El dios Ea (Enki en sumerio), rival de Enlil, informó a Uta-napishti de la catástrofe que se avecinada y le instó a construir un barco para llenarlo con ejemplares de todos los animales. De esta manera, logró salvarse de la ira de las aguas. En estas circunstancias tan singulares, el dios Enlil, a pesar de estar encolerizado con lo ocurrido, se vio obligado a conceder la inmortalidad a Uta-napishti y a su esposa por haber sobrevivido al destructor diluvio. A Gilgamesh le cuenta de la siguiente manera cómo fue tan excepcional acontecimiento por el que dejó de ser un hombre:

> Entonces, Enlil subió en el barco, me tomó la mano y me hizo subir con él. Hizo que también subiera y se arrodillara mi mujer, junto a mí. Nos tocó en la frente y de pie entre nosotros nos bendijo: "Uta-napishti, hasta ahora, era solo un ser humano; en el futuro, él y su mujer serán semejantes a nosotros, los dioses".

El tema del Diluvio Universal y de Gilgamesh conoció una gran difusión en las tierras del antiguo Oriente Próximo. Copias de la época babilónica media circulaban por las principales ciudades anatólicas y sirio-palestinas (Hattusa, Megiddo, Ugarit y Emar) entre los siglos XIV y XIII a.C. Gilgamesh también está presente en los manuscritos del mar Muerto, en las cuevas de Qumrán. El *Libro de los Gigantes*, redactado en el siglo II a.C. y considerado como un texto apócrifo, contiene, a pesar de su mala conservación, dos referencias al viejo rey mesopotámico.

Las similitudes entre la tradición literaria mesopotámica y la bíblica son palpables. La pregunta clave es: ¿quién influyó a quién? El relato del diluvio recogido en los capítulos 6, 7 y 8 del Génesis son claramente de inspiración mesopotámica, pero también hay diferencias de forma y fondo. La construcción del arca y sus dimensiones son muy distintas. La duración del terrible cataclismo de las aguas también difiere de una tradición a otra. En la mesopotámica fueron siete días frente a los cuarenta que duró en la Biblia. Tampoco el relato sobre los pájaros enviados por Ut-napishti y por Noé para certificar que las aguas se habían retirado es el mismo. En el texto mesopotámico fueron una paloma, una golondrina y un cuervo; y en el texto bíblico fueron un cuervo y dos palomas. La justificación de la gran inundación responde, igualmente, a razones dispares. La verdadera motivación del diluvio mesopotámico tiene su origen en la multiplicación desmesurada de los hombres y el excesivo ruido que estos generaban. Este bullicio incontrolado alteraba la tranquilidad celestial e impedía dormir a los grandes dioses, en especial a Enlil. En cambio, en el Génesis se nos presenta como un castigo de Yahveh a los hombres por su extrema malicia y sus malos pensamientos. Se arrepiente de haber creado a los seres humanos que llenaban la tierra de violencia. Por esta razón, decidió exterminar al hombre y a todo ser vivo. Solicitó a Noé que construyera un arca de madera de ciprés para salvar a su familia, las aves, las bestias y los reptiles. Según la Biblia, Noé tenía seiscientos años cuando tuvo lugar la inundación de la tierra.

¿Cuál es el origen del diluvio cantado en el *Poema de Gilgamesh*? ¿Estamos ante un tema exclusivamente literario o, por el contrario, fue un hecho histórico? Es innegable que la llanura aluvial mesopotámica estuvo expuesta a las frecuentes inundaciones provocadas por el Tigris y el Éufrates. Las ciudades, construidas íntegramente en adobe, tuvieron que luchar contra el peligro que representaba para su subsistencia el desbordamiento de las aguas de los dos ríos gemelos. Es verosímil que alguna de estas inundaciones, quizás las más destructiva y catastrófica, dejara huella en la memoria colectiva mesopotámica. Tuvo que ser una catástrofe memorable, con el agua como protagonista central, la que marcase para siempre la historia de Mesopotamia. No en vano, la *Lista Real Sumeria*, fechada hacia el 1900 a.C., se hace eco de este excepcional acontecimiento al distinguir entre ciudades y dinastías prediluvianas y posdiluvianas. La capacidad destructora y disgregadora del agua era algo muy arraigado en la mentalidad de los mesopotámicos. La civilización nacida en las riberas del Tigris y del Éufrates no se puede explicar sin el agua y su doble rol: benefactor y devastador. En esta realidad incontestable debió de surgir la semilla de la que germinó la redacción de un tema narrativo de carácter mitológico que triunfó en la literatura mesopotámica (sumeria, babilónica y asiria) e influyó en otras culturas cercanas (mundo sirio-palestino). Es más que probable que el tema del diluvio, al igual que el de la torre de Babel, fuese conocido por la élite intelectual judía durante sus años de exilio en la ciudad de Babilonia tras la toma de Jerusalén por Nabucodonosor II en el año 587 a.C.

Bajo el paraguas de la llamada «arqueología bíblica», algunos excavadores creyeron encontrar las huellas del Diluvio Universal (mesopotámico y bíblico). Este es el caso de la expedición arqueológica del Museo Británico y del Museo de la Universidad de Pensilvania, dirigida por Leonard Woolley, en la antigua Ur. En 1929, el arqueólogo inglés escribió lo siguiente:

> En la Baja Mesopotamia las inundaciones son frecuentes, pero ningún crecimiento ordinario de los ríos habría dejado tras sí un volumen semejante al de este banco de arcilla. Dos metros y medio de sedimentos significan una profundidad del agua muy grande, y la inundación que los depositó debió de ser de una magnitud sin paralelo en la historia local. [...] Tomando en consideración todos los hechos, no cabía duda de que la inundación, de cuya existencia habíamos encontrado las únicas pruebas posibles, correspondía al Diluvio de la historia y las leyendas sumerias, el Diluvio en el que está basada la historia de Noé.

La «arqueología bíblica» ha aportado más confusión que soluciones al debate del Diluvio Universal y del arca de Noé al tratarse de una corriente asentada en una lectura fundamentalista de la Biblia como fuente histórica. Su principal aspiración es la de ilustrar y la de verificar las narraciones bíblicas a partir de las evidencias materiales aportadas por los arqueólogos. En una mano la Biblia y en la otra un pico o una pala. Ese es su lema. Dicho de otra manera: la teología y la arqueología deben ir de la mano. Como es obvio, la clave de esta controversia reside en establecer el grado de historicidad de la Biblia. No es nada revolucionario decir que el Antiguo Testamento no es un libro de historia en el sentido moderno del término. Contiene historias basadas en las experiencias del pueblo de Israel y transformadas en relatos junto a otras prestadas y adaptadas de otras culturas próximas. La manera de escribir de los autores bíblicos estaría más cerca de los novelistas que de los cronistas. En el caso del Diluvio Universal, una cosa es el hecho histórico y otra su relato, deformado, transformado y embellecido por la literatura.

En realidad, la «arqueología bíblica» no existe. Es una invención conservadora que ha hecho un flaco favor a la ciencia, pues ha contribuido a difundir la creencia de que existía una cierta complicidad entre la arqueología y el carácter histórico de la Biblia. Nada más falso. Hay que resistirse al empleo de esta expresión por las connotaciones que implica. La arqueología no puede ser un simple soporte material del relato bíblico, sino una disciplina autónoma cuya investigación nada tiene que ver ni con el contenido ni con el mensaje de fe de las Sagradas Escrituras. ¿Puede la arqueología probar las historias bíblicas? ¡No! Lo que encontró Woolley en la ciudad de Ur no fueron los restos de ningún diluvio, sino el depósito dejado por una crecida más o menos violenta de las aguas del Éufrates. La arqueología en Mesopotamia ha aportado datos de la existencia no de una única inundación, sino de varias tanto en el tiempo como en el espacio.

EL POEMA BABILÓNICO DE LA CREACIÓN

La instalación en el trono de Babilonia del rey Hammurabi hacia el año 1792 a.C. supuso un sustancial cambio de rumbo para la ciudad, que pasó de un segundo plano político a convertirse en la capital de un reino hegemónico. Esta espectacular ascensión de Babilonia estuvo acompañada de la de su dios patrón, Marduk, que había sido hasta entonces una divinidad secundaria. El propio Hammurabi, en el inicio del prólogo de su célebre estela legal, intentó situar a Marduk entre los grandes dioses mesopotámicos al otorgarle la categoría de Enlil. El rey amorreo era consciente de que se trataba de una tarea a largo plazo. No en vano, se necesitaron varios siglos para que el proyecto teológico de Hammurabi se impusiera y alcanzara su madurez. No fue hasta finales del II milenio a.C. cuando Marduk fue aceptado como soberano absoluto de los dioses, suplantando finalmente a Enlil. En este proceso de exaltación de Marduk como el rey de todos los dioses, el llamado *Poema de la Creación*, compuesto casi con toda seguridad en tiempos del soberano Nabucodonosor I (1126-1105 a.C.), fue una pieza fundamental. Prueba de su rele-

61. Representación del dios Marduk en un sello cilíndrico (R. Koldewey).

vancia teológica y cultural es que nos ha llegado un centenar de manuscritos de esta obra, uno de ellos de la biblioteca de Nínive. La versión canónica de este largo poema estuvo formada por un total de siete tablillas.

El *Poema de la Creación* es una obra de literatura épica, escrita en acadio, que los babilonios conocían, como era costumbre en la región, por las dos primeras palabras de este poema, *Enuma elish*, que significan 'Cuando en lo alto'. El tema central de esta composición literaria era la justificación y la glorificación de la nueva y privilegiada posición otorgada a Marduk, el dios patrón de Babilonia, dentro del panteón mesopotámico (fig. 61). Por esta razón, la obra bien podría conocerse con el título de *La exaltación de Marduk*. Pero en el poema también se habla de otras dos cuestiones fundamentales: la creación del universo y del hombre.

De acuerdo con la trama de la obra, la acción comienza con una alusión al inicio de los tiempos, es decir, al caos original. En ese estadio primigenio, el cosmos estaba representado por una pareja, el dios Apsu (el agua dulce) y la diosa Tiamat (el agua salada). De la unión de ambos nacieron los dioses primitivos y, posteriormente, los grandes dioses, entre ellos, Ea, el padre de Marduk. Por un conflicto generacional, Ea se enfrentó a Apsu, al que finalmente mató y aprovechó la situación para instalarse con su esposa en la residencia de Apsu, donde nació Marduk. El nuevo dios es descrito con todo lujo de detalles:

> En medio del sagrado Apsu, Marduk fue traído al mundo. Lo trajo al mundo Ea, su padre, y lo parió su madre, Damkina. Él sólo mamó de pechos divinos. El ama de cría que lo criaba, lo llenó de una vitalidad formidable. Su naturaleza era desbordante; su mirada fulgurante; era desde su nacimiento, un hombre hecho y derecho, lleno de fuerza desde el principio. [...] sus formas son inauditas, admirables, imposibles de imaginar, insoportables de ver. Cuatro son sus ojos y cuatro sus orejas. ¡Cuando mueve sus labios, el fuego resplandece! [...] ¡Es el más alto de los dioses, preeminente por su estatura: sus miembros son grandiosos!

Pese a todo, el conflicto generacional entre dioses ancestrales y jóvenes continuó. El joven Marduk provocó tormentas e inundaciones que molestaron a Tiamat. Presionada por sus colegas, la diosa decidió crear un ejército de seres monstruosos formado por: «hidras, formidables dragones, monstruos marinos, leones colosales, grandes perros guardianes rabiosos, hombres-escorpión, monstruos agresivos, hombres-pez, gigantescos bisontes: todos ellos esgrimían armas despiadadas [...]». Tiamat puso a Kingu, su nuevo amante, al frente de este terrorífico ejército y Ea, al conocer estos planes, informó a la asamblea de los dioses para buscar un voluntario que no temiese enfrentarse a Tiamat y a sus monstruosas criaturas. Marduk, aconsejado por su padre, Ea, se postuló para marchar contra la temida diosa. Fue entonces cuando Marduk hizo una petición a la asamblea de dioses que fue clave para su futuro. El dios como recompensa por su valeroso gesto pidió lo siguiente: «¡Que no se cambie nada de aquello que yo disponga, y que toda orden dada por mis labios sea irreversible, irrevocable!». Es decir, Marduk puso como condición que, si vencía a Tiamat, se le proclamase rey de los dioses. La asamblea aceptó su petición. Así las cosas, Marduk se enfrentó y derrotó a Tiamat tras lanzarle una mortal flecha a la panza. Y, finalmente, «con su despiadada maza le partió el cráneo; después le cortó las venas [...]. Él la partió en dos, como un pescado seco [...]». Con el cuerpo de Tiamat dividido en dos, Marduk creó el universo (el cielo, las estrellas, la luna, el sol, las montañas, los ríos, etc.). A continuación, se dirigió a la asamblea de dioses para que cumplieran lo pactado:

> Entonces todos los Igigi, reunidos, se postraron ante él. Y todos los Anunnaki, que había allí le besaron los pies: su asamblea unánimemente puso su rostro en tierra. Después, tras haberse levantado, se inclinaron ante él diciendo: ¡Aquí está el rey! [...] Se cubrió con su manto principesco, con el brillo sobrenatural de la realeza, con la corona terrorífica.

Fue así como, según el *Poema de la Creación*, Marduk se convirtió en el rey de todos los dioses de Mesopotamia. Una vez ungido rey, el nuevo dios decidió crear Babilonia y su principal santuario, el *Esagil*, que será obra de los Anunnaki: «Quiero construirme un templo que será mi habitáculo preferido, un hermoso entorno en el que yo estableceré mi santuario y fijaré mis moradas para constituir, allí, mi reino [...]. Yo le daré por nombre Babilonia [...]».

Marduk, insaciable, sintió la necesidad de realizar un gran prodigio con el que demostrar su nuevo estatus. Por esta razón, decidió crear a los seres humanos para que se ocuparan de hacer el trabajo de los dioses:

> Voy a condensar sangre, constituir una osamenta y crear, así, un prototipo humano que se llamará Hombre. Este prototipo,

este hombre, lo voy a crear para que le sean impuestas las fatigas de los dioses y, así, estos puedan estar ociosos.

Después de vencer a Tiamat, Marduk tomó la realeza y pasó a ocupar la cúspide del panteón. De esta manera finaliza el poema épico que narra sus extraordinarias hazañas con el fin de situarlo entre los grandes dioses tradicionales de Mesopotamia. El *Enuma elish* no buscaba otra cosa que la glorificación del dios Marduk y, por extensión, de su ciudad, Babilonia. La obra encontró en la celebración más importante del calendario babilónico, la fiesta del Año Nuevo (llamada *akitu* en acadio), que acontecía en el equinoccio de primavera, el marco perfecto para su difusión. En el cuarto día de esta festividad religiosa el sumo sacerdote recitaba, de principio a fin, el poema.

TEXTOS NACIDOS DE LA SABIDURÍA ANCESTRAL

La literatura sapiencial fue un género utilizado por los escribas de Mesopotamia que tiene su origen en la noción de 'sabiduría' o 'sagacidad'. Este tipo de textos recoge y transmite el conocimiento y la sabiduría heredados desde las tradiciones populares más antiguas con una finalidad sustancialmente moral y didáctica. Es un saber centrado en los dramas humanos y que busca responder a los desafíos de la existencia e iluminar el destino de la humanidad. Fábulas, acertijos, proverbios, debates o disputas, reflexiones filosóficas y éticas, sátiras sociales y relatos humorísticos son algunos de los ejemplos de textos de estilo sapiencial típicamente mesopotámicos. En ellos se reflexiona sobre los misterios de la vida humana, el destino aleatorio, las desigualdades sociales, el sufrimiento injusto, etc.

En Mesopotamia se conocen algunos acertijos que, en primer lugar, nos plantean el enigma que hay que adivinar y terminan dando la solución (nada fácil de alcanzar para un lector del siglo XXI). He aquí dos ejemplos: «Pequeño, soy el hijo de un campo; adulto, soy el vestido (el cuerpo) de un dios; viejo, soy la compresa (el médico) del país de Súmer. Solución: el lino»; «Una casa abierta, una casa cerrada. Se la ve, pero está cerrada. Solución: un sordo».

Los proverbios y los dichos sumerios, basados en las preocupaciones diarias y en la vida cotidiana de los mesopotámicos, se transmitieron inicialmente de forma oral y después se reunieron en grandes colecciones. Aunque algunos son difíciles de entender hoy, otros conservan validez y muestran una lucidez y una mordacidad que traspasa barreras culturales y temporales. Es el caso del pequeño repertorio que hemos seleccionado a continuación: «No ha cogido al zorro todavía, pero ya le está haciendo un collar de madera»; «En boca abierta entran moscas»; «Di una mentira; luego di la verdad: esta pasará por mentira»; «No cojas las flores ahora; luego, darán frutos»; «No me dices lo que te has encontrado; solo me dices lo que has perdido»; «Toma esposa según tu elección; ¡ojalá tengas un hijo según el deseo de tu corazón!»; «Se ultraja al que ultraja, se pone mala cara al que pone mala cara»; «Para el placer: matrimonio; pensándolo mejor: divorcio»; «Quien tiene mucha plata puede ser feliz; quien tiene mucho grano puede estar contento; pero quien nada tiene puede dormir»; «Para mucha gente, una palabra amiga es un compañero»; «Falta de urbanidad es llevar a la boca unas manos sin lavar»; «Al pobre más le valdría estar muerto que vivo: si tiene pan, no tiene sal, si tiene sal no tiene pan, si tiene carne, no tiene cordero, si tiene cordero, no tiene carne»; «Estamos condenados a morir; gastemos, pues; viviremos aún muchos años; ahorremos, pues»; «La amistad dura un día; el parentesco permanece siempre».

Un género muy cultivado por la literatura sumeria y acadia es el de las disputas entre dos interlocutores de distinta naturaleza. En estos debates literarios uno de los intervinientes intenta defender en presencia de un tribunal divino sus valores y virtudes frente a los del otro. Cada una de las partes quiere hacer valer su mayor utilidad y su superioridad para beneficio del hombre. Muy conocidas en Mesopotamia fueron las discusiones literarias entre el verano y el invierno, la cebada y la oveja, la azada y el arado, el tamarisco y la palmera, el buey y el caballo, la plata y el cobre, el pájaro y el pez, etc. Como los contrincantes no suelen ponerse de acuerdo, se invoca a una divinidad para que dictamine quién es el vencedor del debate. Este tipo de literatura tenía una función instructiva, que no era otra que poner de relieve los méritos de cada adversario y su rentabilidad para la sociedad.

En el debate entre el pico (o la azada) y el arado, el dios Enlil dictaminó la victoria del primero tras una intensa discusión en defensa, en ocasiones narcisista, de los logros de cada parte implicada:

> Yo, el pico, vivo en la ciudad, a nadie rinden honores tanto como a mí. Soy un crido que sigue a su amo, construyo la casa a su propietario, hago más grande el establo, amplío el redil, mezclo la arcilla, hago los ladrillos, pongo los cimientos, construyo las casas, refuerzo la base de los muros, sello los tejados de los hombres honrados, yo, el pico, enderezo los bulevares.

A pesar de la derrota, el arado (que se considera «leal labrador de la humanidad») califica al pico de mísero cavador de agujeros que trabaja y se revuelca en el lodo.

Este género de la controversia también está presente en un singular diálogo entre un amo y su esclavo, fechado entre los siglos VIII y VII a.C., que se conoce habitualmente con el título del *Diálogo del pesimismo.* En la conversación, organizada en un tono humorístico y satírico, el señor propone realizar una acción y, a continuación, el esclavo le anima a ejecutarla. Repentinamente, el amo cambia de opinión y sugiere hacer otra cosa. El esclavo rectifica sus palabras y alaba la nueva decisión de su propietario. Así hasta en diez ocasiones. En su sexta y octava propuestas, el amo dice lo siguiente en el texto:

¡Esclavo, a mis órdenes! ¡Sí, mi amo, sí! Quiero amar a una mujer ¡Ámala, mi amo, ámala! El que ama a una mujer olvida penas y preocupaciones. No, esclavo, no amaré a esa mujer. No la ames, mi amo, no la ames. La mujer es una cisterna, un pozo, una fosa. La mujer es una daga afilada que le corta el cuello al hombre. [...] ¡Esclavo, a mis órdenes! ¡Sí, mi amo, sí! Voy a prestar dinero a crédito ¿Cómo no, mi amo? ¡presta, mi amo, presta! El que presta a crédito, su cebada sigue siendo su cebada y los intereses que cobra son enormes. No, esclavo, no voy a prestar a crédito. No prestes, mi amo, no prestes; prestar es como amar a una mujer; pero recuperar sus fondos es como dar a luz un hijo. Se comen tu cebada; además, no cesan de injuriarte y te quitan los intereses de la cebada.

Los escribas babilonios de la segunda mitad del II milenio a.C. produjeron obras originales en el ámbito de la literatura sobre sabiduría. A esta época se atribuyen dos grandes textos sapienciales: el *Justo Doliente* y la *Teodicea babilónica*. La primera obra, conocida también por las palabras acadias con las que da comienzo, *ludlul bel nemeqi* ('Alabaré al señor de la Sabiduría'), tiene como eje central la reflexión sobre las causas por las que un hombre justo y piadoso, de origen noble, es víctima de la desgracia. El relato sobre los males que afligen al infortunado, que ha sido abandonado temporalmente por los dioses, es muy conmovedor:

[...] Mi fuerza se ha ido, mi prestigio se ha ensombrecido, mi dignidad ha volado, mi protección se ha desvanecido. Los presagios obtenidos para mí eran terribles; de mi casa he sido expulsado y, fuera, he errado sin rumbo. Para mí los augures estaban confusos y siempre inflamados. Ni el adivino ni el lector de sueños podían iluminar mi camino. [...] A donde me vuelo, hay desdicha sobre desdicha. La violencia se ensaña conmigo y no encuentro justicia. [...] Un látigo me ha azotado; estaba lleno de espinas; un agujón me ha traspasado; estaba guarnecido de puntas. Todo el día el verdugo me tortura; de noche no me deja ni un instante respirar.

Finalmente, a través de sueños y de exorcismos y de la intervención salvadora del dios Marduk, el protagonista recuperó su salud y su bienestar. Se trata, en resumen, de un profundo poema filosófico que recuerda en algunos aspectos al libro bíblico de Job.

La *Teodicea babilónica* nos presenta en forma de diálogo, escrito en verso y con un estilo culto, los puntos de vista de un hombre devoto y de otro escéptico que representan dos actitudes diferentes ante la vida en el país mesopotámico. Uno es emotivo y pesimista, mientras que el otro es más racional y optimista. Finalmente, el que sufre se calma y acepta su destino como se ve en la última estrofa del poema: «Que el dios que me abandonó me ayude; que la diosa que me olvidó sea compasiva; que el pastor (el rey), el sol del pueblo, apaciente su rebaño como conviene a un dios».

7

RELIGIÓN

Acercarse a las creencias de una religión desaparecida hace más de dos milenios es una tarea complicada. El universo religioso mesopotámico se diferencia de las grandes religiones actuales (judaísmo, cristianismo o islam) no sólo por la distinción entre monoteísmo (un único dios) y politeísmo (muchos dioses), sino también por la inexistencia de unas escrituras sagradas que fijasen su dogma. En su relación con los dioses, los mesopotámicos no conocieron unos preceptos formales y unas leyes explícitas escritas. Las prácticas se basaban en la costumbre y la tradición.

La religión en Mesopotamia no fue fundada en un momento determinado de su larga historia. Fue el resultado de una secuencia acumulativa de creencias y de dioses aportados por los diferentes pueblos que habitaron el «país de los dos ríos». El pensamiento religioso en Mesopotamia fue, por tanto, acumulativo y no excluyente. Así, por ejemplo, los reyes kasitas, a partir del siglo XVI a.C., adoptaron como propios a los dioses tradicionales babilónicos, pero sin renunciar al mismo tiempo a los suyos. Lo verdaderamente original es que no podemos hablar de una variedad de religiones mesopotámicas, sino de una amalgama o síntesis, con sus diferentes capas, que nació como una necesidad del ser humano para dar explicación, en este caso divina, a los hechos que él interpretaba como sobrenaturales.

Cada elemento constitutivo del universo y de la humanidad estaba asignado a una divinidad distinta. Por esta razón, todo, desde la vida a la muerte de los habitantes de Mesopotamia, tuvo una explicación divina, celestial. La religión estaba presente en todos los ámbitos, desde los más elevados a los más humildes. Cada acto del ser humano implicaba la intervención de un dios. Así, cuando un artesano tallaba una estatua era el dios quien lo hacía a través de sus manos. Los seres humanos no fueron dueños de su destino. De esta sumisión a los dictámenes divinos no estuvo libre nadie en Mesopotamia, incluida la monarquía. Cada una de las decisiones del rey tenía que ser ratificada por los dioses. La oportunidad o no de una expedición militar, la elección del príncipe heredero o la ingesta de una medicina, por poner algunos ejemplos dispares, tenían que ser sancionadas por los dioses a través de la adivinación o de oráculos.

DIOSES Y DIOSAS

La reconstrucción de las prácticas religiosas en Mesopotamia es una labor compleja para el investigador actual que lleva implícita una notable dificultad metodológica, derivada de la peliaguda delimitación de sus propias fuentes de estudio. La investigación debe realizarse no solo a través del análisis de la documentación textual estrictamente religiosa (como los mitos), sino también de la evaluación de la documentación arqueológica (edificios de culto) e iconográfica (esculturas, relieves, pinturas, glíptica, etc.). Y dado que no podemos aislar las creencias religiosas de su contexto político, económico y sociocultural, también es necesario tener presente aquellos textos que no son de naturaleza estrictamente religiosa. La documentación escrita conocida hace referencia a la religión oficial, es decir, a la del Estado. Lamentablemente, sabemos muy poco de la región popular, aquella que se practicaba en la intimidad doméstica. Es probable que las numerosas figurillas de terracota halladas en las casas de numerosas ciudades de Mesopotamia, que representan escenas de la vida cotidiana con personajes de carácter semidivino, sean una prueba material de este culto más íntimo y personal.

El dios mesopotámico, llamado *ilu* en lengua acadia, tenía la apariencia, las cualidades y los defectos de los hombres pues fue concebido a semejanza humana. Los dioses se alimentaban, se amaban, se casaban, se peleaban y tenían una familia (una madre, un padre y unos hermanos). Una gran barrera les separaba de los humanos: eran inmunes a la muerte. La inmortalidad y la posesión de un poder sobrenatural e ilimitado eran características inherentes a los dioses. La *Epopeya de Gilgamesh* lo deja bien claro:

> A un hombre nunca le ha dado un muerto los buenos días en este país. Los Anunnaki (los grandes dioses) estaban reunidos. Mammitum, la hacedora del destino, decretó junto a ellos los destinos: implantaron la muerte y la vida; de la muerte, no revelaron su fecha.

La principal restricción a su poder extraordinario vino establecida por las capacidades, también excepcionales, de sus colegas. El poder de una determinada divinidad pudo verse contrariado, o incluso contrarrestado, si entraba en conflicto con las competencias de los otros dioses con los que convivió y rivalizó.

Los dioses fueron una proyección de la sociedad que los creó. Estuvieron organizados en categorías bien diferenciadas. Había un soberano, una familia real, así como altos funcionarios y técnicos, que constituían el grupo de las divinidades principales o mayores. Por debajo, se hallaba toda una corte de ayudantes, deidades menores y marginales. El panteón fue, en gran medida, una reproducción de la organización estatal. A la cabeza de este sistema se encontraba Anu, el fundador de la dinastía divina y el padre de todos los dioses. Junto a él, Enlil, el 'Señor del aire' y cabeza del panteón, y Enki (Ea en acadio), el 'Señor de la tierra', constituían la gran triada de los dioses supremos. El grupo de los siete grandes dioses mesopotámicos se completaba con Shamash, el dios Sol de la justicia; Sin, el dios luna; Ishtar (Inanna en sumerio), la diosa del amor y la guerra; y la diosa madre Ninkhursag. A este elenco principal, podemos añadir los dos grandes dioses nacionales: Assur, de Asiria, y Marduk, de Babilonia.

De la divinidad nunca se esperaba cercanía. No hubo una relación íntima, personal y cordial, como podemos ver en el cristianismo. De hecho, los templos mesopotámicos no fueron concebidos como lugares para la devoción popular. Las mujeres y los hombres no amaron a los dioses, sino que los temieron. Sabedores de su poder sobrenatural, los habitantes de Mesopotamia adoptaban una disposición de sumisión, de admiración, de respeto e incluso de temor. Un texto de oración a la diosa Ishtar refleja muy bien esta actitud:

> Tú, la más sabia entre los dioses, que gobiernas a todos los seres humanos, que tienes firmemente en tu mano el lazo que mantiene unidos cielo y tierra [...] Invoco tu ayuda, yo, que soy tu respetuoso esclavo nacido en tu casa, me arrojo a tus pies.

Los seres humanos fueron pensados para servir y cuidar a los dioses. Un texto mitológico sobre la creación del hombre afirma lo siguiente sobre la función para que fue concebido:

> Ellos delimitarán los campos, de una vez por todas, y tomarán en sus manos azadas y espuertas en provecho de la casa de los grandes dioses [...]. Así ellos cultivarán los campos de los Anunna, ampliando las riquezas del país, celebrando dignamente las fiestas de los dioses y derramando agua fresca en la gran residencia [...].

En el *Poema Babilónico de la Creación*, Marduk nos relata cómo y para qué creó a los seres humanos:

> Voy a condensar sangre, construir una osamenta y crear, así, un prototipo humano que se llamará hombre. Este prototipo, este

hombre, lo voy a crear para que le sean impuestas las fatigas de los dioses y, así, estos puedan estar ociosos.

LA CASA DE LA DIVINIDAD: EL TEMPLO

Todas las ciudades mesopotámicas de cierta entidad tuvieron un dios patrón que las protegía del cualquier mal simbolizado en forma de un pueblo enemigo y destructor. Esto hizo que los reyes invirtieran grandes esfuerzos en la construcción y reconstrucción de los principales santuarios de la geografía de Mesopotamia. Así consta en las numerosas inscripciones conmemorativas relativas a la finalización de trabajos de edificación, reparación y embellecimiento. El éxito y el futuro de cada ciudad y de cada reino dependían de la existencia de una relación armónica entre dioses y reyes. El dios Shamash le deseó al rey Yakhdun-Lim de Mari (1810-1794 a.C.) un largo y feliz reinado por haberle construido un templo magnífico en la capital del medio Éufrates:

> Después, durante su vida, construyó el templo de Shamash, su señor, un templo con el trabajo ejecutado y la obra acabada, digno de su divinidad, y lo instaló en su morada majestuosa. Él nombró el nombre de este templo "E-kirzala-an-ki" (es decir) "Templo que es el esplendor del cielo y de la tierra". ¡Pueda Shamash, que habita este templo, ofrecer para siempre a Yakhdun-Lim, el constructor de su templo, el rey bien amado de su corazón, el arma potente que conquista a los enemigos, un largo reinado dichoso y años de alegre abundancia!

Pero, si por el contrario, el rey abandonaba o destruía este templo, la divinidad le tenía preparado a ese soberano una terrible maldición:

> [...] este hombre, sea rey o gobernador o alcalde o un personaje cualquiera, que Enlil, el juez de los dioses, sus hermanos,

menoscabe la realeza de este hombre entre todos los reyes. ¡Que Sin, el primogénito entre los dioses, sus hermanos, le maldiga con una gran maldición! ¡Que Nergal, el señor de las armas, quiebre su arma para que no pueda (más) hacer frente a los hombres! ¡Que Ea, el rey del destino, haga que su destino sea funesto! [...]

La ciudad mesopotámica fue concebida, fundada y construida para ser la residencia de una divinidad principal y se materializó en forma de templo, un edificio de culto cuyo nombre en sumerio y en acadio (*é* y *bitu*, respectivamente) significa literalmente 'casa'. Los dioses de Mesopotamia vivían en los templos, de la misma manera que los reyes lo hacían en sus palacios y los hombres en sus viviendas. ¿A qué llamamos templo? Según las civilizaciones, las religiones y las épocas, el término no tiene por qué significar lo mismo y puede responder a realidades distintas. El templo era, en primer lugar, la casa del dios, la morada donde vivía y donde se le cuidaba diariamente. No fue un lugar ni de adoración colectiva ni de celebraciones multitudinarias.

Las investigaciones arqueológicas en Mesopotamia han sacado a la luz menos de dos centenares de templos. Esto es solo una pequeña muestra de la arquitectura religiosa de la región. Solo la ciudad de Babilonia contó, según los textos, a finales del II milenio a.C., con cuarenta y tres templos y con cincuenta y cinco altares consagrados al dios Marduk. El espacio reservado al culto en la capital babilónica fue considerable.

¿Cuándo nacieron los templos? Aunque la respuesta no es sencilla, actualmente se considera que los primeros templos de Oriente Próximo son los de Göbekli Tepe, en el sureste de Turquía. Se trata de una serie de construcciones de planta circular-oval con pilares megalíticos en forma de «T», ornamentados con relieves inspirados en todo tipo de animales (jabalíes, zorros, grullas, serpientes, burros salvajes, gacelas, etc.). La decoración excepcional de este conjunto ha servido de argumento, como indicio de sacralización del espacio, para interpretar este conjunto como el primer templo, construido por una comunidad neolítica en el X milenio a.C. Esta es una interpretación, cuando menos, discutible.

Vuelvo a hacer la misma pregunta: ¿qué es un templo? La definición clásica es bien conocida: un templo es un lugar, generalmente construido, destinado a un culto. La dificultad reside en saber cuáles son los elementos necesarios para dictaminar que nos hallamos ante una edificación reservada a prácticas religiosas. En otras palabras: ¿qué es lo que determina el carácter sagrado de una arquitectura? La forma del edificio, en particular su planta, puede ser un criterio para distinguir un templo. Pero no es suficiente. Los objetos también nos pueden proporcionar algunas pistas, aunque en muchas ocasiones lo que define el carácter sacro de una pieza es el hecho de que procede de un templo, y no al revés. Por ejemplo, un vaso de cerámica usado para realizar ofrendas o libaciones en un santuario no es más sagrado que el vaso hallado en una casa. Podría tratarse, incluso, del mismo tipo de vaso.

Debemos tener bien presente que en Mesopotamia el templo era la casa donde vivía, comía y dormía el dios. Es una concepción residencial del templo, donde la divinidad se beneficiaba de una liturgia y de unos servicios domésticos en un contexto de lujo y de abundancia. En esta morada edificada para acoger al dios y su familia el espacio estaba organizado según un modelo tripartito: la entrada o punto de contacto entre el mundo profano exterior y el sagrado interior; el lugar santo o zona de ofrendas y del servicio; y, por último, el lugar muy santo (llamado posiblemente *atmanu* en acadio y que equivaldría a la *cella* del mundo grecorromano), donde estaba el trono que acogía la representación divina. En el espacio interior del templo, la arqueología ha podido identificar los signos materiales de la sacralidad y de la actividad humana asociada a esta. Hay tres elementos que, independientemente de su forma y aspecto, no podían faltar: un pódium o una plataforma, a veces completado con un nicho en la pared, donde estaba el trono con la estatua o símbolo de culto del dios; el altar o la mesa para presentación de las ofrendas y, por último, la zona donde se preparaban los alimentos (almacenes y cocinas) y se realizaba el sacrificio de animales. En Mesopotamia ningún edificio anterior a finales del V milenio a.C. reunió todos estos elementos y, por tanto, no puede ser considerado templo en sentido estricto.

Los mesopotámicos tuvieron que garantizar el sustento de sus dioses que recibían a diario dos comidas mayores y otras dos menores. No era un acto simbólico, puesto que esta tarea recaía en los cocineros adscritos al templo. Estamos ante la mesa de los dioses, a quienes se alimentaba con pan, dátiles, mantequilla o diversos tipos de carnes, elaboradas siguiendo recetas culinarias. La comida se completaba con bebidas como el vino, varias clases de cerveza y la leche. Una tablilla del siglo III a.C. referida a un templo de Uruk que tenía como titulares al dios Anu y las diosas Antu, Nanaia e Ishtar, nos ilustra sobre los manjares destinados a su alimentación diaria. Según los datos recogidos en este texto, la mesa de los dioses estaba provista de bebidas, tortas de pan, frutas y carnes en grandes cantidades. Cada dios recibía al día treinta tortas de cebada y espelta tanto para la pequeña como la gran comida de la mañana. Durante todo el año, el total de las carnes y huevos servidos en las cuatro comidas diarias fue el siguiente:

> Veintiún corderos de primera clase, engordados, sin defecto, alimentados con cebada durante dos años; cuatro corderos de cría especial, alimentados con leche; veinticinco corderos de segunda calidad y menor valor, no alimentados con leche; dos bueyes grandes; un ternero de leche; ocho corderos de leche; treinta aves *marratu*; treinta tórtolas; tres ocas alimentadas con pienso; cinco patos alimentados con pienso de harina; dos patos de menor valor; cuatro lirones; dos huevos de avestruz y dos huevos de pata.

Estas viandas iban acompañadas de leche y de distintas variedades de la bebida típica de la región, la cerveza:

> Cada día, durante todo el año, para la gran comida de la mañana dispondrás en la mesa de Anu [...] siete [vasijas] a la izquierda, tres de cerveza de cebada y cuatro de cerveza (tipo *labku*), y siete a la derecha, tres de cerveza de cebada, dos de cerveza suave, una de cerveza (tipo *nasu*) y una de cerveza (tipo *zarbaba*), así como leche en una vasija de alabastro.

Además de comida, los dioses recibían todo tipo de atenciones. Se les hacía el aseo personal, se les vestía con lujosas telas y se les adornaba con joyas. Incluso se les sacaba a pasear en procesión, generalmente en el marco de determinadas festividades religiosas. De todos estos cuidados se ocupaba un amplio séquito constituido por el personal de culto y la clase sacerdotal que estaba formada tanto por mujeres como por hombres reclutados entre las familias de las clases altas. La fiesta religiosa más importante en Babilonia era la del Año Nuevo, celebrada en primavera, durante la cual los dioses dejaban la ciudad para instalarse durante varios días en el templo llamado *bit akitu*. Era una de las pocas ocasiones en la que el pueblo podía ver a los dioses saliendo de los templos en procesión, ya que la casa del dios era un lugar cerrado al que la población no tenía acceso.

La importancia que tuvo el culto a los grandes dioses de Mesopotamia viene demostrada por el desconsuelo que provocaba la deportación a otro país de la estatua de la divinidad. Esta era una práctica habitual tras la toma de una ciudad por un ejército enemigo. No había mejor manera de humillar al vencido que quitarle sus dioses y dejar vacíos sus templos. Un buen ejemplo lo tenemos con Marduk. Su estatua viajó como botín de guerra en varias ocasiones desde Babilonia hasta Elam y Asiria. La recuperación de la estatua del dios nacional babilónico por el rey Nabucodonosor I (1126-1105 a.C.) fue celebrada como un gran acontecimiento por sus fieles.

ZIGURAT: UNA TORRE PARA LLEGAR AL CIELO

El zigurat es la quintaesencia de Mesopotamia y de sus creencias religiosas. Esta singular construcción de tierra, de grandes dimensiones, es el símbolo arquitectónico y sagrado de los pueblos que habitaron el país del Tigris y del Éufrates. Sin embargo, aún entendemos mal estos monumentos escalonados que solo las ciudades mesopotámicas de prestigio político, cultural o económico se enorgullecían de haber levantado con gran esfuerzo en su entramado urbano. De todos ellos, el más famoso fue sin duda el de Babilonia, conocido universalmente como la torre de Babel.

¿Qué es un zigurat desde el punto de vista formal? Fue una gran construcción basada en la superposición de terrazas o pisos, de planta cuadrada o rectangular (nunca circular) y de número variable (de tres a seis). El tamaño de las terrazas iba decreciendo de manera progresiva conforme se ascendía en altura. Estaba coronado por un templo, llamado «alto» o «de la cima», por su ubicación, al que se accedía por rampas o escaleras exteriores. Fueron monumentos macizos, construidos con adobes secados al sol y revestidos con ladrillos cocidos para protegerlos de la lluvia. El aparejo del núcleo alternaba, a intervalos regulares, hiladas de adobe con camas de cañas, esteras y otros elementos vegetales (como cuerdas y maderas). Esta técnica constructiva perseguía un objetivo: reforzar la cohesión interna y la solidez de la construcción. Una serie de ingeniosos sistemas de evacuación de agua y de canalillos de aireación contribuían a evitar el deterioro de la gran masa interna. El objetivo era alejar al mayor enemigo de la arquitectura de tierra: la humedad.

Construir un zigurat, una enorme mole de tierra formada por la acumulación de toneladas de adobes en altura, era una obra de gran complejidad técnica que no estaba al alcance de todas las ciudades. ¿Cuántos existieron en Mesopotamia? No

62. Vista general del zigurat de la ciudad de Ur, construido en tiempos del rey Ur-Namma (F. Masó).

hay unanimidad entre los especialistas a la hora de establecer el número exacto, pero se estima que el país mesopotámico debió albergar entre finales del III y mediados del I milenio a.C. como mínimo trece zigurats: diez en la parte meridional (Kish, Ur, Borsippa, Nippur, Uruk, Larsa, Eridu, Sippar, Dur-Kurigalzu y Babilonia) y tres en la zona norte (Kalhu, Dur-Sharrukin y Assur). Los más antiguos fueron construidos en Súmer en la época del rey Ur-Namma (2112-2095 a.C.), y el más reciente, el de Babilonia, la célebre torre de Babel, debe su último aspecto a las obras patrocinadas por Nabucodonosor II (604-562 a.C.). ¡Tan solo trece zigurats para unos mil quinientos años de historia! Los tres mejor conservados en la actualidad son los de Ur, Dur-Kurigalzu y Borsippa (figs. 62, 63 y 64).

La función de estos grandes monumentos continúa siendo un misterio. El término zigurat procede del sustantivo acadio *ziqqurratu*, que se suele traducir por 'templo-torre' o 'cima de la montaña'. Este sustantivo deriva del verbo *zaqaru*, que significa 'construir en alto'. Los zigurats eran construcciones en altura con el aspecto de una gran montaña artificial que destacaba en la llanura aluvial de Mesopotamia. En su cima descansaba un tem-

63. Restos del zigurat de Dur-Kurigalzu, al norte de Babilonia (F. Masó).

plo, la morada alta del dios en la ciudad. El aspecto simbólico de estas construcciones monumentales estaba dominado por una visión bipolar del universo: en lo alto estaba el cielo y en lo bajo, la tierra y las aguas dulces subterráneas. Estas partes del mundo, la celestial, dominio del dios padre Anu, y la terrenal, fundada por el dios Enki, se reunificaron a través de las torres escalonadas levantadas por los mesopotámicos en las principales ciudades. De hecho, el zigurat se presenta como la montaña primigenia, la montaña cósmica, una especie de materialización del centro del mundo donde tenía lugar la unión entre las esferas terrestre y celeste. En este sentido, es muy significativo el nombre dado por los babilonios a su zigurat: *Etemenanki* o 'Casa (que es) fundamento del cielo y de la tierra'. En Mesopotamia, el templo era concebido como el cordón umbilical entre la tierra y el cielo, entre los seres humanos y los dioses. El culto, en el que el rey tenía un activo papel como gran sacerdote, era la intersección entre ambos mundos.

64. Vestigios conservados del zigurat de Borsippa, cerca de Babilonia (F. Masó).

TORRE DE BABEL: DE BABILONIA A LA BIBLIA

«¡Ea, edifiquémonos una ciudad y una torre cuya cúspide llegue al cielo!». Estas palabras del Génesis (11, 3) han hecho de la torre de Babel una arquitectura universal que traspasa fronteras. La construcción de este edificio está unida en el imaginario judeocristiano al mito de la confusión y de la soberbia humana. En el Antiguo Testamento, la famosa torre aparece en el centro de un episodio dramático que afecta al futuro de la humanidad. En él, Yahveh castiga a los seres humanos por haber cometido una falta cuya naturaleza se ignora.

Desde la Edad Antigua, el hombre ha intentado representar, siempre con grandes dosis de imaginación, cuál debió ser la apariencia de la torre de Babel. Su aspecto fue cambiando al mismo ritmo que lo hacían los estilos artísticos. Las sencillas torres románicas dieron paso en los siglos de la Edad Moderna a enormes edificios soportados por galerías superpuestas. De esta manera, la torre pasó por tres estadios formales distintos: prismática, escalonada y helicoidal. En general todas las interpretaciones de la torre comparten, con matices, unos rasgos comunes: son construcciones aisladas y descontextualizadas de la ciudad; tienen rampas de acceso exteriores al modo oriental; se representan en fase de construcción con los obreros en plena faena con sus herramientas y técnicas; se observa una diversidad racial entre los equipos de trabajadores; y se presenta al cazador Nimrod, un personaje perteneciente a esa época oscura que se extiende entre Noé y Abrahán, como el constructor del monumento.

La torre de Babel es, con toda probabilidad, el edificio más representado de la historia de la arquitectura desde el final de la Antigüedad. En Horvat Huqoq, en Israel, se han sacado a la luz los restos de una sinagoga de los siglos V y VI d.C. con mosaicos figurativos inspirados en escenas bíblicas. Entre las representaciones hay un panel dedicado a la torre cantada por el Génesis. El mosaico nos muestra una construcción de planta cuadrangular en proceso de construcción por un grupo de obreros que se afana en tallar, transportar y colocar sillares de piedra con la ayuda de diversos tipos de herramientas y de poleas. El monumento se levanta sobre una plataforma escalonada de tres pisos, que recuerda la estructura básica de los zigurats mesopotámicos.

En la actualidad, el ser humano sigue reflexionando sobre el mito de Babel y su gigantesca torre, una arquitectura imposible e inaccesible que desafía las leyes de la naturaleza. Prueba de ello, son los modernos rascacielos construidos en Estados Unidos a partir de la segunda mitad del siglo XIX. En Dinamarca, por ejemplo, el Museo de Arte Moderno de Aalborg, diseñado por el arquitecto finlandés Alvar Aalto en 1972, está inspirado en la estructura escalonada de un zigurat. La arquitectura actual no ha parado de hacer frente a la ley de la gravedad. El Burj Khalifa de Dubái, que debe su nombre al presidente de los Emiratos Árabes Unidos, pulverizó en 2010 todos los records con sus 828 m de altura. ¿Será esta la meta final de estos gigantes arquitectónicos? El reto es llegar a superar la barrera de los 1000 metros.

65. Torre de Babel nº 33 del pintor hispano-iraquí Hanoos (Hanoos).

La trágica ficción de Babel continúa siendo un tema recurrente en las reflexiones de artistas y arquitectos de nuestro tiempo y en el que la ciudad ha perdido la dimensión humana. El mito de Babel sigue fascinando en un mundo marcado por el caos, la desmesura, la intolerancia y el conflicto. Su iconografía universal está viva y se renueva en un escenario mundial en constante cambio. Los discursos plásticos sobre Babel en las representaciones artísticas contemporáneas han sufrido una evolución a partir de una nueva lectura del mito. Uno de los aspectos más llamativos de la Babel actual es la ausencia total de Dios. La torre bíblica ha sufrido un proceso de laicización.

Babel sigue viva en el arte. Entre otros muchos artistas actuales, en pleno siglo XXI, Hanoos, pintor iraquí afincado en Madrid desde 1981, nos ofrece su particular visión sobre Babel (fig. 65). Para él, Babel representa el recuerdo de sus orígenes, de su infancia en Kufa (a 70 km de Babilonia), ciudad donde nació. Desde 2010, Hanoos ha pintado abundante obra sobre la torre de Babel. Para su creación, el artista hispano-iraquí ha explorado en lo más profundo de sus raíces, en el legado de la cultura babilónica, con el objetivo de ofrecernos una relectura de la célebre torre. De esta manera, nos regala una renovada visualización del mito bíblico, inspirada en la geometría del gran zigurat babilónico. Si Pieter Brueghel marcó una nueva forma de pensar y de pintar la torre de Babel en el siglo XVI, Hanoos lo hace hoy con la honestidad de una obra cimentada sobre una fuerte simbiosis de lo oriental y lo occidental.

Detrás del mito bíblico hubo, evidentemente, una realidad histórica, hoy transformada en una realidad arqueológica: las ruinas del zigurat de Babilonia. De él no queda más que su negativo impreso en el suelo del yacimiento (figs. 66 y 67). Este deficiente estado de conservación ha alimentado, desde su descubrimiento por la arqueología, un debate entre los especialistas sobre cuál debió ser su aspecto original, en particular su altura.

EL ZIGURAT DE BABILONIA: LO QUE DICEN LOS TEXTOS

Las fuentes escritas sobre el *Etemenanki*, el zigurat de Babilonia, son de diversa naturaleza, origen y datación. Inscripciones cuneiformes, Antiguo Testamento y autores grecorromanos nos

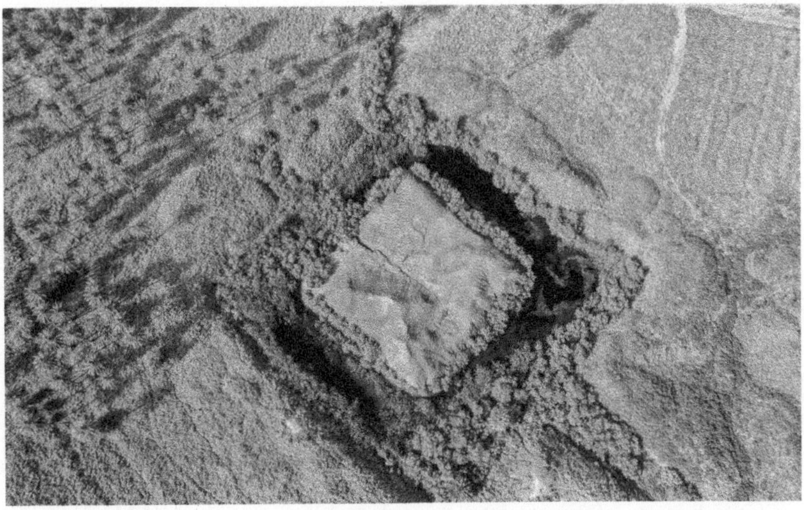

66. Vista aérea de los retos del zigurat de Babilonia en 2018 (I. Erhel).

ofrecen una visión del monumento desde ópticas bien distintas. De los reyes Nabopolasar (626-605 a.C.) y Nabucodonosor II (604-562 a.C.) se conservan varias inscripciones con pasajes sobre las obras de construcción y restauración que ambos acometieron en el *Etemenanki* por orden del dios Marduk. En un cilindro, Nabopolasar habla del ritual realizado en los cimientos del zigurat babilónico. Nos dice que depositó oro, plata, piedras preciosas y figurillas representándole, y que vertió aceite, sustancias aromáticas y tierra roja. En otro texto, afirma:

> Moldeé y mandé moldear adobes corrientes, mandé cocer un sinnúmero de ladrillos, como lluvia del cielo. Por el río Arahtu [Éufrates] mandé traer un inmenso caudal de argamasa y asfalto [...] Ante Marduk, mi señor, incliné la nuca [...] ladrillos y barro llevé sobre la cabeza [...] a Nabucodonosor, mi primogénito, el mayor, el hijo de mi alma, encargué llevar barro, vino mezclado, aceite y hierbas aromáticas con mi gente.

67. Restos del núcleo del zigurat de Babilonia en 2024 (F. Masó).

Nabopolasar se enorgullece de haber fabricado una incalculable cantidad de adobes y de ladrillos para reconstruir el zigurat de Babilonia que estaba en ruinas en su época. Las obras emprendidas fueron de tal envergadura que no consiguió concluirlas en su reinado. A su hijo primogénito, Nabucodonosor II, le correspondió rematar esta gigantesca empresa:

> Etemenanki, el zigurat de Babilonia, del que Nabopolasar, el rey de Babilonia, mi padre que me ha engendrado, gracias al arte del exorcismo y de la sabiduría de Ea y de Marduk, había purificado el emplazamiento y del que había puesto los cimientos en el corazón del mundo inferior; sus cuatro muros exteriores, con betún y ladrillos, los había elevado a una altura de 30 codos [15 m], pero había acabado la cima. Entonces me esmeré en elevar el Etemenanki, para hacer rivalizar su cima con el cielo. Los numerosos pueblos, que Marduk mi señor me ha confiado, cuyo mando me ha sido transmitido por Shamash... los reyes de montañas lejanas y de islas remotas..., que son dominados por Marduk, para construir el Etemenanki... Les hice... llevar el capazo y los adobes. Elevé su base sobre una altura de 30 codos. [...] Un templo alto puro, una capilla santa, como en los viejos

tiempos, erigí para Marduk, mi señor, en el último piso, con arte. [...] Oh Etemenanki, hacia mí, Nabucodonosor, el rey que te ha reconstruido, manda tu bendición.

En otro documento, el monarca Nabucodonosor II nos informa sobre el aspecto exterior del templo alto del zigurat, que debió parecerse a la puerta de la diosa Ishtar: «[...] Etemenanki, el zigurat de Babilonia, con betún y adobes de lapislázuli puro, hice resplandecer como la luz del día. En su techo, coloqué poderosas vigas de cedro».

La información más detallada sobre cuáles pudieron ser las dimensiones del *Etemenanki* procede de la llamada *Tablilla del Esagil*. Se trata de un texto cuneiforme, fechado en el 229 a.C., copiado en Uruk a partir de un original más antiguo de la ciudad de Borsippa, que nos proporciona una descripción en cifras de los principales monumentos del santuario de Marduk en Babilonia, el zigurat entre ellos. Las hipótesis modernas de reconstrucción del monumento se han basado en los datos de este documento que nos facilita las dimensiones (largo, ancho y alto) de las diferentes terrazas del zigurat de Babilonia, según el sistema métrico babilónico: 1 *nindanu* igual a 6 metros. De acuerdo con la lectura tradicional de la tablilla, la torre estuvo formada por seis terrazas y un templo en la cima:

	Largo	Ancho	Alto
Terraza inferior	90 m	90 m	33 m
2ª terraza	78 m	78 m	18 m
3ª terraza	60 m	60 m	6 m
4ª terraza	51 m	51 m	6 m
5ª terraza	42 m	42 m	6 m
6ª terraza	33 m (?)	33 m (?)	6 m (?)
Templo alto	24 m	22,5 m	15 m

La historia de Babel forma parte de una serie de relatos bíblicos que evocan el origen del mundo y de la humanidad. Después del diluvio, de describir la salida del arca y la descendencia de los tres hijos de Noé, el Génesis 11 nos cuenta como Yahveh castigó a los seres humanos por haber construido juntos un monumento para llegar hasta el cielo:

> Formaba entonces toda la tierra una misma lengua y unos mismos vocablos. Pero al emigrar los hombres desde Oriente se encontraron una vega en el país de Shinar y allí se asentaron. Dijéronse unos a otros: "¡Ea, fabriquemos ladrillos y cozámolos al fuego!"; y les sirvió el ladrillo de piedra, y el asfalto, de argamasa. Luego dijeron: "¡Edifiquémonos una ciudad y una torre cuya cúspide llegue al cielo y así nos crearemos un nombre, no sea que nos dispersemos por la superficie de toda la tierra!". Yahveh bajó para ver la ciudad y la torre que habían construido los hijos del hombre, y díjose Yahveh: "He aquí que forman un solo pueblo y tienen todos ellos una misma lengua, y este es el comienzo de su actuación; ahora ya no les será irrealizable cuanto maquinen hacer. Ea, bajemos y confundamos ahí mismo su lengua, a fin de que nadie entienda el habla de su compañero". Luego los dispersó Yahveh de allí por la superficie de toda la tierra y cesaron de construir la ciudad. Por ello se la denominó Babel, porque allí confundió (*balal*) Yahveh el habla de toda la tierra; y desde allí los dispersó Yahveh por la haz de la tierra entera.

Es probable que el origen de este relato sobre la torre de Babel se encuentre en la fascinación que debió ejercer, en la época del exilio, un gran monumento como el zigurat babilónico. Por esa razón, parece coherente pensar que la narración sobre Babel no es anterior al exilio de las gentes de Judá en Babilonia en el 597 y el 587 a.C. Una datación postexílica resulta la más adecuada.

El autor del Génesis 11 nos da una interpretación peyorativa del nombre de Babel que es producto de un astuto juego de palabras y consonantes. Relaciona Babel con la raíz hebrea *bll*, un verbo que podemos traducir por 'mezclar' o 'confundir'. A partir de aquí, deduce que Babel es la «metrópoli de la confusión». Se trata, sin embargo, de una falsa y malintencionada etimología. En la actualidad, no tenemos dudas sobre la identificación entre la Babel bíblica y la Babilonia mesopotámica. En los textos cuneiformes, la ciudad recibía el nombre de *Babilu*, que en acadio significa la 'puerta divina' o 'puerta de los dioses'.

Los autores clásicos son otra fuente interesante a la hora de reconstruir la historia de Babilonia y de su monumento más célebre, pero no siempre resulta fácil hacer un uso adecuado de autores como Heródoto, Estrabón, Diodoro, Plinio o Arriano, entre otros. En ocasiones, estos escritores antiguos nos ofrecen un discurso deformado y fantástico en el que la leyenda, el mito y lo histórico son difíciles de separar. Las dificultades que los autores grecorromanos tuvieron que superar para conseguir información sobre las regiones más remotas de la geografía antigua, como Mesopotamia, eran considerables. El historiador Polibio justificaba, en el siglo II a.C., las imprecisiones y los errores cometidos por sus predecesores a la hora de escribir sobre pueblos y países lejanos:

> [...] es muy difícil ser testigo ocular de ciertas cosas, debido a que algunos lugares son incivilizados, y otros están desiertos. Todavía es más difícil conocer y aprender de palabra lo que sea, por la diferencia de las lenguas. Incluso si se llegara a conocerlas, es aún más arduo que las cosas precedentes usar con moderación este conocimiento, rechazar lo fantástico y lo monstruoso y honrar la verdad por el honor que cada cual se debe a sí mismo, sin narrar nada que no responde a la realidad. En épocas pretéritas resultaba no difícil, sino prácticamente imposible una descripción ajustada a la realidad de las regiones citadas, por lo cual no debemos reprochar a los historiadores sus errores y omisiones. Lo justo es admirarse por lo que conocieron y progresaron en el conocimiento de estas materias en sus épocas.

¿Qué imagen nos ofrecen los autores grecolatinos de la torre de Babel? En general, se trata de una visión mitificada y legendaria de la capital babilónica y de su zigurat que no está libre de desavenencias, de incertidumbres y de vagas generalizaciones. A pesar de ello, sus aportaciones no dejan de ser útiles para el moderno historiador en algunos aspectos. Cuando los griegos entraron en contacto directo con Oriente Próximo, los grandes imperios mesopotámicos ya no existían. Los persas habían levantado sobre sus ruinas una nueva entidad política.

Heródoto de Halicarnaso fue el primer historiador griego que nos dejó un relato de interés sobre la ciudad de Babilonia, casi un siglo después de la toma de la ciudad por Ciro en el 539 a.C. El objetivo central de su obra era el de narrar el conflicto bélico que, durante el siglo V a.C., enfrentó a griegos y persas, a Occidente y Oriente. Es en este contexto histórico en el que nos proporciona una magnífica descripción de la ciudad de Babilonia y de las costumbres de sus habitantes. No hay unanimidad, sin embargo, cuando se intenta averiguar si esta descripción fue el resultado de sus observaciones personales.

La obra del historiador de Halicarnaso debe ser vista como la consecuencia de la combinación indistinta, y en ocasiones contradictoria, de sus observaciones personales, de las noticias orales de otros viajeros anteriores, de sus entrevistas con guías nativos y del empleo de la deducción. Y, todo ello, dentro de una tendencia orientada a ver las cosas desde un punto de vista totalmente helenocéntrico.

> Y en el centro de cada uno de los dos sectores de la ciudad [Babilonia] se alzaban, en uno, el palacio real, rodeado de un muro grande y sólido, y en el otro, un santuario de puertas de bronce, dedicado a Zeus Belo, que existía aún en mi tiempo, era cuadrado y medía dos estadios en cada dirección. Y en medio del santuario hay edificada una torre maciza de un estadio de altura y otro de espesor; y sobre esta torre se levanta otra torre, y otra

sobre esta, hasta ocho torres. Y la subida a ellas está construida exteriormente y en espiral alrededor de todas las torres, y hacia la mitad de la subida se encuentra un rellano y unos asientos para descansar, donde se sientan y descansan los que suben. Pero sobre la última torre hay una gran capilla, y en la capilla hay una gran cama ricamente dispuesta y a su lado se encuentra una mesa de oro. Pero estatua no hay allí erigida ninguna [...].

De esta manera, describe Heródoto el *Etemenanki* (*Historias* I, 183). Sitúa el monumento dentro de un santuario de planta cuadrangular, de dos estadios de lado, dedicado al dios Zeus Belo. La identificación de Zeus con Marduk es evidente y lógica para un escritor griego. Además, Belo deriva, sin duda, de Bel ('señor' en acadio), uno de los nombres de Marduk. El santuario del que nos habla era el recinto sagrado, que rodeaba al zigurat. Aquí se levantaba una torre maciza de ocho pisos, cuya base y altura eran de un estadio (unos 180 m). El acceso al templo de la cima se realizaba en forma de espiral por el exterior de las terrazas, que conformaban el monumento.

La Babilonia que nos describe Heródoto en su obra hacia el año 450 a.C. ya no era la capital del Imperio babilónico en todo su esplendor, sino una ciudad que llevaba casi un siglo bajo el dominio político de los persas. A nivel urbanístico continuó siendo la misma que había sido levantada por los reyes babilónicos en el siglo VI a.C., pero convertida en cabeza de una de las provincias más florecientes del nuevo Imperio aqueménida. Las destrucciones atribuidas en las fuentes clásicas al rey Jerjes, con motivo de las revueltas del año 484 a.C., responden más a la tradicional animadversión hacia los persas que a un hecho veraz. La arqueología ha demostrado que Babilonia no sufrió grandes transformaciones o demoliciones tras la conquista en el 539 a.C.

Otra fuente clásica de cierta utilidad para conocer el gran zigurat babilónico es Estrabón, un geógrafo originario de Asia Menor que vivió en el cambio de Era. Este autor redactó una vasta obra, organizada en diecisiete libros, en cuya redacción es muy probable que consultara la famosa biblioteca de Alejandría. A pesar de que no visitó Oriente Próximo, dedicó el libro XVI (1, 5) de su *Geografía* a Mesopotamia. En él se conserva una interesante descripción de la ciudad de Babilonia, que Estrabón toma prestada de otros autores, pues sus viajes nunca le llevaron hasta el valle del Éufrates. Del zigurat nos dice lo siguiente:

> Aquí también está la tumba de Belo, ahora en ruinas, tras haber sido demolida por Jerjes, según se cuenta. Se trataba de una pirámide tetragonal de ladrillo cocido, de una altura de un estadio, siendo la longitud de cada costado también de un estadio. Alejandro la quiso restaurar, pero se trataba de una tarea formidable y para mucho tiempo (pues exclusivamente la acumulación de escombros requería, para su limpieza, del trabajo de diez mil hombres durante dos meses), de modo que no pudo concluir lo emprendido. Pues inmediatamente la enfermedad y la muerte le sobrevinieron al rey. Ninguno de sus sucesores se preocupó de ello.

Estrabón interpretó el zigurat de Babilonia como una gran pirámide de ladrillo de un estadio de alto y otro de ancho, es decir, las mismas medidas que nos había proporcionado Heródoto unos cuatrocientos años antes. Hace alusión, también, a las obras de restauración proyectadas por Alejandro Magno para revertir el estado ruinoso del monumento, que él atribuye a la demolición llevada a cabo por el rey persa Jerjes en el 484 a.C.

EL ZIGURAT DE BABILONIA: LO QUE DICEN LAS IMÁGENES

Hasta fechas recientes, todas las imágenes que teníamos sobre el zigurat de Babilonia, más bien sobre la torre de Babel, eran muy posteriores a la época babilónica. Entre la representación

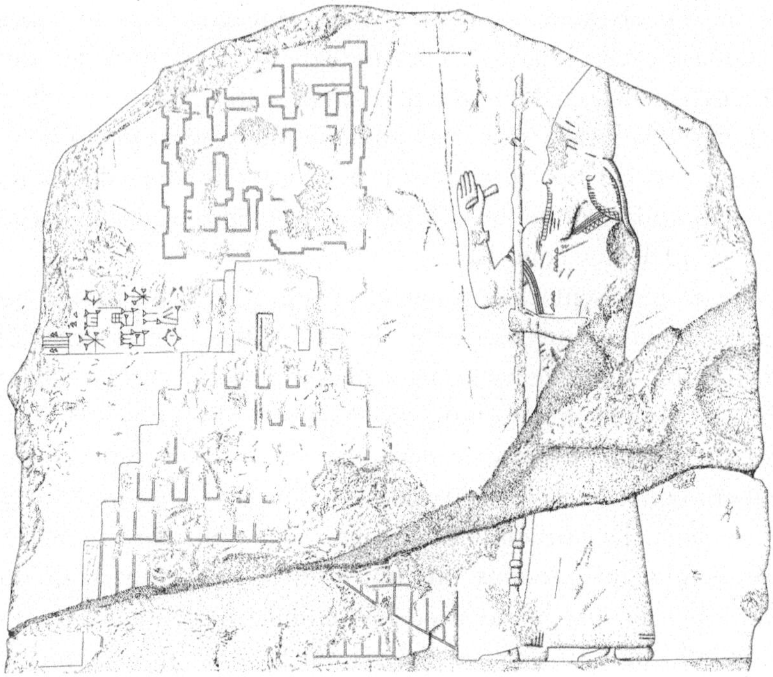

68. Bajorrelieve de la llamada *Estela de la torre de Babel*, conservada en una colección privada de Oslo (A. George, adaptado por A. García).

más antigua conservada y la finalización de las últimas obras de reconstrucción del zigurat mediaba más de un milenio. Pero en el año 2003 todo cambió. Se conoció la existencia en una colección privada de Oslo de una estela de piedra casi completa, muy valiosa para el estudio del zigurat de Babilonia, que fue realizada para conmemorar el fin de las obras del *Etemenanki* por el rey Nabucodonosor II hacia el año 590 a.C. Los fragmentos conservados de esta pieza excepcional contienen dos tipos de información. En la parte superior, hay un bajorrelieve con el perfil de un zigurat (con una inscripción cuneiforme en la que puede leerse «Etemenanki, el zigurat de Babilonia»), la planta de dos templos y un personaje masculino (fig. 68); en la parte inferior, hay una inscripción cuneiforme incompleta típica del período neobabilónico. Nos hallamos ante una pieza auténtica, original y excepcional, pero descontextualizada. Ignoramos, desgraciadamente, cuál fue su ubicación primitiva. Pero, a modo de hipótesis, la localización más probable de la estela debió de ser alguna cavidad en el interior de la estructura de adobe del zigurat de Babilonia, donde fue colocada como depósito de fundación por parte del rey constructor.

Esta representación gráfica de la estela, que no pasa de ser un esquema bidimensional de una realidad arquitectónica tridimensional, contiene varios datos relevantes sobre el zigurat babilónico. El monumento dibujado está formado por seis terrazas, decoradas con entrantes y salientes, y un templo superior que cuenta con una fachada escalonada donde se abre una puerta adintelada. La portada representada es lo suficientemente alta para pensar que estamos ante una construcción provista de dos niveles como fue habitual en los templos mesopotámicos. En el ángulo inferior derecho del zigurat aparece grabada una línea oblicua que llega al centro de la cima de la primera terraza. Se trata de la representación de una de las escaleras (o rampas) laterales del monumento, documentadas también por la arqueología. Esto indicaría que el relieve de la estela nos muestra la fachada meridional del *Etemenanki*.

En la parte superior de la estela, sobre la fachada del templo alto, aparece tallada, a otra escala, la planta de un edificio que por sus características y por el contexto solo puede ser el plano del santuario que culminaba el *Etemenanki*. Aunque el plano no se ha conservado de forma íntegra, sabemos que se trata de un edificio de planta cuadrada cuyas cuatro fachadas presentan sus muros articulados con entrantes y salientes como era característico en los edificios de culto babilónicos. En el lado inferior (o meridional) del plano hay una puerta entre pilastras y en el muro occidental hay un nicho que debe de representar el lugar donde se hallaría el trono de Marduk. Al sur de este espacio sagrado hay una pequeña sala cuadrada con dos pequeños trazos grabados que podría interpretarse como una indicación de la ubicación de la cama de la divinidad.

Las discrepancias entre la información textual de la *Tablilla del Esagil* y la iconográfica de la *Estela de la torre de Babel* son evidentes. Tanto la naturaleza como la función de ambos documentos son distintas. La tablilla es una compilación de ejercicios matemáticos con cifras teóricas o ideales. Por el contrario, la estela es un documento de primera mano realizado para conmemorar la conclusión de las obras del *Etemenanki* hacia el 590 a.C. La reconstrucción del zigurat y del templo de la cima son el motivo central de la estela. Por esta razón, el artista debió de verse obligado a dar todo tipo de detalles de la estructura y de la planta de la morada alta del dios Marduk en Babilonia. Además de ser la única representación conocida de la gran torre de pisos babilónica, es nuestra fuente más fiable por el momento.

Por último, a la derecha del zigurat y a mayor tamaño aparece representada una figura masculina. Se trata de un hombre con barba, ataviado con una larga túnica, que porta la tiara o corona cónica de tradición babilónica. En la mano izquierda sujeta un largo bastón, mientras que en la derecha sostiene un pequeño objeto cónico de difícil identificación. Los símbolos reales (tiara y bastón) y el contexto no dejan lugar a dudas sobre la identidad del personaje, que debe de ser el rey Nabucodonosor II.

EL ZIGURAT DE BABILONIA: LO QUE DICE LA ARQUEOLOGÍA

Los vestigios arqueológicos del *Etemenanki* fueron identificados en la topografía del inmenso campo de ruinas de Babilonia por el equipo del alemán Robert Koldewey. Se hallaban en una zona que, por su aspecto general, los árabes conocían popularmente como 'la sartén' o 'la parrilla'. Los restos de poco más de dos metros de alto, aún visibles sobre el terreno, pertenecían al núcleo del zigurat y dibujaban en el suelo un gran cuadrado provisto de una enorme escalera central (el mango de la sartén).

La excavación del zigurat de Babilonia se desarrolló entre el 11 de febrero y el 7 junio de 1913 bajo la supervisión de Friedrich Wetzel, aprovechando un descenso del nivel freático. Gracias a estos trabajos se pudo levantar el primer plano científico de la planta, casi cuadrada, del zigurat (de 91 m por 92 m) y un perímetro articulado con entrantes y salientes. El interior estaba formado por un núcleo de adobes secados al sol revestido de una gruesa capa perimetral, de quince metros de espesor, de adobes cocidos y unidos con mortero de asfalto. Este revestimiento no se conservaba, pues los ladrillos fueron extraídos desde la Edad Media y, sobre todo, durante el siglo XIX para ser reaprovechados en otras arquitecturas de la zona. En la fachada meridional del zigurat los arqueólogos alemanes excavaron el arranque de dos escaleras laterales que ascendían desde cada ángulo de la primera terraza. En la esquina suroeste se conservaron dieciocho escalones, mientras que en la esquina sureste se atestiguaron siete. En la misma fachada se halló la gran escalera frontal, perpendicular a la torre, que tenía cincuenta y un metros de longitud.

En las excavaciones posteriores, realizadas en 1962, se descubrió la existencia en el núcleo central de anclajes de madera formados por troncos de palmera, dispuestos en posición horizontal y probablemente también en vertical. Estos anclajes de madera indican un conocimiento de las fuerzas estructurales de un macizo de estas dimensiones y, por tanto, una preocupación por contrarrestar los empujes laterales de la masa.

DE SOÑAR UNA TORRE A RECONSTRUIR UN ZIGURAT

Soñar e imaginar Babel. Eso fue lo que hicieron los artistas desde el final de la Antigüedad. El resultado fue el de torres colosales, casi infinitas, con las que hacer honor al mito bíblico. No fue hasta del siglo XIX y comienzos del siglo XX cuando se plantean las primeras hipótesis de reconstrucción con una base científica. Todas las restituciones teóricas realizadas hasta fechas recientes tienen un denominador común: una altura total de noventa metros. Ello se debe al empleo de las dimensiones del *Etemenanki* contenidas en la *Tablilla del Esagil*, traducida y dada a conocer en 1876 por George Smith. También se ha tenido en cuenta, en algunos casos, la descripción del historiador griego Heródoto y, a partir de 1913, los datos aportados por la arqueología.

El primer intento sensato de reconstrucción del zigurat de Babilonia fue el de William Lethaby. Este arquitecto inglés propuso en 1892 un esquema de una torre de siete pisos, los dos primeros muy altos. El zigurat tenía una altura y una base idénticas (de 90 m), de acuerdo con las cifras de la *Tablilla del Esagil*. Él pensaba, sin embargo, que la traducción al sistema métrico inglés de las medidas babilónicas contenidas en este texto cuneiforme no era correcta. En su opinión, el monumento resultante era majestuoso, pero misterioso en lo referente a la estabilidad. Por esta razón, propuso que el primer y el segundo piso tuvieran los muros inclinados. Dada la gran altura de ambas terrazas, una propuesta de muros en talud era estáticamente más segura. Los pisos superiores, de menor altura, tendrían las paredes verticales. En 1904, Franz H. Weissbach planteó una nueva hipótesis similar a la anterior. La única diferencia reside en que todos sus pisos se representan con paredes verticales. La propuesta de este asiriólogo alemán se convirtió en el esquema o fuente de inspiración de las distintas concepciones posteriores del zigurat de Babilonia.

El inicio en 1913 de la excavación arqueológica de las ruinas del zigurat en Babilonia dio paso a la esperanza. Por fin, la ciencia se enfrentaba cara a cara a la arquitectura universalizada por el Génesis. Sin embargo, el avanzado estado de degradación del monumento solo permitió confirmar las dimensiones de la planta del primer piso y la existencia de tres escaleras de acceso, además de diversos detalles técnicos y constructivos. Por encima de la primera terraza no se conservó nada. Este precario estado de conservación ha hecho que el debate científico se haya centrado en tres aspectos fundamentales del coloso babilónico: la altura total, el sistema de accesos y el templo de la cima.

La veintena de reconstrucciones modernas del monumento, debidas en su mayor parte a autores alemanes, ha intentado, en la medida de lo posible, compatibilizar los datos de tipo arqueológico y textual (*Tablilla del Esagil* y Heródoto). El resultado obtenido es un zigurat de 90 m de altura total distribuidos entre seis, siete u ocho terrazas. Este extraordinario volumen, desconocido en la historia de la arquitectura de tierra mesopotámica, plantea no pocos problemas técnicos en relación con la resistencia de un material como el adobe. La principal diferencia entre los distintos proyectos, dados a conocer entre 1892 y 2020, se focaliza en la variedad de sistemas propuesta para acceder al templo de la cima. El problema de los accesos al zigurat babilónico no es una cuestión secundaria, pues se trata del modo de circulación y, por tanto, de qué manera funcionó el edificio en la Antigüedad.

En 1985 el arquitecto suizo Jacques Vicari fue el primero en ofrecer una nueva explicación del *Texto del Esagil*, totalmente distinta a la tradicional. Su propuesta se puede calificar de rompedora. La clave de esta nueva lectura del documento reside en el punto de vista del escriba, que anotó las medidas de las diferentes terrazas. Habitualmente se pensó que el escriba estaba situado al pie del edificio. Vicari sugiere ubicar al escriba dentro del monumento, sobre la tercera terraza. Gracias a este cambio de ubicación y de punto de vista, las medidas de la torre recogidas en el texto mudan. El texto continúa siendo el mismo, obviamente no lo podemos cambiar, pero el resultado final es distinto. Las cifras que anotó el escriba en la tablilla no serían las dimensiones de cada terraza, sino las distancias que había desde su posición en el monumento a cada una de ellas.

El fruto de esta nueva lectura del texto considerado clave para reconstruir el zigurat babilónico es un monumento de sesenta y seis metros de alto, que técnicamente entra dentro de lo viable en arquitectura de tierra. Según Vicari, su nueva investigación «nos autoriza a modificar todo lo que se ha dicho sobre la forma de la Torre, lo cual ciertamente no agotará el tema, pero sí le dará nuevos derroteros». El autor suizo fue el primero en romper con la visión tradicional del monumento, lo que le granjeó crítica e indiferencia por parte de los investigadores más conservadores.

ETEMENANKI: LA PRIMERA HIPÓTESIS ESPAÑOLA

Todas las tentativas de reconstrucción de la altura del zigurat de Babilonia han estado dominadas por las dimensiones recogidas en el *Texto del Esagil*, según el cual la altura total de la torre era de noventa metros (15 *nindanu*). El edificio resultante es un monumento deslumbrante por sus dimensiones y su volumen. Hace honor al prestigio de Babilonia. Nos hallamos, sin embargo, ante un descubrimiento insólito: una torre escalonada de altura tan considerable y construida en tierra es una anomalía en los anales de la arquitectura de Mesopotamia. ¿Esta hipótesis tradicional se corresponde con una realidad arquitectónica antigua?

La mayoría de los investigadores no han tenido en cuenta la naturaleza y la función de la *Tablilla del Esagil* a la hora de reconstruir el zigurat babilónico. No estamos ante un texto descriptivo de un edificio, sino ante una compilación de ejercicios matemáticos basada en cifras probablemente hipotéticas y no reales. En este contexto, el contenido de la tablilla remite más a un ideal, abstracto y académico que a un verdadero plano de un arquitecto. El verdadero interés del texto reside en explicar los sistemas de medidas que debían dominar los escolares babilónicos. El documento describe en términos métricos los dos santuarios principales de Babilonia, el *Esagil* y el *Etemenanki*, de acuerdo con dos sistemas de medidas que se diferenciaban por la longitud del codo.

Es altamente probable que la torre de Babilonia nunca alcanzara los noventa metros de altura, a pesar de los datos de la *Tablilla del Esagil*. Un zigurat de estas dimensiones desafía las leyes universales de la estática y de la resistencia de materiales. Nos hallamos ante una rareza dentro de la tradición arquitectónica mesopotámica. Por sus grandes proporciones, no era un monumento realizable con los materiales y las técnicas de la época.

¿Existió en Mesopotamia un zigurat comparable al de Babilonia por sus dimensiones? Lamentablemente, el estado en el que nos han llegado los zigurats es muy deficiente. Esta circunstancia hace que la documentación disponible sobre la mayor parte de estos monumentos sea fragmentaria. Los de Dur-Kurigalzu (actual Aqarquf) y Borsippa (hoy Birs Nimrud) son dos de los mejor conservados, y además cerca de Babilonia. Ambos poseen los restos del núcleo más alto, cercano a los cincuenta metros de altura y las dimensiones de su planta cuadrada (de 80-90 m) son comparables a las del *Etemenanki* (de 91 m). La reconstrucción del zigurat de Dur-Kurigalzu propuesta por un equipo italiano sugiere que era una torre maciza formada por tres pisos (de 20 m, 15 m y 12 m) rematada por un templo (¿de 12 m?). Esto da un total de cincuenta y nueve metros de altura aproximada y una base cuadrada de ochenta metros. El zigurat de Borsippa, frecuentemente confundido por los viajeros europeos con la torre de Babel, tenía una base cuadrangular de noventa metros de lado y conserva una altura cercana a los cuarenta y ocho metros. Un proyecto austriaco ha propuesto que la torre de Borsippa estuvo formada por siete terrazas superpuestas con una altura total de setenta metros. Fuera del ámbito estrictamente mesopotámico, existe otro zigurat bien conservado en términos relativos. Es el zigurat de Choga Zanbil, la antigua ciudad de Dur-Untash, en el sur de Irán. De este monumento, construido en el siglo XII a.C., todavía subsiste gran parte de sus tres primeras terrazas (de 25 m de altura total). Según la misión arqueológica francesa en Irán, estuvo compuesto de cuatro terrazas de doce metros de alto cada una que fueron construidas sobre una planta cuadrada de ciento cinco metros de lado. Sobre la cima de esta torre escalonada de cuarenta y ocho metros había una capilla, lo que nos llevaría a una altura final próxima a los sesenta metros.

Los zigurats de Dur-Kurigalzu, Borsippa y Dur-Untash nos aportan un dato de gran utilidad para conocer cómo fue el *Etemenanki*. Según las tres reconstrucciones propuestas a partir de los datos arqueológicos, se trata de monumentos cuya base era mayor que la altura (entre el 57 y 77 %). Una relación similar entre base y altura se puede observar también en algunas pirámides egipcias de la dinastía XII (1994-1781 a.C.), construidas con adobe cocido. Se trata de monumentos funerarios con una base cuadrada de poco más de cien metros de lado y una altura que oscila entre los cuarenta y ocho y los setenta y ocho metros. La razón de la diferencia entre base y altura es de naturaleza técnica. Había que asegurar la estabilidad de estas construcciones macizas, a pesar de que estaban construidas sobre macizos rocosos y revestidas finalmente con piedra caliza. Una base de grandes dimensiones soportaba mejor la tensión de la construcción. A la luz de estos datos, un zigurat de Babilonia cuya altura hubiera igualado las dimensiones de su base (de 90 m), como afirma la *Tablilla del Esagil*, se presenta como un caso anómalo en la arquitectura mesopotámica. El edificio resultante es un imposible arquitectónico.

Desde el punto de vista estructural, el zigurat mesopotámico fue el resultado de la acumulación en altura de materiales de tierra. De esta manera, cada terraza tenía que soportar el peso de las terrazas superiores. Como es lógico, la mayor tensión se situaba en el centro geométrico de la primera terraza. Esta tensión tenía que ser inferior al grado de resistencia del adobe, el material utilizado en la construcción del monumento, y a la del terreno sobre el que se levantaba. Si este no era el caso, el monumento podía llegar a colapsar. Para contrarrestar las tensiones y los empujes de la estructura, los constructores del zigurat hicieron uso en la masa interior de anclajes de madera y de camadas de cañas, así como de un revestimiento exterior de adobes cocidos en hornos. Tanto en los zigurats mesopotámicos como en las pirámides egipcias de adobe esta tensión era inferior a los 4 kg/cm^2. Y los suelos aluviales, como los de la llanura arcillosa de Babilonia, no tienen capacidad para tolerar una tensión superior a los 4 o 5 kg/cm^2 sin amenazar la estabilidad de la construcción. Estas observaciones nos llevan a poner en duda la existencia de un zigurat babilónico de noventa metros en el que la tensión superaría los 6 kg/cm^2. Tenemos, por consiguiente, razonamientos técnicos que invalidan la existencia en Babilonia de una torre escalonada según las cifras escritas en la *Tablilla del Esagil.* La altura del zigurat babilónico debió de ser inferior al setenta porciento de la longitud de su planta, es decir, apenas podría superar los sesenta metros.

A la vista de los argumentos esgrimidos más arriba, estamos en posición de proponer que el zigurat de Babilonia tuvo una altura máxima de sesenta metros (10 *nindanu* según el sistema métrico babilónico) y una base cuadrada de noventa metros de lado (15 *nindanu*). La tensión para una torre de estas dimensiones estaría dentro de la lógica constructiva de la época porque sería de 3,58 kg/cm^2. En definitiva, esta hipótesis nos conduce a un *Etemenanki* de características muy similares a las de los zigurats de Dur-Kurigalzu y de Borsippa. El núcleo de adobe que hoy persiste de ambos monumentos, de casi cincuenta metros de altura, conserva *grosso modo* su altura original (a falta del templo alto). En su conjunto, estos edificios no superarían, por tanto, los sesenta metros. A pesar de ello, en 2025, la mayor parte de los investigadores siguen defendiendo un zigurat babilónico basado en los parámetros de la *Tablilla del Esagil.* En otras palabras, el texto triunfa aunque, en mi opinión, nos lleva a un callejón sin salida.

Otra cuestión que afecta a la reconstrucción del zigurat de Babilonia es saber cómo fue su sistema de accesos y de circulación. Gracias a los trabajos arqueológicos de la misión alemana y al zigurat representado en la *Estela de la torre de Babel* de Oslo tenemos algunos datos sobre esta cuestión crucial. Sabemos que la fachada meridional disponía de dos escaleras laterales, ambas adosadas, y de otra central, de disposición perpendicular, que arrancaba a sesenta metros. La información de la arqueología coincide, en parte, con la aportada por la iconografía. La estela nos muestra una rampa o escalera lateral en la primera terraza, que llega a la cima de la misma. También se ha podido observar en esta representación que las terrazas superiores (de la segunda a la sexta) no son totalmente horizontales. Su cima tiene una ligera inclinación que se alterna a izquierda y derecha. Es posible que estemos ante una ilustración gráfica y esquematizada del acceso en espiral de la que habla el historiador griego Heródoto en su descripción de la torre.

Sobre la sexta terraza del zigurat se hallaba el templo alto del dios Marduk en la ciudad de Babilonia. De esta capilla de la cima, denominada *kissu* en acadio, no se han conservado restos. Hasta ahora, las principales reconstrucciones se han hecho a partir de la descripción de la *Tablilla del Esagil,* aunque la estela conservada en Oslo es un documento más fiable a la hora de reconstruir este edificio religioso. Los planos grabados en la estela nos permiten apuntar que el templo de la cima, de planta cuadrada, tenía dos puertas, una al sur (mirando al *Esagil,* el templo bajo de Marduk) y otra al norte (orientada al palacio meridional). Como era habitual en este tipo de edificios, el santuario debió contar de dos niveles comunicados por una escalera. En el muro occidental de la planta inferior, el grabado de la estela presenta un nicho que representa el lugar donde se encontraba la estatua de Marduk. El espacio central del edificio estaba cubierto por una claraboya que iluminaba el interior. Por último, según algunos textos cuneiformes, las fachadas exteriores estaban decoradas con ladrillos de color azul lapislázuli, es decir, con ladrillos vidriados de estilo similar a los empleados en la puerta de Ishtar.

En resumen, la primera hipótesis española sobre el zigurat de Babilonia propone una altura de sesenta metros, distribuidos en seis pisos y en un templo alto. Según la *Estela de la torre de Babel* oslense, todas las terrazas tenían sus muros decorados con entrantes y salientes que, por su modesta dimensión, no respondían a una necesidad estructural, sino decorativa. Según la posición del sol a lo largo del día, estos elementos daban origen a un interesante juego de luces y sombras sobre la fachada del monumento. El acceso a la primera terraza del *Etemenanki* estaba garantizado por una escalera central y dos laterales ubicadas en la fachada meridional. A partir de este punto, el camino hasta el templo de la cima estaba garantizado por rampas, según dos opciones: organizadas en zigzag en la fachada principal o distribuidas en espiral a través de las distintas fachadas del monumento (figs. 69 y 70).

Esta nueva hipótesis, que propone reducir la altura de la célebre construcción mesopotámica en treinta metros, no pone en duda la grandeza y la pericia de los constructores babilónicos. Con un material tan humilde como la tierra (adobes y ladrillos) fueron capaces de edificar una torre maciza y escalonada (un coloso de tierra) que, más de dos mil quinientos años después de su última reconstrucción por los reyes babilónicos, sigue viva entre nosotros a través del mito bíblico.

ETEMENANKI: ¿CÓMO SE CONSTRUYE UN ZIGURAT?

Pocas fueron las ciudades mesopotámicas que dispusieron de los medios necesarios para contar con un zigurat en su entrama-

69. Maqueta del zigurat de Babilonia de 60 m de alto y accesos en zigzag en la fachada principal (J. Jiménez).

do urbano. La construcción de un edificio de la magnitud del *Etemenanki* es un buen ejemplo de la capacidad organizativa, técnica y económica de Babilonia. Una empresa de esta envergadura debió de ser objeto de una administración estricta por parte de los escribas de la ciudad. Sin embargo, no se conoce mención alguna a su gestión: el número de obreros, la manutención de los mismos, la contabilidad de los gastos, el tiempo invertido en la obra, etc. En este tema solo nos podemos mover en el terreno de la hipótesis. Lo que sí sabemos es que el rey controlaba y supervisaba personalmente la ejecución de estos proyectos monumentales siempre por mandato divino. Según un texto babilónico, llamado *Cilindro del Etemenanki*, el rey Nabucodonosor II impuso a los territorios de su imperio una carga de trabajo no remunerada para llevar a cabo la edificación del zigurat. El geógrafo griego Estrabón estimó, al referirse a la reconstrucción del monumento proyectada por Alejandro

Magno, que: «[...] exclusivamente la acumulación de escombros requería, para su limpieza, del trabajo de diez mil hombres durante dos meses [...]».

Para erigir el *Etemenanki* se utilizaron materias primas baratas que eran abundantes en el entorno inmediato a la obra: tierra, paja, caña, betún y madera de palmera. El valor de estos materiales no residía en su naturaleza, sino en el volumen empleado. Se utilizaron casi cuatrocientas mil toneladas de tierra y un número aproximado de veinticinco millones de piezas de adobe crudo y cocido para construir una torre de sesenta metros de alto. La tierra fue el principal componente empleado por los arquitectos babilónicos. Pero no era una tierra cualquiera, sino transformada, moldeada y, finalmente, dejada secar al sol o cocida en hornos. Los adobes (llamados *libittu* en lengua acadia) estaban reservados para el núcleo y la construcción de las terrazas, mientras que los ladrillos cocidos (*agurru* en acadio), a falta de piedra, se usaban para revestir el monumento por su mayor resistencia a la erosión y a la humedad. Debido a la necesidad de combustible para alimentar el fuego de las cámaras de combustión de los hornos, la producción de ladrillos era más cara que la de adobes secados al sol. En tiempos del rey Nabucodonosor II el formato más habitual se correspondía con piezas cuadradas (de 33 por 33 por 9 cm). Un albañil árabe actual es capaz de producir entre ciento veinte y ciento cuarenta adobes al día a la manera tradicional. En la Babilonia del siglo V a.C., el ritmo debió de ser similar, a juzgar por algunos textos procedentes de un archivo privado. Así, un equipo de tres operarios podía llegar a manufacturar hasta doce mil adobes en el plazo de un mes: «Bel-ana-merehti, Bel-ittannu/Remut y Bel-uballit/Nidintu deben 12 000 adobes a Ki-Bel, el mayordomo de Mardonio, deben pagar 21,25 siclos de plata».

Para dar cohesión interna al núcleo de adobe del *Etemenanki* se diseñó una estructura o armazón vegetal con cañas y troncos de palmera. En el zigurat de Dur- Kurigalzu, al norte de Babi-

70. Maqueta del zigurat de Babilonia de 60 m de alto y accesos en espiral por las diferentes fachadas del monumento (J. Jiménez).

lonia, se aprecia muy bien la técnica constructiva basada en la alternancia de capas de cañas entrelazadas e hiladas de adobe, lo que contribuía a un mejor reparto de los esfuerzos y de los empujes de la obra. En el zigurat de Uruk se emplearon cuerdas con la misma función. Finalmente, para las juntas de los ladrillos y para impermeabilizar los materiales vegetales utilizados en el núcleo se usó betún (*kupru* en acadio) caliente.

Se estima, a modo de aproximación teórica, que para construir el zigurat de Babilonia (de 60 m de altura y 25 millones de adobes) fueron necesarios unos seis años, siempre que se aportara el máximo de trabajadores útiles en relación con las dimensiones de la obra. El número total de adobes empleados en las murallas de la ciudad en tiempos de Nabucodonosor II y Nabónido (604-539 a.C.) se acerca a los seiscientos millones. En otras palabras, el material de tierra utilizado en la construcción del sistema de defensa de Babilonia equivale a veinticuatro zigurats. Estos datos demuestran que la célebre torre babilónica, aun siendo un monumento excepcional, no fue ni el de más envergadura ni el más costoso de la ciudad. La fama de obra colosal con la que ha pasado a la historia se la debe, sobre todo, a su presencia en el libro de libros: la Biblia.

8

MUERTE

Los seres humanos somos, irremediablemente, mortales. Y a los antiguos mesopotámicos la muerte les dolía tanto como a nosotros. A diferencia de Egipto, en el país del Tigris y el Éufrates se impuso una visión negativa de este transcendental paso con el que se ponía fin a la existencia terrenal. Temían extraordinariamente la llegada de la muerte, entendida como una suerte cruel, y el posterior viaje a un mundo desconocido del que nadie regresaba jamás. En Mesopotamia, el más allá se conocía con una expresión muy significativa: 'el país o la morada sin retorno' (*mat la tarim* en acadio). Era un lugar recóndito, oscuro y tétrico, según nos cuenta Gilgamesh en la tabilla VII de su poema épico:

> La morada de donde no salen jamás quienes en ella han entrado. Por el camino sin retorno. A la morada cuyos habitantes carecen de luz. Subsisten de tierra, se alimentan de arcilla, y se revisten, como los pájaros, ridículamente, con plumas, arrumbados en las tinieblas, sin ver jamás la luz del día.

La comida allí era amarga y el agua salada, según se cuenta en el texto sobre la muerte del rey Ur-Namma (2112-2094 a.C.). Sobre las normas de funcionamiento del mundo inferior es muy ilustrativo un texto que habla sobre el caprichoso e irracional descenso de la diosa Inanna al infierno. Fue un viaje extraordinario e irrepetible que le llevó a pasar por el trance de la muerte y la resurrección. Tras superar las siete puertas que protegían el palacio del inframundo, la divinidad fue despojada de todos sus poderes y autoridad, siendo igualada con el resto de los muertos que allí moraban. La muerte nos priva de todo para siempre: «¡La mujer, así maltratada, fue convertida en cadáver, y el cadáver fue colgado de un clavo!». Finalmente, tras resucitar, gracias a la bebida y al alimento de la vida suministrados por el dios Enki, Inanna deseaba regresar al cielo y la tierra para recuperar la placentera vida que había abandonado voluntariamente. Pero los dioses infernales la detuvieron y le dijeron: «Hasta ahora nadie que haya bajado al mundo inferior ha logrado salir vivo de él. ¡Así pues, si Inanna quiere salir del mundo inferior, tendrá que dejar un sustituto!». Si deseaba retornar a su vida anterior, la diosa tenía que sustituir muerto por muerto. Era la ley infranqueable del inframundo. Ante el fracaso de su empresa, la conquista del mundo de los muertos, Inanna entregó a Dumuzi, su amante (con el que estaba enfadada), para que fuera él quien ocupara su lugar en el infierno. La lección es contundente. Es el triunfo irremediable de la muerte y de las reglas imperantes en su territorio, el país sin retorno, que nadie, incluida la todopoderosa Inanna, podía alterar.

Los grandes dioses mesopotámicos reservaron para ellos la vida sin fin e impusieron la muerte (*mutu* en lengua acadia) a los hombres y las mujeres, ocultándoles solo el momento de este dramático paso. La muerte se tenía que aceptar como algo inevitable. A pesar de ello, tras llorar por la dolorosa pérdida de su mejor amigo, Enkidu, el rey Gilgamesh se aventuró a buscar el secreto de la juventud eterna. El soberano de Uruk temía acostarse para no levantarse jamás: «El Secuestrador es señor de mi persona. La muerte se ha instalado en mi alcoba. ¡Doquiera que me conduzcan mis pies, en todas partes me aguarda la muerte!». El destino final de Gilgamesh era imposible de alterar: «La muerte que nadie ha visto, cuyo rostro ninguno ha contemplado ni escuchado su voz ¡La muerte cruel que quiebra a los hombres!».

A pesar de que la cultura mesopotámica se distinguió por una valoración negativa de la muerte, y de todo lo que pudiera acontecer a continuación, desde muy antiguo hubo en Oriente Próximo una indudable preocupación por dar sepultura y cuidar a los muertos. Nacía, así, un nuevo espacio reservado a la muerte y a su culto: la tumba. Los enterramientos más antiguos en la región tienen una antigüedad de más de cien mil años y se localizan en el Israel actual. Se trata de inhumaciones voluntarias de humanos modernos como las realizadas en la cueva de Skhul, en el sur de Haifa, o en Qafzeh, en Galilea.

Esta inquietud social y cultural por la vida en el más allá se tradujo en una serie de costumbres y prácticas funerarias que evolucionaron con el paso del tiempo en los hábitats humanos estables (aldeas y ciudades). En los poblados neolíticos, desde el IX milenio a.C., se practicó la inhumación primaria, en posición sentada y flexionada. Era frecuente que los enterramientos se practicaran en una fosa simple excavada en el suelo de las viviendas y estuvieran acompañados por un ajuar funerario. En la aldea de Tell Halula, en Siria, se hallaron más de un centenar de tumbas individuales datadas en el Neolítico Precerámico (fase PPNB). Otra posibilidad era que la inhumación fuese secundaria. En este caso, normalmente, se enterraban los cráneos descarnados que recibían un tratamiento singular para dotarlos de mayor realismo. El objetivo de esta práctica era reconstruir el rostro del difunto con el empleo de cal o yeso, de conchas para los ojos y de pintura. Ejemplos de este tipo de depósitos, habitualmente de carácter colectivo, los tenemos en yacimientos arqueológicos de Jordania, Siria e Israel (Jericó, Ain Ghazal, Tell Ramad, Tell Aswad, Beisamún, etc.).

Según las creencias y las tradiciones de los antiguos habitantes de Mesopotamia, un individuo vivo (*baltu* en acadio) estaba formado por tres elementos fundamentales: carne, huesos y espíritu (*shiru, esemtu* y *etemmu* respectivamente). Con la muerte biológica, el cuerpo del individuo fallecido o cadáver (*shalamtu*) se transformaba en dos productos distintos: la osamenta o el esqueleto (*esemtu*) y el espectro gaseoso o la silueta etérea (*etemmu*), impalpable, que algunos sugieren traducir por 'fantasma' o 'espíritu'. No hay que confundirlo con el alma.

Al fallecimiento de un individuo, los descendientes organizaban y presidían una serie de rituales religiosos y de comportamientos sociales con los que afrontar el golpe que todo fallecimiento provocaba en el entorno familiar y en su comunidad. Este proceso de aceptación de la muerte es el que conocemos como duelo (lamentaciones o luto), es decir, el tiempo de llorar al muerto. La entidad, la complejidad y la duración de los ritos del luto variaban según el papel social o político de la persona fallecida. A comienzos del II milenio a.C., sabemos que el luto (llamado *khidirtum* en los textos del archivo de Mari) podía durar cuatro semanas. Así aconteció cuando falleció Yarim-Lim, el rey de la antigua ciudad de Alepo. En este contexto de lamento y de duelo, marcado por las emociones que despierta la trágica pérdida de un ser humano, tuvieron desarrollo las elegías, unos cantos funerarios pronunciados en honor del fallecido tanto en el funeral como en el culto posterior. En estas composiciones literarias se expresaban de forma poética los hechos y las virtudes de los fallecidos, así como el sufrimiento de los que se quedaban. Una de estas elegías está protagonizada por una mujer anónima y su tristeza por la pérdida de un amigo íntimo. En el texto se enumera la larga lista de cosas que proporcionará a su amigo fallecido una vez se halle junto a su cuerpo inerte, a modo de ofrendas para satisfacer a su espíritu: pasteles, cebada, dátiles, cerveza, uvas, manzanas, higos, mil, vino, agua, una tienda y un látigo, ropa, aceite, una silla y un reposapiés, una cama, crema y leche. La descripción del banquete funerario, que celebró en su honor continua así:

> He arrojado pan, limpié con él su cuerpo, de una taza que no ha sido contaminada, de un cuenco que no ha sido profanado,

vertí agua: la tierra donde se vertió el agua, la bebió por completo. Con mi mejor aceite unté la pared para él [...].

Los actos fúnebres empezaban limpiando al difunto con pan, vertiendo agua en el suelo y ungiéndolo con aceite (suponemos que perfumado). A continuación, empezaban los lamentos.

Aunque no tenemos datos precisos sobre cómo se desarrollaba la ceremonia del enterramiento, la sepultura debía tener lugar poco tiempo después de la muerte del individuo, tal vez en el tercer día. La tumba (*qabru* y *kimakhkhu* en acadio; *irigal* en sumerio) era la puerta o la escalera de acceso al mundo inferior y el punto de referencia para el culto funerario posterior. ¿Dónde estaban localizadas las tumbas? A partir del V milenio a.C. (período de Obeid), nos encontramos en Mesopotamia con dos prácticas funerarias complementarias a la hora de enterrar a los muertos: bien se hacía dentro del hábitat, bien en necrópolis (ciudades de los muertos) ubicadas fuera del asentamiento (extramuros). En el hábitat se solía enterrar bajo las viviendas, o cerca de estas, sobre todo a niños de corta edad, pues aún no se les consideraba plenamente integrados en la vida social de la comunidad. De acuerdo con esta costumbre, no tenían derecho a la inhumación en la necrópolis como los adultos. Eran enterrados en el ámbito doméstico, al amparo de la familia.

Los reyes mesopotámicos eran inhumados, generalmente, bajo sus palacios en grandes mausoleos. En el llamado pequeño palacio oriental de Mari, en Siria, se hallaron dos hipogeos reales, uno de ellos situado bajo el salón del trono, construidos a inicios del siglo XX a.C. por la dinastía de los Shakkanakku.

Con su colocación en la sepultura, el difunto iniciaba el viaje a su morada eterna, que según se cuenta en la muerte del rey Ur-Namma era un camino desolado, desierto y tortuoso. Para facilitar la realización de esta triste ruta, cuyo destino final era el inframundo, así como para su existencia *post mortem*, el cadáver era inhumado con sus objetos personales más estimados e incluso con diversos alimentos. El ajuar o mobiliario funerario, diverso en lo que respecta a su calidad y cantidad, variaba según los recursos económicos de la familia del difunto y su posición en la sociedad. La costumbre de introducir bienes personales en las tumbas indica que el fallecido conservaba sus señas de identidad y, por tanto, su categoría social en su nueva vida en el más allá.

Para que no cayese en el olvido una vez enterrado, el difunto seguía precisando cuidados específicos. Estas nuevas atenciones podían ser tanto de tipo verbal (plegarias o cantos fúnebres) como material (sacrificios y ofrendas). Era necesario seguir abasteciendo de forma periódica a los que vivían allá abajo. En Mesopotamia esta atención a los que ya no estaban se institucionalizó en una ceremonia funeraria llamada *kispu*. Era una especie de banquete, generalmente mensual, que incluía dos actos fundamentales: la pronunciación del nombre del difunto y el vertido ritual del agua. Era la celebración del recuerdo con la que alimentar y dar de beber a los muertos para hacer más soportable su existencia en el oscuro inframundo. Esta obligación familiar recaía sobre el heredero. De acuerdo con el pensamiento de los mesopotámicos, era importante mantener una relación armoniosa con los que moraban en el más allá y no olvidarse de ellos, pues el lazo entre vivos y muertos no se rompía jamás. De no ser así, los espíritus podían llegar a molestar a los vivos.

Privar, intencionadamente o no, de sepultura a un muerto era un grave castigo. El hecho de no disponer de una tumba era considerado como una terrible maldición. No olvidemos que la tumba era la puerta de entrada al inframundo y el punto de referencia para el culto funerario. Un cadáver sin inhumar condenaba a su espectro gaseoso (*etemmu*) a deambular eternamente sin rumbo en el mundo de los vivos. De acuerdo con su nivel de enfado y malhumor, el espíritu del difundo podía asustar, acosar o perturbar con todo tipo de molestias a los vivos al no haber atendido sus necesidades más elementales para que pudiera acceder al más allá. Estos espíritus vagabundos, de infeliz existencia, podían llegar a manifestarse con agresividad y violencia: «Él me aflige sin descanso, él me ha consumido todos los músculos, él me ha bloqueado la boca, él lucha contra mí y me hace temblar la nuca, no cesa de aterrorizarme [...]», podemos leer en un texto acadio.

La excavación de tumbas antiguas es una práctica habitual entre los arqueólogos. Es la vía para sacar a la luz los restos físicos de los protagonistas de la historia. La abundancia y la relevancia de este tipo de vestigios ha dado lugar al desarrollo de un campo multidisciplinar con entidad propia dentro de la arqueología. Es lo que conocemos como la «arqueología de la muerte», cuya evolución en las últimas décadas ha sido espectacular. Tanto las nuevas tecnologías para el análisis genético de los restos óseos humanos (ADN antiguo) como la antropología física son grandes aliadas para conocer la edad, el sexo, las relaciones sociales y familiares, así como las enfermedades o la alimentación, aspectos que escapaban al análisis arqueológico tradicional. Los resultados de este tipo de estudios técnicos deben cruzarse con el valor simbólico de las prácticas funerarias, que variaban en función de la complejidad de la sociedad que las creó. La entidad y la localización de la tumba (en un hábitat o una necrópolis), el carácter (individual o colectivo), el ritual practicado (inhumación o cremación), el tipo, la cantidad y la calidad del ajuar funerario son los principales parámetros que nos sirven para reconstruir la actitud de una cultura y de una época ante la muerte. La gran dificultad para el arqueólogo, más allá del estudio de los hallazgos estrictamente materiales, es entender estas costumbres varios milenios después: una misma práctica funeraria en dos culturas diferentes puede tener un sentido distinto. Por el contario, prácticas diversas pueden tener la misma significación. Lo que sí parece ser una norma común, sobre todo en aquellas culturas antiguas que se preocuparon por conservar los restos óseos del difunto en una tumba, es la implantación de costumbres orientadas a salvaguardar la posición social que el fallecido disfrutó en vida. Otra cuestión es dilucidar el significado de los ritos, en ocasiones muy complejos e incomprensibles a nuestros ojos.

EL CEMENTERIO «REAL» DE UR

Entre todas las necrópolis de época histórica excavadas en Mesopotamia hay una que destaca especialmente sobre el resto. Es el famoso cementerio «real» de Ur, que fue excavado por Leonard Woolley a final de los años veinte del siglo pasado con el patrocinio del Museo Británico y del Museo de la Universidad de Pensilvania. Al terminar las excavaciones en Ur, los objetos se repartieron y dispersaron entre Londres, Filadelfia y el recién creado Museo Nacional de Bagdad (Iraq se independizó en 1932, al concluir el mandato británico). Solo se excavó una parte de la necrópolis, una superficie aproximada de 3.850 m^2.

Entre 1926 y 1929, el equipo dirigido por Leonard Woolley excavó mil ochocientas cincuenta tumbas. Esta impresionante cifra se completó con doscientas sesenta sepulturas más, exhumadas en la campaña de 1933-1934. El equipo de trabajo estuvo formado por Max Mallowan como ayudante de campo (que luego se casó con Agatha Christie, a la que conoció en Ur), la enfermera Katharine Keeling (esposa de Woolley a partir de 1927), como asistente y dibujante, y el capataz Hamoudi. A este pequeño equipo se sumaron más de un centenar de obreros locales contratados para las pesadas tareas de excavación. Según nos relata el propio Woolley en su opúsculo *Ur, la ciudad de los caldeos* (1929), el método de excavación del cementerio fue el siguiente:

> En cuanto un trabajador encuentra una tumba, avisa al capataz y se le indica cómo hay que proceder. Por lo general los primeros objetos que se descubren son ollas de arcilla, porque estas, si es que el peso de la tierra no las ha aplastado, sobresalen de los

> demás objetos en el fondo de la fosa. En seguida ha de averiguarse la posición del cuerpo, lo que no siempre es cosa fácil, ya que los huesos suelen estar tan descompuestos, que una diferencia en el color del suelo es lo único que descubre su presencia. Entonces se señala el contorno de la fosa original y se va removiendo poco a poco la tierra de la zona correspondiente, respetando la que rodea y cubre la cabeza, ya que, de existir, es aquí donde siempre se encuentran los objetos más valiosos. Si aparece algo de importancia, oro, plata o cuentas, el obrero debe de nuevo suspender el trabajo y dar el informe, y entonces uno de los miembros de la expedición continúa la excavación. No debe alterarse nada hasta que la sepultura ha quedado completamente despejada, descrita, dibujada y, si es necesario, fotografiada. Las cuentas, si es que las hay, se clasifican de manera que se pueden volver a ensartar en el orden original, reproduciendo la moda de la época. La calavera, si por suerte está bien conservada, después de tratarla con parafina caliente se retira para su estudio posterior. Se indica en el plano la posición de la tumba y entonces, cuando ya no queda nada, se empieza de nuevo a trabajar con el pico y la pala y se continúa excavando hasta un nivel más profundo, donde se encuentran otras tumbas más antiguas en espera de ser descubiertas.

Esta forma tan peculiar de excavar el cementerio de Ur, que debemos entender en el marco de la época en que se realizó, dio prioridad a la recuperación de los objetos funerarios más bellos y de los cráneos de las tumbas. Esta falta de rigor metodológico ha afectado de manera negativa al estudio y, por tanto, a la comprensión de una necrópolis tan compleja como la de Ur, que tuvo un largo período de utilización de casi quinientos años. Lamentablemente, se perdió mucha información durante el proceso de excavación. De las más de dos mil tumbas exhumadas se conservaron únicamente una treintena de esqueletos completos o parciales, con mayor representación de los individuos encontrados en las llamadas «tumbas reales». Además, la atribución del sexo de la mayor parte de los restos óseos se fundamentó en el tipo de ajuar acompañante (a través de la identificación subjetiva de objetos femeninos y masculinos), en lugar de en el estudio antropológico de los huesos. Este criterio tiene escaso valor. Hoy sabemos que un puñal puede aparecer tanto en la tumba de un hombre como en la de una mujer.

Estudios recientes han permitido datar el uso del cementerio de Ur entre la etapa final de las Dinastías Arcaicas (hacia el 2600 a.C.), la dinastía de Akkad y la tercera dinastía de Ur (hacia el 2100 a.C.). De la totalidad de las tumbas excavadas, Woolley asignó seiscientas sesenta a la etapa más antigua. El modelo más común de sepultura de este período (2600-2350 a.C.) era una fosa rectangular en la que se depositaba el cadáver envuelto en una estera vegetal, dentro de un ataúd de madera o mimbre. El difunto estaba colocado de lado, con las piernas flexionadas y las manos cerca del cráneo. Dentro de la tumba se introducían objetos personales (collares, pendientes, puñales, alfileres, etc.). Y fuera se depositaban, también, alimentos y bebidas en vasijas, armas y utensilios, a modo de provisión necesaria para afrontar el viaje al mundo al que partía el fallecido.

Del conjunto de tumbas perteneciente a las Dinastías Arcaicas, diecisiete destacaban sobre el resto por la riqueza de su mobiliario y la estructura arquitectónica de las cámaras funerarias y, sobre todo, por el complejo ritual practicado. Por esta razón, Woolley llamó «reales» a estas tumbas, asumiendo que en ellas estaban enterrados los primeros reyes y reinas de Ur. De hecho, en varios sellos cilíndricos aparecieron los nombres de Meskalamdug y de Akalamdug que llevaban el título sumerio de rey (*lugal*, literalmente 'hombre grande'). Ambos monarcas, padre e hijo, no aparecen citados en la *Lista Real Sumeria*. Se piensa que podrían ser los primeros monarcas de la dinastía de Ur, datada en torno al 2600 a.C., cuya memoria debió de perderse antes de la redacción de la citada lista real más de seiscientos años después. También se conocen los nombres de las reinas sumerias Puabi y Ninbanda.

Las «tumbas reales» conforman el núcleo central a partir del cual creció el cementerio de Ur. Lamentablemente, las sepulturas no han llegado intactas, ya que fueron saqueadas en parte en la misma Antigüedad. Aunque hay diferencias entre ellas en lo que se refiere a la arquitectura, mobiliario y número de inhumados, el prototipo de tumba real consistía en una cámara abovedada de piedra (de mampostería de caliza irregular), situada en el fondo de una fosa profunda a la que se accedía por una rampa. El cuerpo del individuo principal, situado en la cámara, estaba acompañado por un rico ajuar funerario que, en ocasiones, podía incluir un trineo o un carro tirado por bueyes o équidos. Lo más llamativo es la presencia de grupos de sirvientes y de personal doméstico yaciendo en la cámara funeraria, junto al rey o la reina, y en una fosa exterior, que Woolley llamó la «fosa de la muerte».

La tumba PG.789, cuya atribución a un rey no es segura (se ha sugerido que podría ser Meskalamdug, antecesor del individuo homónimo enterrado en la tumba PG.755), estaba formada por una cámara rectangular cubierta por una bóveda. En la rampa de acceso se hallaron seis soldados provistos de cascos y lanzas de cobre. A continuación, había dos carros de madera de cuatro ruedas, cada uno tirado por tres bueyes. Un ayudante de a pie yacía junto a la cabeza de los animales y los conductores lo hacían dentro de las cajas de los carros. El resto del suelo estaba ocupado por un total de cincuenta y cuatro cuerpos entre los que había nueve mujeres ricamente engalanadas con joyas de oro y lapislázuli. Cerca de ellas se recuperaron dos arpas o liras ornamentadas con una cabeza de toro y con placas de concha grabadas:

> En cuatro de estas placas había escenas grotescas de animales haciendo de hombres, y aunque lo más notable de ellas es ese sentido del humor, tan raro en el arte antiguo, la gracia y el equilibrio de la composición y la finura del dibujo las hacen uno de los documentos más instructivos que poseemos para la apreciación del arte sumerio primitivo.

Finalmente, en la cámara mortuoria, probablemente saqueada, se hallaban los restos mal conservados de un varón acompañado por toda una serie de objetos (adornos, armas, recipientes, etc.).

Cerca de la anterior, se hallaba la tumba PG.800, asignada a la reina Puabi, de características constructivas similares (fig. 71). La sala funeraria acogía un ataúd de madera con una mujer de mediana edad, que tenía la cabeza y el cuerpo profusamente ornamentados con varios tocados y alfileres, una diadema, un cinturón, etc. elaborados con esmerado cuidado a base de oro, plata, lapislázuli, cornalina, calcedonia y ágata. Además, según Woolley, tenía: «Clavada en la parte posterior del pelo había una "peineta española" de oro con cinco puntas rematadas en flores de oro con el centro de lapislázuli». Dentro de la misma cámara se hallaron otros tres individuos (que Woolley interpreta como camareras de la reina) y ofrendas de todo tipo: recipientes de oro, plata, bronce y piedra, la cabeza de una vaca en plata, conchas conteniendo pigmentos verdes usados probablemente como cosmético, etc. La «fosa de la muerte» estaba ocupada por los cuerpos de veintiséis individuos. En la rampa había cinco hombres provistos de puñales y copas de cerámica. En la zona central estaban los huesos de dos bueyes, que tiraban de un trineo, y de cuatro lacayos. También se localizó un gran baúl de madera decorado con conchas y lapislázuli que albergaba algunos restos orgánicos. Debió de contener vestidos, razón por la que se identificó como el ropero de la reina. Rodeándolo había numerosos vasos de oro, plata y piedra, entre otros objetos. En el otro extremo de la fosa mortuoria estaban los cuerpos de diez mujeres organizadas en dos filas. Una de ellas tenía los huesos de sus manos colocados sobre un arpa o una lira. Cerca estaba, también, la caja de resonancia de otra lira. Esto hace pensar que se trataba de un grupo de músicas.

En el III milenio a.C. la lira (llamada *balag* en sumerio) era un instrumento musical asociado con los lamentos o las

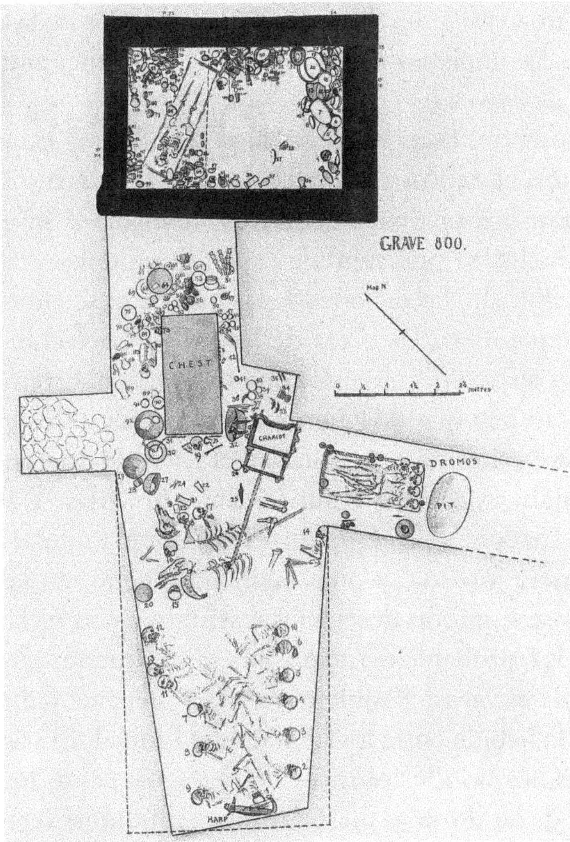

71. Plano de la tumba PG.800 del cementerio «real» de Ur (C. L. Woolley).

canciones que formaban parte de los cortejos fúnebres. Estas composiciones estaban en manos de verdaderos especialistas del acompañamiento musical en los duelos (*gala* en lengua sumeria). Por esta razón, se las conocía como las «liras de la lamentación». Otro grupo que participaba en los ritos fúnebres eran las ancianas plañideras, aunque también podían ser hombres. En las llamadas reformas sociales de Urukagina, rey sumerio de Lagash (2350 a.C.), se hace referencia a los salarios percibidos por los cantantes de lamentaciones (cuatrocientos panes, dos ánforas y una vasija de cerveza, si eran oriundos de la ciudad de Lagash) y las ancianas lloronas (doscientos cincuenta panes y una jarra de cerveza).

A su muerte, Baragnamtara, la esposa del rey Lugalanda de Lagash hacia el 2400 a.C., tuvo unos funerales fastuosos, según nos cuentan dos textos de la época. Su sucesora en el palacio, la reina Shasha, se preocupó de pagar, durante las dos jornadas que duró el duelo, las raciones de las más de trescientas personas que participaron en los actos de luto. El espectáculo debió de ser un vistoso acontecimiento, una excepcional ceremonia dramática. Solo hay que imaginarse a los setenta y dos *gala*, en el primer día, y a los noventa y dos, en el segundo, que tocaban sus liras y cantaban pesarosas composiciones fúnebres. Y, por si fuera poco, este coro se completó con setenta plañideras ancianas, en la primera jornada, y otras cuarenta y ocho, en la segunda. Al cortejo se sumaron doscientas sesenta y cinco esclavas en las dos jornadas, probablemente prisioneras de guerra. ¿Para qué tal cantidad de esclavas? Posiblemente para preparar y distribuir la comida y la bebida entre los invitados al funeral. El triste sonido de las liras, los hondos cánticos fúnebres, así como los gemidos y sollozos de las lloronas dieron forma a un drama teatral único, que debió de reunir a miles de personas. A diferencia de Ur, no se tiene constancia de la costumbre de hacer enterramientos múltiples en las tumbas reales de Lagash.

Otra tumba llamativa del cementerio de Ur es la PG.1237 que es la que ha proporcionado el mayor número de individuos inhumados (fig. 72). De hecho, esta sepultura colectiva se conoce como la «gran fosa de la muerte», pues allí fueron enterrados sesenta y ocho mujeres y seis hombres. Dentro de este grupo de individuos, se ha identificado una mujer de veinte años de edad con un traumatismo en el cráneo, que podría haber sido la causa de su muerte, y restos de sulfuro de mercurio o cinabrio. El mobiliario funerario estaba formado por más de seiscientos objetos entre los que destacan tres liras y dos esculturas de una cabra erguida que

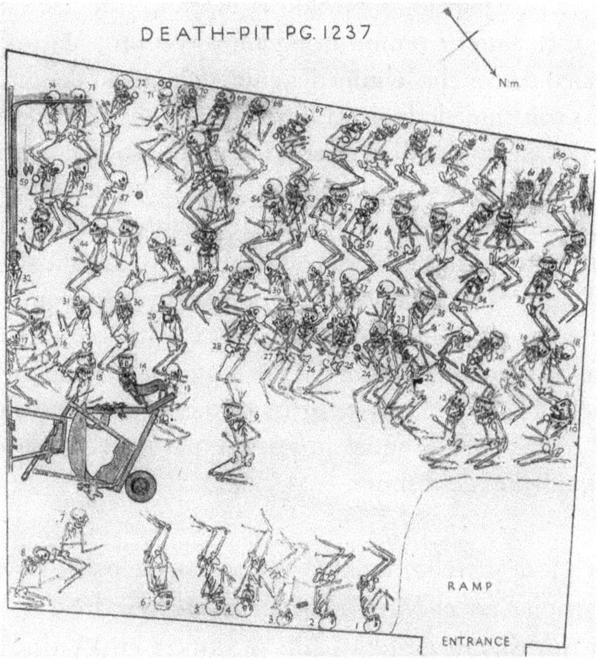

72. Plano de la tumba PG.1237 del cementerio «real» de Ur (C. L. Woolley).

apoya sus patas delanteras en un arbusto, elaborada con oro, lapislázuli y concha (fig. 73). A Leonard Woolley, de pensamiento próximo a la «arqueología bíblica», esta representación escultórica le recordó la cita del Génesis (22, 13) en la que se dice que Abrahán vio un carnero enredado en la maleza por sus cuernos. Esta identificación no parece correcta. En el caso de Ur, estamos ante una cabra que come hojas y no ante un carnero enredado. Las flores del árbol son rosetas asociadas con la diosa Inanna y la cabra simboliza a su esposo favorito, Dumuzi, el dios de los pastores.

La tumba PG.779 difiere de las anteriores en su planta. Estaba formada por cuatro salas abovedadas con una escalera y una rampa de acceso, pero no contaba con una «fosa de la muerte». El descubrimiento de la pieza más notable del mobiliario funerario lo describe de la siguiente manera el propio Woolley:

> [...] Ya habíamos perdido la esperanza de hacer algún hallazgo, cuando de pronto tropezamos con un pedacito suelto de mosaico de concha, e inmediatamente la mano del capataz, quitando con cuidado la tierra, dejó al descubierto la esquina de un mosaico en lapislázuli y concha. Era el famoso "estandarte" de Ur; pero en aquel momento, nuestra idea de lo que aquello pudiera ser era muy vaga. El fondo de madera había desaparecido enteramente, y los diminutos pedazos de mosaico, aunque conservaban en el suelo sus posiciones relativas, estaban todos completamente sueltos. [...] El resultado de este proceso [de excavación] es que el mosaico no queda, ni mucho menos, tan ordenado y uniforme como salió de las manos del artista sumerio, pero lo que poseemos es el trabajo real de aquel artista, sin más intervención que la de los accidentes del tiempo.

Esta pieza estrella, hallada en enero de 1928, hoy se puede contemplar en el Museo Británico de Londres. Es una caja formada por dos rectángulos (de 50 por 22 cm) y dos trapecios en los extremos, elaborada con madera, lapislázuli, caliza roja, concha, betún y un pigmento rojo. Con estos materiales, el artesano diseñó varias escenas figurativas usando las técnicas de la incrustación y del mosaico sobre una capa de betún o asfalto que recubre, a su vez, una base de madera. Los dos paneles rectangulares contenían, según se afirma tradicionalmente, una escena de paz y otra de guerra (organizadas en tres bandas horizontales superpuestas). No parece que se trate de la conmemoración de un hecho histórico preciso, sino de la narración de dos temas muy del gusto de la monarquía mesopotámica: el rey guerrero y vencedor, acompañado de su ejército (carros y soldados); y la entrega de un botín o tributo y el rey celebrando un banquete en honor de los dioses.

¿Qué era realmente el estandarte de Ur? No tenemos una respuesta clara a esta pregunta. Woolley lo llamó «estandarte» sin saber de verdad cuál era su función. Se inspiró, posiblemente, en los estandartes militares, de forma rectangular, representados

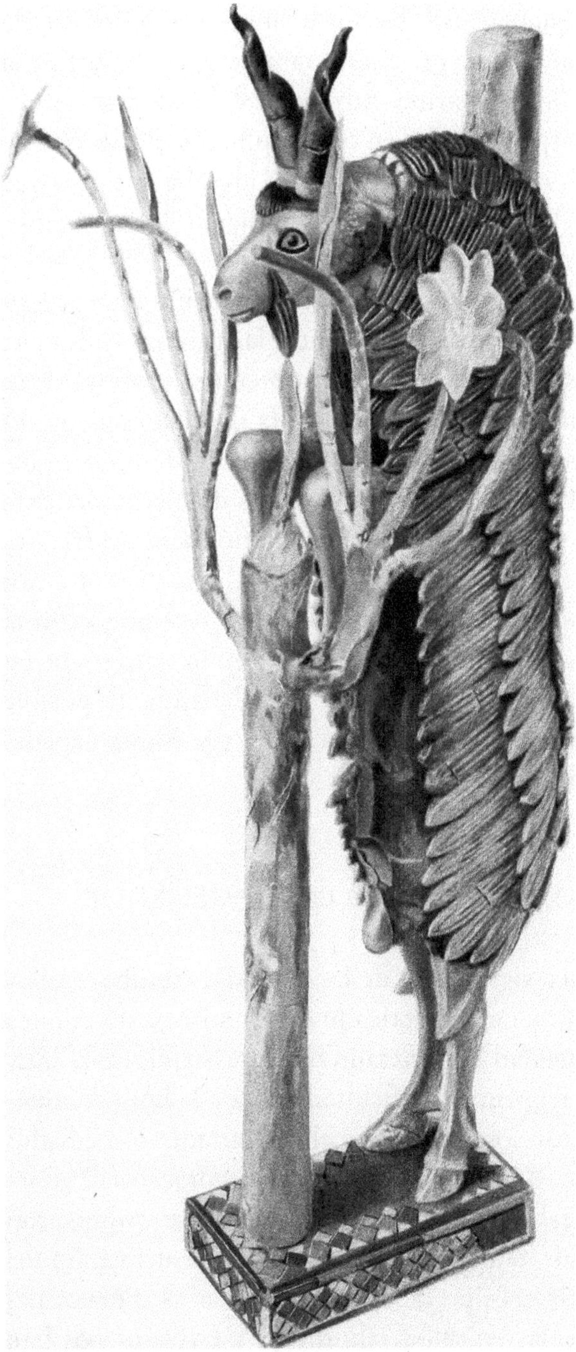

73. Escultura de una cabra erguida, que apoya sus patas delanteras en un arbusto, hallada en la tumba PG.1237 (C. L. Woolley).

en las pinturas de algunas tumbas en el antiguo Egipto, donde había trabajado antes. Se ha propuesto también que se trate de la caja de resonancia de un instrumento musical debido a su similitud con las liras o arpas halladas en otras tumbas del cementerio. Lo más sencillo y honesto es reconocer que no sabemos para qué sirvió. A pesar de ello, por el peso de la tradición, lo seguiremos llamando «estandarte».

PG.755 es otro enterramiento particularmente rico por su mobiliario que Woolley no incluyó entre las tumbas reales por carecer de una fosa mortuoria y de arquitectura monumental. Esta consiste en una fosa rectangular en la que había un ataúd de madera con un único individuo, masculino, de unos treinta años de edad. El ajuar, formado por más de ciento ochenta objetos, estaba distribuido tanto dentro como fuera del féretro. La pieza más espectacular es, sin duda, un casco de oro con decoración repujada que simula un peinado recogido en una trenza (fig. 74). La identidad del joven hombre enterrado en esta tumba de Ur ha sido una cuestión muy debatida. Es posible que sea el hijo de la reina Ninbanda y del rey Mesannepada, llamado Meskalamdug.

UN RITUAL FUNERARIO ESTREMECEDOR

Explicar el auténtico significado de las llamadas «tumbas reales» de Ur y del ritual funerario practicado en las mismas no es tarea fácil. Su excepcionalidad ha generado hipótesis explicativas muy distintas (fig. 75). La primera dificultad surge a la hora de identificar quiénes fueron los individuos allí enterrados a mediados del III milenio a.C. ¿Cuál es su sexo y su categoría social? ¿Fueron realmente reyes? Los restos esqueléticos no se conservaron demasiado bien, por lo que en varias ocasiones la atribución del sexo se hizo a partir del tipo de ajuar hallado en la cámara. Las inscripciones grabadas en sellos cilíndricos y en vasos nos han

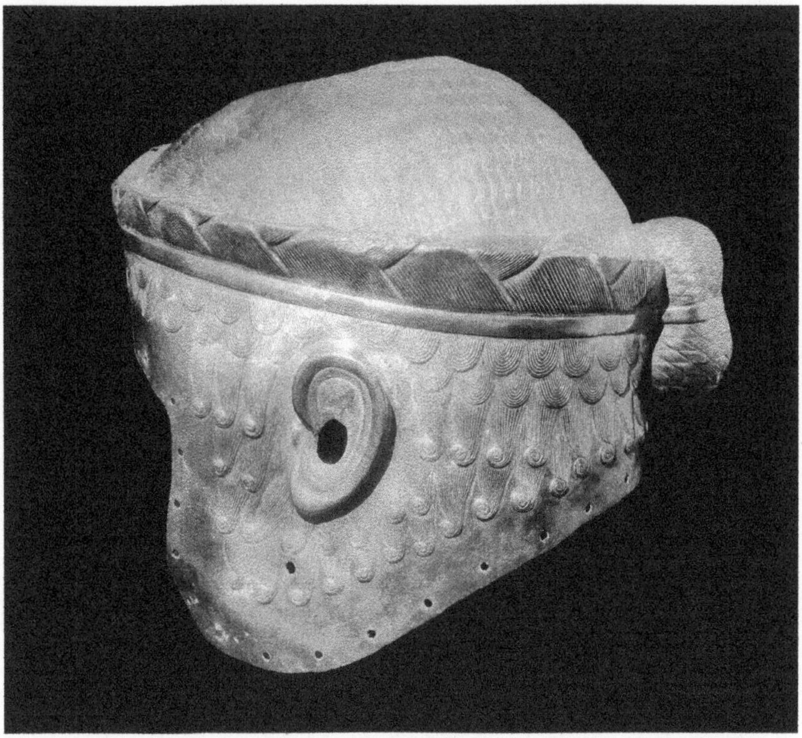

74. Casco de oro hallado en la tumba PG.755 de Ur (Ur online).

revelado los nombres de individuos que son calificados de reyes y señoras (¿reinas?) o sacerdotisas. Son cinco nombres propios repartidos en seis tumbas. Ninguno de estos nombres propios aparece recogido en la *Lista Real Sumeria*. De las once tumbas restantes consideradas reales, o bien tenemos algunos nombres (pero no su estatus social), o bien no sabemos nada.

La mayor parte de los personajes inhumados en el cementerio de Ur, fueran reyes o no, aparecieron acompañados por un grupo de cadáveres. En algunos casos, se contabilizaron hasta sesenta y tres y setenta y cuatro individuos (hombres y mujeres respectivamente). No parece que se tratara de simples esclavos, sino de guardias de la corte, cocheros, músicos, etc. Inicialmente, no se observaron rastros de violencia o de sacrificios humanos forzados. Todo debió de responder a un ritual funerario bien organizado, impresionante, fastuoso, pero macabro a nuestros ojos.

Woolley describió lo que allí pudo ocurrir hace más de cuatro mil quinientos años, no sin reconocer algunas dudas, en los términos siguientes:

> Se nos ha preguntado a menudo cómo morían las víctimas en las sepulturas reales, pero es posible dar una respuesta definitiva. Los huesos están demasiado triturados y demasiado descompuestos para mostrar la causa de la muerte, suponiendo que se hubiera empleado la violencia, pero el estado general de los cuerpos sí proporciona un argumento convincente. Muchas de estas mujeres ostentan tocados de sí delicados que podían desarreglarse fácilmente, y sin embargo se han encontrado sin más alteración que la causada por la presión de la tierra; lo que habría sido imposible si se hubiera golpeado en la cabeza a los que los llevaban, e improbable si hubieran caído al suelo después de ser apuñaladas. Igual de extraño sería que hubieran sido muertas fuera de la sepultura, arrastradas rampa abajo y colocadas en sus lugares, todo conservando intactos sus adornos. Es indudable que los animales estaban vivos cuando arrastraron los carros por la rampa, y de ser así los mozos que los condujeron y los conductores que iban dentro de los carros debieron haber estado vivos también. No es, por lo tanto, arriesgado suponer que los que iban a ser sacrificados bajaron vivos a la fosa. También puede suponerse con igual certeza que las víctimas estaban muertas, o al menos inconscientes, cuando la tierra se arrojaba dentro del hoyo y se apisonaba sobre ellos, pues en cualquier otro caso habría habido alguna lucha que habría dejado indicios en la postura de los cuerpos; pero éstos se encuentran siempre cuidadosamente ordenados, y tan perfectamente colocados y alienados están, que nos sentimos inclinados a suponer que, después de que estaban tendidos sin conocimiento, alguien entraba en el foso y daba los últimos toques a la colocación, [...] Lo más probable es que las víctimas llegaran a sus respectivos lugares por su propio pie,

75. Reconstrucción del ritual funerario de la tumba PG.789 de Ur, realizada en 1928 (A. Forestier, WikCom dominio público).

tomaran alguna especie de droga (por ejemplo opio o hachís) y se tendieran ordenadamente. Una vez que la droga había hecho efecto, produciendo el sueño o la muerte, se daban los últimos toques a los cuerpos y se rellanaba la fosa.

De acuerdo con la descripción de Woolley, las personas inhumadas junto a los personajes centrales en las «tumbas reales» de Ur no tuvieron una muerte violenta. Asegura no haber visto huellas producidas por armas o golpes. Este hecho, y que sus restos aparecieran dispuestos siguiendo un orden estricto, le hizo pensar que ellas mismas se envenenaron voluntariamente en el marco de un ritual imponente. Resulta muy difícil interpretar lo allí acontecido, trágico y aterrador desde nuestro punto de vista. ¿Se trató de macabros sacrificios humanos? Nos hallamos ante una escenografía funeraria de gran teatralidad orientada a demostrar a la sociedad de Ur la capacidad y el prestigio de un nuevo poder emergente, el poder del palacio.

Estudios antropológicos recientes realizados a algunos de los restos óseos conservados en museos demuestran que los individuos que formaron parte de estos enterramientos múltiples fueron expuestos al fuego y tratados con mercurio para retrasar su putrefacción. La mayor parte de ellos eran jóvenes de veinte a treinta años. Se detectó también que en dos de las tumbas reales (PG.789 y 1237) algunos cráneos presentaban un fuerte traumatismo causado por un objeto puntiagudo. Tampoco se descarta que pudieran haber muerto por estrangulamiento, a juzgar por la posición antinatural en la que aparecieron los huesos del cuello. Estos datos entran en contradicción con la teoría defendida por Woolley, esto es, con enterramientos voluntarios sin la mediación de violencia física. No parece que se trate de un suicidio colectivo, sino de un asesinato en masa. La identidad de los inhumados sigue siendo una incógnita. Tradicionalmente se ha pensado que se trataba de sirvientes, mujeres y hombres, de la corte de Ur. Los indicios de un mayor desarrollo muscular observado en ciertos huesos, consecuencia de una intensa actividad física, avalan que se trataría de individuos que formaban parte de una clase social baja.

Este ritual funerario tan complejo ha generado numerosas hipótesis explicativas sin que se haya llegado a un consenso. Veamos cinco de ellas. La primera apunta que los reyes y las reinas de Ur se hicieron enterrar con sus principales posesiones, tanto materiales como humanas. Los monarcas debían ir acompañados de todo aquello que iban a necesitar en su nueva existencia en el inframundo lo que afectaba a las personas que les habían servido en vida. De esta manera, su séquito les acompañó al más allá.

La segunda tesis sugiere que cuando un rey fallecía, su heredero tomaba las riendas del poder renunciando a las riquezas de su antecesor. La renuncia y la destrucción ritual de las posesiones materiales se realizaba con la finalidad de que los sucesores mantuvieran su estatus en la sociedad. Los que destruían las riquezas (seres humanos, animales y objetos de valor) de sus antepasados, mediante la costumbre de enterrarlas en sus tumbas, recibían a cambio un reconocimiento social.

La tercera explicación alternativa sugiere que estamos ante los restos no de tumbas regias, sino de un culto a la fertilidad. Los individuos enterrados (personal religioso) morían después de representar la ceremonia del matrimonio sagrado. Se creía que esta unión entre el dios Dumuzi y la diosa Inanna propiciaba la fertilidad de la tierra y la fecundidad del ganado y, por tanto, la prosperidad de Súmer.

Una cuarta hipótesis estima que la clave para poder entender las tumbas de Ur está en los ritos relacionados con el culto a Nanna, el dios luna tutelar de Ur. Este singular culto era dirigido por una gran sacerdotisa, normalmente una hija del soberano reinante, acompañada por un clero mayoritariamente femenino. Esto aclararía la importante presencia de mujeres en los enterramientos múltiples.

Finalmente, la quinta tesis estima que los enterrados en Ur no eran verdaderos reyes, sino sustitutos de estos. Era una tradición arraigada en Mesopotamia que, cuando había malos presagios sobre el futuro de un reinado, se recurriera a un individuo cualquiera para que ocupara el lugar del rey de forma temporal. Una vez pasaba el mal augurio, se mataba al monarca sustituto (y a su séquito) y se le enterraba como si se tratara de un verdadero rey.

No es fácil explicar lo que ocurrió en las «tumbas reales» de Ur. Nos hallamos ante una escenografía funeraria de gran espectacularidad orientada a demostrar a la sociedad de la época la capacidad y el prestigio de un nuevo poder emergente, el poder de los soberanos. Los textos de mediados del III milenio a.C. no nos aportan información sobre las creencias de ultratumba y la actitud de la gente ante la muerte que nos ayude a comprender los rituales practicados en el cementerio de Ur. Textos posteriores sí que nos ofrecen algunas referencias de interés. Por ejemplo, en el texto sobre la muerte de Ur-Namma, rey de Ur (2112-2015 a.C.), podemos leer: «Con el rey se encontraban sus asnos; los asnos fueron enterrados con él». Por su parte, en la obra conocida como *Gilgamesh y la muerte*, probablemente de la misma época que la anterior, se describe la construcción en el lecho del río Éufrates de una tumba excepcional de piedra y vigas de oro para acoger el cuerpo del rey de Uruk:

> Después de haber finalizado aquellos trabajos penetraron en la tumba su esposa predilecta, su hijo predilecto, su primera esposa, su segunda esposa, sus seres queridos, su cantor predilecto, su músico predilecto, su amado ayuda de cámara, su barbero predilecto, su intendente, lo oficiales que circulaban por todo el palacio. Asimismo, hizo colocar todos sus objetos preferidos. Después de que todos estuvieron colocados junto a él guardando el mismo lugar que habían tenido en palacio, en el centro de Uruk, ordenó que las aguas del Éufrates anegaran el lugar.

Es esto una clara referencia a los sacrificios humanos documentados en las «tumbas reales» de Ur porque es muy posible que aquellos funerales grandiosos y aterradores dejaran huella en la memoria colectiva de los sumerios unos siglos después.

Es arriesgado dar una explicación definitiva a los ritos practicados en el cementerio de Ur. ¿Existió algo comparable en Mesopotamia? En Kish, al norte de Ur, se hallaron varias tumbas con carros tirados por bóvidos y équidos que contenían ricos ajuares funerarios. Y, en Egipto, la necrópolis de Umm al-Qaab, situada en Abidos, ha proporcionado tumbas de la primera dinastía en las que el monarca fue enterrado con miembros de su familia y sus sirvientes. En algunos casos se trata de hasta doscientos individuos en enterramientos subsidiarios alienados en torno al rey y acompañados también de animales (perros y leones). Estas macabras costumbres funerarias pudieron estar ligadas a la aparición de las primeras élites políticas que podemos calificar de propiamente monárquicas, cuyo poder estaba aún en proceso de consolidación. Enterrarse con su séquito era una forma extrema de marcar los límites por parte del nuevo poder real. Probablemente, con la estabilización de la realeza desapareció esta práctica que no era viable a largo plazo.

Lo que sí parece probado es que, tras preparar el cadáver del soberano con sus mejores galas, incluyendo joyas y armas, este se trasladaba en un carro acompañado por una procesión formada por la afligida familia y sus sirvientes, además de por plañideras, música con arpas, y profesionales de las lamentaciones fúnebres. Toda esta parafernalia daba forma a un espectáculo dramático con el que atraer la atención de los vivos. La ceremonia continuaba con la colocación del cuerpo en la cámara mortuoria. En algunos casos, el carro en el que se transportaba en procesión el cuerpo del soberano difunto era depositado en la tumba. A ella se accedía por una rampa. En el relato de la muerte de Ur-Namma se indica que el traslado del rey al inframundo se hizo en un vehículo: «El carro que llevaba a Ur-Namma se detenía, pues el camino era tortuoso y no se podía avanzar [...]». Finalmente, en la cámara fueron situados los cuerpos de los asistentes y servidores, y, a continuación, el de los músicos, porteadores y conductores de los carros que formaban parte de la procesión. Dado que se han documentado huellas de violencia física en algunos cráneos, parece coherente pensar que estamos ante sacrificios humanos realizados en el exterior de la tumba. Una vez preparados y ataviados para la ocasión, los sacrificados fueron trasladados al interior para cumplir su papel en la nueva vida del difunto, su señor o señora, al que acompañarían para siempre. Dado que ninguna tumba estaba marcada con una estela exterior que indicara el nombre propio del individuo inhumado, es poco probable que podamos conocer la identidad exacta de todas las personas enterradas en las cámaras funerarias del cementerio «real» de Ur.

EL ORO DE LAS TUMBAS DE LAS REINAS ASIRIAS

Entre 1988 y 1990 tuvo lugar un descubrimiento excepcional para la historia de la arqueología mesopotámica. Durante el trascurso de una serie de trabajos de mantenimiento y restauración en el palacio del rey Assurnasirpal II (883-859 a.C.) en la ciudad de Kalhu, antigua capital asiria, un equipo del Servicio de Antigüedades de Iraq, dirigido por Muzahim Hussein, se topó con varias tumbas de los siglos IX y VIII a.C. ¡Eran tumbas reales! ¡De reinas asirias! Además, ¡la mayoría no habían sido saqueadas! Los casi setecientos objetos que albergaban eran deslumbrantes: ¡más de ciento cincuenta kilogramos de oro! Las sofisticadas joyas de oro y otros objetos de extraordinaria belleza del mobiliario funerario rivalizaban en calidad y cantidad con los hallazgos efectuados, por ejemplo, en algunas de las célebres tumbas faraónicas egipcias. Sin embargo, el comienzo de la primera Guerra del Golfo, en 1991, y las posteriores sanciones económicas provocaron que este extraordinario hallazgo arqueológico pasara prácticamente desapercibido en Occidente. Las exposiciones internacionales previstas para mostrar tan extraordinario patrimonio tuvieron que cancelarse. De hecho, en los últimos años, estos tesoros han estado ocultos en la cámara acorazada de un banco en Bagdad para protegerlos de la convulsa historia reciente del país árabe.

Bajo distintas salas localizadas en la parte meridional del palacio de Kalhu, los arqueólogos iraquíes descubrieron cuatro hipogeos reales, prácticamente intactos, y un complejo funerario colectivo de personajes ligados a la corte asiria, que fue saqueado en el momento de la caída del imperio asirio en el año 612 a.C. Las tumbas estaban formadas por una cámara mortuoria y una antecámara accesible por un pozo. Ambas salas estaban cubiertas por bóvedas de ladrillo (fig. 76) y albergaban sarcófagos de terracota, en cuyo interior se hallaron fragmentos de tejido de lino (restos de la mortaja y de la ropa de las difuntas).

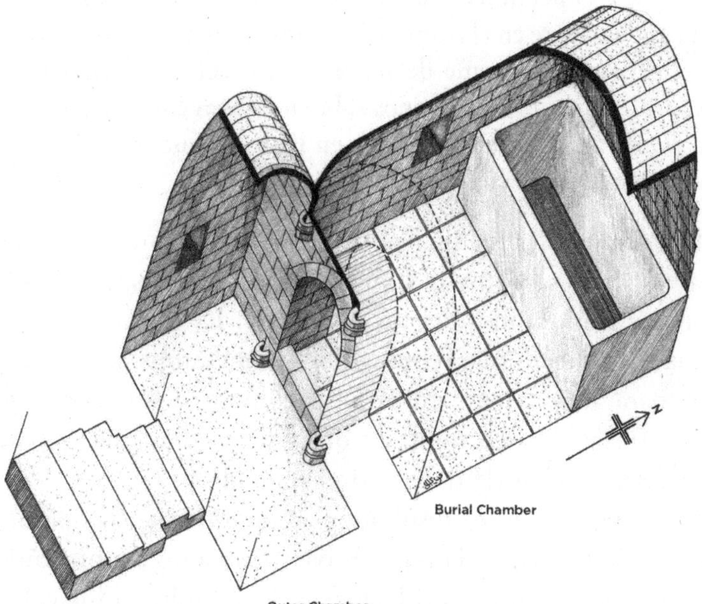

76. Tumba II de Kalhu, asignada a la reina asiria Yaba (M. Hussein).

Gracias a los objetos funerarios con inscripciones se ha podido identificar quiénes fueron las personas enterradas. Las tumbas II y III contenían los restos de tres reinas asirias: Mullissu-mukannishat-Ninua, esposa de Assurnasirpal II (883-859 a.C.); Yaba, cónyuge de Tiglat-pileser III (745-727 a.C.) y Ataliya, casada con Sargón II (722-705 a.C.). Por el contrario, los individuos inhumados en las tumbas I y IV son de difícil identificación.

La riqueza del mobiliario funerario de la tumba II, construida para la reina Yaba, es incomparable. Además de los numerosos objetos de oro (coronas, pulseras, anillos, pendientes, cinturones, vasos, etc.) y de cristal de roca (soberbios vasos), la soberana se hizo enterrar con un texto cuneiforme que contenía una terrible maldición contra todo aquel que abriera su tumba para meter otro cuerpo o robar su ajuar:

> [...] Quienquiera que, en el tiempo venidero, ya sea una reina que se siente en el trono o una dama de palacio que sea favorita del rey, que me saque de mi tumba, o coloque a otra persona conmigo, o ponga sus manos sobre mis joyas con mala intención, o rompa el sello de esta tumba en la tierra, que su espíritu vague afuera bajo los rayos del sol [...].

Parece que esta maldición no tuvo efecto, pues entre veinte o cuarenta años después la tumba II fue abierta para inhumar a la reina Ataliya, esposa del rey Sargón II. La tumba III, la más antigua, perteneció a la reina Mullissu-mukannishat-Ninua. La antecámara y la cámara mortuoria contenían muchos objetos (más de trescientos en total) de oro y de piedras preciosas y semipreciosas, a pesar de haber sido expoliada en parte.

De acuerdo con los resultados de los análisis paleopatológicos de los restos óseos, la reina Yaba murió a los treinta años de edad, al igual que Ataliya. El cadáver de esta última fue calentado a doscientos grados durante varias horas. Se sospecha que fue víctima de una enfermedad contagiosa. Esta exposición al calor debió de servir para prevenir el riesgo de contagio a las personas que tenían que preparar su cuerpo inerte para el entierro.

Las tumbas de Kalhu contenían en su interior inscripciones y sellos de otras reinas asirias. Por desgracia, solo se ha podido obtener información precisa de algunas. Es posible que, entre ellas, hubiera reinas madre, esposas principales o secundarias, hermanas e hijas de los reyes asirios de la primera mitad del I milenio a.C. Este hallazgo arqueológico a finales de los años ochenta del pasado siglo en el norte de Iraq, muy poco conocido entre el gran público, es comparable por su espectacularidad con las tumbas «reales» de Ur y con la archifamosa tumba del faraón egipcio Tutanhamón (descubierta en 1922). Lo realmente relevante es que han contribuido a mejorar nuestro conocimiento de las mujeres de la corte asiria. Hasta este descubrimiento, no se sabía prácticamente nada de las soberanas asirias aparte de Naqi'a y de la legendaria Semíramis. Estas tumbas, en definitiva,

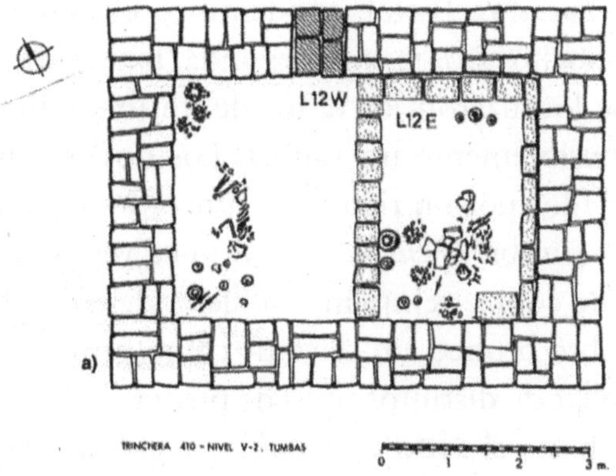

77. Plano esquemático de la tumba *Locus* 12 de Tell Qara Quzaq, en Siria (Archivo TQQ, IPOA).

nos dan una idea del esplendor alcanzado por la civilización mesopotámica y, en particular, de la cultura asiria.

LA TUMBA DE LA «PRINCESA» DE QARA QUZAQ

Quiero concluir este capítulo sobre la muerte y la vida de ultratumba evocando una experiencia personal. En 1992, en mi primera participación en un proyecto en Oriente Próximo, que a su vez era la primera misión arqueológica española en la antigua Mesopotamia, tuve la suerte de excavar una interesante tumba en el yacimiento de Tell Qara Quzaq, unos cien kilómetros al este de Alepo (Siria).

En la parte alta de la colina arqueológica de la aldea siria de Qara Quzaq, junto al río Éufrates, se localizó una construcción acondicionada para albergar dos enterramientos separados por un tabique medianero. Este edificio funerario era un monumento de envergadura, levantado con adobes de color rojo, al que se accedía por una pequeña puerta que había sido sellada desde el exterior con adobes de otro tipo (fig. 77). En la primera cámara, denominada *Locus* 12 (Este), se identificó el esqueleto de una mujer de dieciocho años y, en la segunda, bautizada como *Locus* 12 (Oeste), se localizaron los restos de un individuo de doce o trece años (posiblemente un varón). Los dos inhumados estaban acompañados por un rico ajuar funerario. El más llamativo se halló en la tumba *Locus* 12 (Este): once vasijas de cerámica, cinco lanzas de cobre, veinticinco alfileres de cobre/bronce, dos cuentas de cobre/bronce, un clavo de cobre/bronce y setecientas cuentas de collar de distintos tipos de piedra. Todo el material se puede fechar hacia el 2900-2700 a.C. (en el inicio de las Dinastías Arcaicas mesopotámicas).

El cadáver había sido depositado en el interior de la tumba de Tell Qara Quzaq en postura fetal, con el cráneo mirando hacia el oeste. Los huesos tenían un llamativo color grisáceo debido a la acción del fuego a la que estuvieron sometidos durante el ritual funerario. La temperatura del fuego no superó los setecientos grados, ya que por encima de este nivel los huesos se habrían pulverizado. Todos los huesos se encontraron en conexión, es decir, en su posición original. Si la aplicación del fuego fue anterior o posterior a la reducción del cuerpo al estado de esqueleto es un problema aún sin resolver. No obstante, se piensa que los huesos ennegrecidos pueden ser indicativo de que todavía existía materia orgánica, es decir, masa muscular.

Durante el proceso de excavación de la tumba se pudo observar que alrededor del esqueleto había una mancha de color grisáceo que afectaba a algunas zonas de las paredes de la cámara. Así mismo, las pequeñas cuentas de cristal de roca, que formaban parte de una pulsera localizada en la muñeca del esqueleto, habían quedado ennegrecidas por la combustión. Por último, se pudo apreciar que entre las once vasijas de cerámica depositadas como contenedores de productos perecederos no había ninguna huella atribuible a la acción del fuego. Todos estos datos apuntan a que la difunta estuvo expuesta al fuego siguiendo unos ritos practicados en el momento del enterramiento y no a un incendio posterior de la tumba. Aunque se nos escapa su significado exacto, estamos ante una cremación intencionada del cadáver. La práctica de la cremación en Oriente Próximo se ha asociado usualmente con las culturas del oeste anatólico y se ha interpretado como una tradición propia del mundo indoeuropeo. Esta costumbre llegaría hasta la región del norte de Siria y sureste de Anatolia procedente de Tarso, en Cilicia, hacia finales del III milenio a.C. El ejemplo más antiguo en la zona de este tipo de enterramiento procede de Gedikli, en la región turca de Gaziantepe. Sin embargo, el estudio de los restos óseos de Tell Qara Quzaq ha aportado nuevos datos, que ponen en tela de juicio esta teoría clásica según la cual se relacionaba la práctica de la cremación con el movimiento de las poblaciones indoeuropeas por el área sirio-anatólica a finales del III e inicios del II milenio a.C.

El ritual de la cremación, el valioso ajuar metálico y la envergadura arquitectónica del edificio funerario convierten a la tumba de Tell Qara Quzaq en un enterramiento excepcional, atribuible a un personaje de relevancia social. Resulta difícil, sin embargo, precisar el estatus sociopolítico de la difunta, pero es evidente que perteneció a un colectivo influyente y que formaba parte de un grupo con capacidad para acceder a las rutas del metal a través del comercio a larga distancia. Nos hallamos en los comienzos del III milenio a.C., el período de la explosión metalúrgica y de la aparición de las primeras dinastías urbanas, una élite que hizo del control de los metales un medio para afianzar su poder y su prestigio. La tumba *Locus* 12 (Este) nos muestra el estatus heredado por nacimiento de una joven en su última morada: una «princesa» fallecida a la corta edad de dieciocho años en los inicios de la Edad del Bronce en el valle del alto Éufrates sirio. Y estaba, además, acompañada de cinco lanzas, un atributo masculino según la arqueología más tradicional.

9

EL FUTURO DE UN LEGADO EXCEPCIONAL

¡Mesopotamia se muere! No es ninguna exageración. Desde que, en 1786, la llamada *Piedra Michaux* ingresara en la Biblioteca Nacional de París con la vitola de ser el primer monumento mesopotámico con una inscripción cuneiforme traído a Europa, el expolio de la región por diferentes vías no ha cesado. Son más de dos siglos en los que el patrimonio arqueológico de la antigua Mesopotamia ha estado expuesto a todo tipo de intereses: los religiosos (connotaciones bíblicas), los políticos (independencia y dictadura) y los militares (las dos guerras del Golfo y la de Siria).

Desde mediados del siglo XIX, el excepcional legado mesopotámico ha sufrido las consecuencias de la loca carrera europea por descubrir los grandes tesoros del Oriente antiguo. A partir de 1843, han sido muchas las obras de arte de pueblos citados en el Antiguo Testamento, como los asirios y los babilonios, que se han extraído de las orillas del Tigris y del Éufrates para viajar a los grandes museos europeos: París, Londres y Berlín. De forma periódica, asistimos a la vieja controversia sobre la restitución o no de este patrimonio cultural a su legítimo propietario, esto es, al país de procedencia. Aunque siempre debe primar lo mejor para el objeto o la obra, de forma preferente la conservación *in situ* parece la más lógica. Es necesario, a la hora de restituir, estudiar caso por caso y, sobre todo, no ignorar el contexto en el que se produjo la salida de estas colecciones. Muchos de los objetos asirios y babilónicos viajaron con la autorización del Imperio otomano, cuando países como Iraq o Siria aún no existían. Estas obras son parte de la propia historia de la arqueología, con sus aciertos y sus errores. El asunto es complejo y no debe reducirse a la simple restitución.

La descomposición del Imperio otomano, tras la Primera Guerra Mundial, modificó el equilibrio entre las grandes naciones europeas. Siguiendo el acuerdo Sykes-Picot de 1916, en Oriente Próximo se crearon protectorados bajo la tutela de Francia y Gran Bretaña. Las condiciones del trabajo arqueológico en la región cambiaron sustancialmente. En este contexto, la figura de Gertrude Bell, oficial de la administración británica de la máxima confianza de Winston Churchill, se presenta como una pieza clave. Apasionada viajera por Oriente, que recorrió a caballo, y gran conocedora del pasado mesopotámico, organizó el Departamento de Antigüedades iraquí, redactó una ley de antigüedades para retener la salida de los hallazgos y fundó el Museo Nacional de Bagdad, en 1926, con una colección de más de tres mil objetos arqueológicos. La independencia de Iraq, en 1932, dio origen a un endurecimiento de la legislación en materia arqueológica. La primera decisión fue restringir el reparto de los objetos hallados con los equipos extranjeros. Los vestigios arqueológicos pasaron a ser, desde 1967, propiedad exclusiva del Estado iraquí.

La convulsa historia reciente del moderno Iraq ha tenido, como es obvio, consecuencias sobre la protección y conservación de su patrimonio arqueológico. Un buen ejemplo es la ciudad de Babilonia, una de las joyas de la corona del legado mesopotámico. A partir de 1978, las autoridades iraquíes planificaron diversas iniciativas orientadas a la ejecución de un ambicioso proyecto de restauración de las ruinas de la ciudad. Babilonia era una cuestión de Estado, un símbolo para el nacionalismo iraquí y el movimiento socialista panárabe (el baazismo). La ciudad y su historia habían sido secuestradas por el nuevo líder del país. De acuerdo con las viejas tradiciones mesopotámicas, Sadam

78. Detalle de un ladrillo con texto en árabe usado en la reconstrucción de la ciudad de Babilonia (F. Masó).

Husein, como si de un nuevo soberano de Babilonia se tratara, llevó a cabo la reconstrucción de los principales edificios de la ciudad, entre ellos el palacio meridional. Para esta colosal empresa mandó fabricar miles de ladrillos en los que gravó en árabe los siguientes textos (fig. 78): «En la era de Sadam Husein, protector de Iraq, que reconstruyó el palacio real» o «Yo, Sadam Hussein, he reconstruido Babilonia; he vuelto a levantar los muros del palacio de Nabucodonosor [...] para devolver al pueblo iraquí el orgullo de su gloria pasada». Esta controvertida reconstrucción fue un desastre patrimonial. Enmascaró gran parte de los vestigios originales, creando una nueva Babilonia en detrimento de la ciudad antigua (fig. 79).

Las dos guerras del Golfo, en 1991 y 2003, representaron otro serio revés para el futuro de la arqueología y su gestión en Iraq. Las sanciones y el embargo impuestos fueron un desastre para el futuro del país árabe. Ante la falta de medios y personal, los saqueos ilegales de yacimientos crecieron exponencialmente para alegría de traficantes y coleccionistas. El mercado negro de antigüedades se inundó rápidamente con miles de objetos llegados de forma ilegal desde Iraq.

En marzo de 2003, tuvo lugar la invasión de Iraq por tropas norteamericanas y sus aliados. Unos meses más tarde, Babilonia se transformó en un campamento militar de ciento cincuenta hectáreas, bajo control del ejército polaco, que albergó durante más de un año a dos mil soldados de la coalición. Lamentablemente, esta base militar afectó a algunos de los monumentos más famosos de la ciudad. Los daños que sufrió el yacimiento arqueológico fueron numerosos, como lo demuestra la excavación de trincheras, la instalación de un helipuerto o la circulación de vehículos pesados sobre las ruinas. Hubo que esperar hasta julio de 2019 para que el Comité de Patrimonio Mundial de la Unesco otorgara la categoría de Patrimonio de la Humanidad a Babilonia. El proceso fue demasiado largo, lento y no exento de dificultades. La vieja capital mesopotámica acumulaba sobrados méritos para recibir tan prestigioso reconocimiento internacional hace muchos años. Esperemos que esta declaración sirva para mejorar su protección y su conservación para las futuras generaciones.

Tampoco podemos dejar de recordar los daños derivados de la creación, en 2014, del Estado islámico en el norte de Iraq y en otras ciudades de Siria. En Mosul, el museo fue saqueado, los principales monumentos de la ciudad vieja sufrieron cuantiosos daños, el yacimiento asirio de Kalhu fue brutalmente dinamitado y el sitio de Nínive vio abrirse grandes trincheras en su suelo. Estos son solo algunos ejemplos de una larga lista del patrimonio cultural afectado.

Otro caso dramático es el de la antigua ciudad de Mari, en Siria, que la organización islamista expolió sistemáticamente para financiar su proyecto político. El Estado islámico daba permisos de excavación a cambio de un veinte por ciento de los hallazgos, e incluso reclutó arqueólogos para realizar excavaciones mecani-

79. Reconstrucción moderna del «palacio meridional» de Babilonia (P. Azara).

zadas. El resultado es un auténtico drama patrimonial: hoy hay más de tres mil fosas ilegales repartidas por todo el yacimiento. Los islamistas pusieron precio al saqueo en Mari: una tablilla cuneiforme se vendía por cien dólares y un sello cilíndrico o una estatua podía alcanzar los mil dólares en el mercado negro.

A pesar de los esfuerzos de los organismos nacionales e internacionales, el patrimonio arqueológico de la antigua Mesopotamia está siendo destruido y saqueado en las últimas décadas a un ritmo nunca visto. Ahora, más que nunca, es fundamental trabajar codo con codo con las autoridades locales para que sus técnicos tengan la mejor formación posible y los medios suficientes para valorar y proteger su patrimonio cultural. El futuro pasa por promover una arqueología colaborativa, con más valor social, que se implique en el territorio y que trabaje de forma conjunta con los responsables locales y la población del entorno, sobre todo en las zonas más marcadas por el conflicto. La arqueología colonial en Iraq y Siria es parte de una época superada que no debemos olvidar y, mucho menos, menospreciar. Hoy, sin embargo, el modelo que debe seguirse es otro: el de la cooperación internacional.

La historia de la civilización del Tigris y del Éufrates es un legado único, una herencia irrepetible y universal, cuya protección y conservación es responsabilidad de todos. Mesopotamia no puede desaparecer en manos de la barbarie. Es una parte insustituible de nuestra historia. El mundo actual no se ha construido solo a partir de las armas, sino también de la palabra. No lo olvidemos: la palabra se hizo escrita, por vez primera, en Mesopotamia. Y escribir es lo que nos hace genuinamente humanos.

EPÍLOGO. ARQUEÓLOGOS, DE AYER Y DE HOY, EN MESOPOTAMIA

La arqueología en Mesopotamia dio, como hemos visto, sus primeros pasos en la colina de Khorsabad, en el norte del actual Iraq. Era el año 1843. Hoy caminamos, no sin dificultades, hacia el bicentenario de una disciplina fundamental para conocer el origen de la civilización. Oriente, el Oriente antiguo, embruja y seduce, con sus luces y sus sombras, a aquellos que lo conocen y lo frecuentan. No es una tierra fácil. Sin embargo, su luz dorada, sus aguas milenarias, su apasionante pasado y la hospitalidad de sus gentes atrapan de forma casi irracional.

El periodista norteamericano Lowell Thomas, durante la Primera Guerra Mundial, trató en Jerusalén con Thomas E. Lawrence, mundialmente conocido como Lawrence de Arabia. Quedó fascinado por las distintas facetas de su apabullante personalidad. No todo el mundo sabe que Lawrence empezó como arqueólogo en Oriente Próximo. Hizo su tesis doctoral sobre la arquitectura militar de las Cruzadas y, antes de la Gran Guerra, excavó junto a Leonard Woolley, el excavador de Ur, en la ciudad hitita de Karkemish, en Turquía. Aprovechó la ocasión para recorrer toda la región del alto Éufrates, situada a caballo entre el norte sirio y el sureste turco, y recoger algunos objetos procedentes de necrópolis antiguas. Hoy muchos de estos objetos se conservan en el Ashmolean Museum de Oxford con una etiqueta que pone: «Ofrecido por T.E. Lawrence». Lowell Thomas estaba muy sorprendido por esta dimensión intelectual de Lawrence.

En su obra *Con Lawrence en Arabia* (1924) escribió lo siguiente sobre esta cuestión:

> Muchas veces me extrañé yo de que hubiera escogido Arabia como campo de sus trabajos arqueológicos, en vez de dirigirse a Egipto, que es como La Meca y Medina para la mayor parte de los hombres que gustaban de excavar entre las ruinas de la antigüedad. Su contestación a mi pregunta acerca de ello, fue como todas las suyas: "¡Egipto (dijo) nunca me ha seducido. La mayor parte de los trabajos importantes se ha hecho ya allí, y la mayoría de los egiptólogos de hoy malgastan lastimosamente el tiempo tratando de descubrir con precisión cuándo fue pintada la tercera antena del escarabajo sagrado...!"

La radical respuesta de Lawrence hay que entenderla en el contexto de su desmedida pasión por el mundo árabe y su historia antigua. Arabia fue su vida. A Lawrence, como a otros muchos, le fascinaba Oriente.

En 1994, realizando mi tesis doctoral, viajé a Oxford para estudiar unas piezas de bronce del norte de Siria. Instalado en una sala de investigación del Ashmolean Museum, el conservador del departamento de Oriente Próximo, el Dr. P. R. S. Moorey, me trajo unas pequeñas cajas de tabaco y de chocolate con los objetos metálicos que quería estudiar. Cuál fue mi sorpresa cuando al abrirlas me encontré con un diminuto papel con un texto manuscrito firmado con la sigla T.E.L. ¡Las había escrito el mismísimo Lawrence de Arabia (Thomas Edward Lawrence)! Eran las piezas de necrópolis del norte de Siria que había donado al museo oxoniense. ¡Y yo las tenía en mis manos!

Dos años antes, en el verano de 1992, tuve la suerte de viajar por primera vez a Siria. Allí he trabajado con varios equipos de arqueólogos, junto al río Éufrates, hasta febrero de 2011. Después llegó la guerra. Fueron casi veinte años de experiencias personales y profesionales inolvidables. Debo mucho a aquel país y a su gente. Tell Qara Quzaq, Tell Khamis, Tell Hariri-Mari (junto a mi maestro, el profesor Jean Claude Margueron), Tell es-Sin, Tell Qabr Abu al-'Atiq y Tell Humeida son todos los yacimientos arqueológicos de Siria en los que he excavado como miembro del equipo o como director. Diecinueve años apasionantes, en los que he visto evolucionar al país y a la arqueología en la región. Pienso, por ejemplo, en la forma de comunicarme con mi familia. Recuerdo mi primera campaña, en 1992. La comunicación con los míos era epistolar. Unos diez días tardaban en llegar las cartas desde España al museo de Alepo. Y luego había que esperar otros tantos hasta que un funcionario del museo nos las trajera a la remota aldea de Qara Quzaq, junto al Éufrates. Recibir carta era un momento mágico. Y amargo cuando las recibían tus compañeros, pero tú no. En alguna ocasión iba a la oficina central de correos en Alepo para poder llamar por teléfono a casa. Entregaba mi pasaporte a un telefonista y a esperar suerte. ¡Isbania! ¡Isbania! (España en árabe) gritaba el telefonista cuando conseguía hacer la llamada. Para eso tenía que viajar en autobús más de cien kilómetros. Luego llegaron las cabinas telefónicas en la calle, los cibercafés y, por último, el móvil.

Si hay una cosa que recuerdo especialmente son los madrugones, a las cinco de la mañana, para evitar al máximo el tórrido calor de Oriente. Y a la llegada al yacimiento, a la salida del sol, el té, un vasito de té caliente. Siria me sabe a té, a un té dulce compartido con los obreros, humildes campesinos de la región. Gentes acogedoras y amables como pocas. Es la afamada hospitalidad árabe, de la que había disfrutado Agatha Christie en los años treinta del pasado siglo. La escritora inglesa estaba casada con el arqueólogo Max Mallowan y le acompañaba habitualmente en sus campañas en el norte de Siria. En su libro *Ven y dime cómo vives* (1946) describe la siguiente escena alrededor de una taza de té en Tell Chagar Bazar:

> Llegamos a la colina a las seis y media de la mañana, de modo que demos hacer un alto para desayunar a las ocho y me-

dia. Comemos huevos duros con tortas de pan árabe; Michel, el chófer, trae té caliente, y bebemos en tazones esmaltados, sentados en lo alto del montículo; el sol es placenteramente cálido y las sombras matinales vuelven el paisaje increíblemente encantador, con las montañas azules de Turquía al norte y, a nuestro alrededor, brotes de minúsculas flores rojas y amarillas. El aire fresco es delicioso. Se trata de uno de esos momentos en los que da gusto estar vivo.

El arqueólogo londinense Leonard Woolley, antes de excavar en Ur lo hizo en Karkemish, en la actual frontera sirio-turca. Sobre los obreros que contrató para esta campaña, que discurrió entre 1912 y 1914, escribió: «Así son nuestros trabajadores árabes: leales y dispuestos a colaborar, honrados, laboriosos y meticulosos [...] no son esclavos, sino colaboradores». Entre sus hombres de confianza sobre el terreno estaba el capataz Hamoudi, quien empleaba un peculiar método para informar sobre los hallazgos en la excavación:

> En cuanto aparece algo valioso, acude Hamoudi [...] limpia el objeto y, luego, cuando está visible, mide su valor a tiros. Un fragmento de escultura de buen tamaño puede valer un tiro, una lápida de basalto entera con figuras e inscripciones vale siete u ocho, y así, si estamos en el trabajo o en la casa, al oír el revólver de Hamoudi nos hacemos una idea bastante ajustada de lo que se ha encontrado.

Así de singulares y épicos fueron los comienzos de la arqueología en Mesopotamia... Pero hubo una mujer, excepcional, que intentó poner un poco de orden a tanto desmán: Gertrude Bell. En 1926, puso en marcha el Museo Nacional de Bagdad y estableció normas para controlar la salida a Europa, hasta entonces indiscriminada, de los hallazgos arqueológicos. De esta dama victoriana, escribió Walter Andrae, el arquitecto alemán que excavó en Assur entre 1903 y 1914, lo siguiente:

80. El arqueólogo francés André Parrot delante de un conjunto de esculturas halladas en Mari (Siria), en 1934 (Archivo A. Parrot, MAM).

[...] entre todos los visitantes de Assur, una de las personalidades más importantes fue sin duda alguna Miss Gertrude Lowthian Bell, que vino a Assur dos veces. Quería saberlo todo y se arrastraba incansable conmigo por todos los rincones y cortes hondos de la excavación.

Parece que sus visitas a las excavaciones de la región eran temidas por los arqueólogos de la época. Así se lo cuenta el famoso Lawrence de Arabia a su madre en una carta, fechada el 23 de mayo de 1911 en Karkemish:

> La Srta. Gertrude Bell nos visitó el último domingo. Le mostramos todos nuestros hallazgos y ella nos habló de todos los suyos. [...] Ella le dijo a Thompson que sus procedimientos para cavar eran prehistóricos, aquí que tuvimos que abrumarla con

81. Jean Claude Margueron (segundo por la derecha) en Mari, en 1965, bajo las órdenes de André Parrot (cuarto por la izquierda). Archivo A. Parrot, MAM.

nuestra erudición. [...] Sería un gran inconveniente que diera publicidad a nuestros métodos; no creo que lo haga.

Desde mis tiempos de estudiante universitario he leído con admiración todo tipo de relatos, biografías y memorias, sobre las aventuras (y desventuras) de los pioneros en Mesopotamia. ¡Cuánto me hubiera gustado formar parte de aquella generación heroica! Hoy, obviamente, la arqueología mesopotámica, que no es ajena a los conflictos en la zona, camina por otros derroteros.

Entre mis muchos recuerdos arqueológicos en Siria, anteriores a marzo de 2011, tengo grabados dos. El primero fue excavar, en 1998, en la muralla que defendía la ciudad de Mari: un impresionante muro de adobe de diez metros de espesor que los reyes Naram-Sin de Akkad y Hammurabi de Babilonia intentaron derruir en su toma de la ciudad. Un año antes, un amigo había encontrado accidentalmente en los famosos *bouquinistes*

82. Dos tablillas medioasirias halladas por el equipo del «Proyecto Arqueológico Medio Éufrates Sirio» en Tell Qabr Abu al-Atiq. Están fechadas en el 11º año del rey Tukulti-Ninurta I (V. Rivera, PAMES).

del Sena, en París, el libro *Mari, une ville perdue…* Conocedor de mi interés en el tema, tuvo a bien regalármelo. Contenía una pequeña sorpresa: ¡el autógrafo de André Parrot, el descrubridor de Mari en 1934! En sus últimas páginas puede leerse:

> Con Mari, no era solamente una ciudad, sino una civilización la que salía de la tierra. La documentación, después de tres campañas, es enorme. Arquitectura, pinturas, esculturas, textos, todo ha aparecido con profusión. (fig. 80).

Conservo este libro en mi biblioteca como una preciada joya, a la que conseguí añadir las firmas de los otros dos directores de la misión francesa de Mari.

Presisamente, si hay algo que tengo grabado de forma indeleble en mi memoria es mi primera campaña arqueológica en Mari. Siendo estudiante de la licenciatura de Geografía e Historia en la Universidad de Murcia, la profesora de Arte Antiguo me mostró, por primera vez, imágenes del palacio de Mari. Me impresionó la grandiosidad y la complejidad de este edificio construido solo con adobes. Diez años más tarde, en septiembre de 1998, me encontraba allí, en la vieja capital del medio Éufrates sirio. Este viaje lo hice de la mano de quien se había convertido en mi mentor, el profesor Jean Claude Margueron (fig. 81). Él comenzó a trabajar en Mari en 1954 de la mano de Parrot. Años después, entre 1969 y 2004, fue director de las prestigiosas misiones arqueológicas francesas de Ugarit, Emar y Mari, en Siria, y de Larsa, en Iraq. Nunca estuvo interesado en hallar objetos bellos. Excavó con una única premisa: conocer los fundamentos de la primera civilización urbana de la historia. Para conseguirlo renovó el discurso tradicional de la arqueología en la cuenca sirio-mesopotámica. Centró sus investigaciones en el conocimiento del medio geográfico y su interacción con el ser humano, en el nacimiento de las primeras ciudades y en la arquitectura en tierra como única vía para reconstruir y comprender la grandeza de las antiguas culturas que se establecieron junto a los ríos Éufrates y Tigris. Con su fallecimiento, en 2023, la arqueología de Oriente Próximo perdió a uno de sus mayores referentes, a su último «gigante». Mi admiración por su trabajo es inquebrantable y mi gratitud,

83. Botellita de cerámica negra de la Edad del Hierro (s. X a.C.) procedente de una casa de Tell el-Far'a, Cisjordania (J. Pardo, TEFAP).

inmensa. Este libro sobre Mesopotamia no habría sido posible sin su magisterio.

El segundo recuerdo de mi paso por Siria tiene fecha y hora. Fue el 19 de mayo de 2010 y a las seis y media de la mañana en Tell Qabr Abu al-'Atiq. Ese día y a esa hora emergieron debajo de una viga carbonizada dos pequeñas tablillas de arcilla con signos cuneiformes. Eran dos documentos fechados en la época del rey asirio Tukulti-Ninurta I (1244-1208 a.C.). Son las primeras tablillas cuneiformes desenterradas por un equipo español en Mesopotamia. ¡Fue un momento muy emotivo e inolvidable! No todos los días se tiene la fortuna de encontrar textos escritos hace más de tres mil doscientos años (fig. 82).

84. Gran toro alado asirio descubierto en la campaña de octubre de 2023 en Dur-Sharrukin, Mosul (P. Butterlin).

Mi último día en Siria fue el 15 de febrero de 2011. Regresábamos de excavar en Tell Humeida, un interesante yacimiento del IV milenio a.C. ubicado en una zona que luego sería ocupada por el Estado islámico. Desde entonces, me aferro a mis recuerdos y a las palabras con las que Agatha Christie terminó su libro sobre las vivencias que tuvo en Siria:

> Adoro ese generoso y fértil país y a sus gentes sencillas, que saben reír y gozar de la vida, que son ociosas y alegres, que tienen dignidad, educación y un gran sentido del humor, y para quienes la muerte no es terrible. *Inshallah*, volveré, y las cosas no habrán perecido en esta tierra... Primavera de 1944.

Hasta que llegue el día de volver a Siria, cuyo futuro es más que incierto, sigo deambulando por otras tierras de Oriente

Próximo. Además de excavar en el Éufrates sirio, en estos años he tenido la oportunidad de poderlo hacer junto a los otros dos grandes ríos bíblicos: el Tigris y el Jordán. En 2017, empezamos una nueva aventura arqueológica en un yacimiento llamado Tell el-Far'a, en Palestina (fig. 83). Este enclave, situado en Cisjordania, ha sido identificado por muchos biblistas con la antigua ciudad de Tirsah, capital del antiguo reino de Israel durante los siglos X y IX a.C. Y, desde 2023, tengo el privilegio de formar parte de otra iniciativa apasionante: el proyecto internacional «Khorsabad, la ciudadela de Sargón II», cerca de Mosul. Ciento ochenta años después de las primeras excavaciones en Mesopotamia, la arqueología ha regresado a este emblemático lugar (fig. 84) de la mano del profesor Pascal Butterlin. ¡El 3 de octubre de 2023 me hallaba excavando en tan mítico lugar! Un sueño hecho realidad. Fue allí, el 20 de marzo de 1843, donde nació la arqueología mesopotámica gracias a la labor pionera de un cónsul francés.

Mesopotamia, la civilización que nació de las aguas del Tigris y del Éufrates, es apasionante y desconocida a partes iguales. Si este libro contribuye a mejorar la comprensión de su verdadera idiosincrasia, mi satisfacción será grande. Nos hallamos ante un legado cultural extraordinario. Estudiarlo, protegerlo y difundirlo es una obligación. Y hay una premisa que no deberíamos olvidar: la valoración de una cultura del pasado no debe hacerse a partir de la admiración que nos causa la espectacularidad de sus monumentos, sino a partir de la originalidad de su contribución a la historia de la humanidad. Fue en Mesopotamia, la tierra de Gilgamesh, donde todo empezó hace más de cinco mil años: solo hizo falta agua y barro para construir una civilización.

LECTURAS RECOMENDADAS

OBRAS DE CARÁCTER GENERAL EN ESPAÑOL

ALGAZE, G. *La antigua Mesopotamia en los albores de la civilización.* Barcelona, 2008.

ASCALONE, E. *Mesopotamia. Asirios, sumerios y babilonios.* Barcelona, 2006.

BARBA, V. y JUSTEL, J. J. (coord.) *Mesopotamia. Asirios, sumerios y babilonios. La guía esencial de sus culturas.* Madrid, 2023.

CASSIN, E., BOTTÉRO, J. y VERCOUTTER, J. *Los imperios del antiguo Oriente,* 2 vols. Madrid, 1986-1987.

BOTTÉRO, J. *Mesopotamia. La escritura, la razón y los dioses.* Madrid, 2004.

COTTRELL, L. *Mesopotamia, la tierra de los dos ríos.* México DF, 1964.

DA RIVA, R. *Babilonia. Una introducción a su historia más reciente [900-539 a.C.].* Barcelona, 2022.

FOSTER, B. y FOSTER, K. P. *Las civilizaciones antiguas de Mesopotamia.* Barcelona, 2011.

GARELLI, P. *El Próximo Oriente Asiático desde los orígenes hasta las invasiones de los pueblos del mar.* Barcelona, 1987.

GARELLI, P. y NIKIPROWETZKY, V. *El Próximo Oriente Asiático. Los imperios mesopotámicos. Israel.* Barcelona, 1985.

HROUDA, B. *Mesopotamia. Las antiguas culturas entre el Tigris y el Éufrates.* Madrid, 2001.

KLIMA, J. *Sociedad y cultura en la antigua Mesopotamia.* Madrid, 1989.

KRAMER, S. N. *La historia empieza en Sumer.* Madrid, 2010 (edición original en inglés de 1956).

KUHRT, A. *El Oriente Próximo en la Antigüedad,* 2 vols. Barcelona, 2000.

LÉVÊQUE, P. *Las primeras civilizaciones. De los despotismos orientales a la ciudad griega.* Madrid, 1991.

LEICK, G. *Mesopotamia. La invención de la ciudad.* Barcelona, 2002.

LIVERANI, M. *El antiguo Oriente.* Barcelona, 1996.

LUCIANI, F., y ROVIRA, L. (comp.). *Temas y problemas de historia antiguo-oriental: una introducción.* Santa Fe, 2021.

MARGUERON, J. C. *Los mesopotámicos.* Madrid, 1996 (existe edición actualizada y aumentada de 2003 en francés).

MONTERO FENOLLÓS, J. L. *Breve historia de Babilonia (a color).* Madrid, 2024.

OPPENHEIM, A. L. *La antigua Mesopotamia.* Madrid, 2003.

PARROT, A. *Mundos sepultados.* Barcelona, 1962.

PÉREZ LARGACHA, A. *Historia antigua de Egipto y del Próximo Oriente.* Madrid, 2006.

PODANY, A. H. *El antiguo Oriente Próximo: una breve introducción.* Madrid, 2016.

PODANY, A. H. *Tejedores, escribas y reyes. Una nueva historia del Próximo Oriente Antiguo.* Córdoba, 2024.

Postgate, J. N. *La Mesopotamia arcaica*. Madrid, 1999.
Ramis Darder, F. *Mesopotamia y el Antiguo Testamento*. Estella, 2019.
Reade, J. *Mesopotamia*. Madrid, 1998.
Roaf, M. *Mesopotamia y el antiguo Oriente Medio*, 2 vols. Madrid, 1992.
Roux, G. *Mesopotamia. Historia política, económica y cultural*. Madrid, 1997.
Sanmartín, J. y Serrano, J. M. *Historia antigua del Próximo Oriente*. Madrid, 1998.
Schmökel, H. *Ur, Asur y Babilonia. Tres milenios de cultura en Mesopotamia*. Madrid, 1965.
Tovar, A., Röllig, W. y Gamer-Wallert, I. *Historia del antiguo Oriente*. Barcelona, 1984.
Van de Mieroop, M. *Historia del Próximo Oriente antiguo, ca. 3000-323 a.e.C.* Madrid, 2020.
Von Soden, W. *Introducción al Orientalismo antiguo*. Barcelona, 1987.
Woolley, L. *Mesopotamia y Asia Anterior*. Barcelona, 1962.

OBRAS DE CARÁCTER GENERAL EN OTROS IDIOMAS

Akkermans, P. M. M. G. y Schwartz, G. M. *The Archaeology of Syria*. Cambridge, 2003.
Bahrani, Z. *Mesopotamia. Ancient Art and Architecture*. Londres, 2017.
Bienkowski, P. y Millard, A. *Dictionary of the Ancient Near East*. Londres, 2000.
Bordreuil, P. *et al. Les débuts de l'Histoire. Le Proche-Orient, de l'invention de l'écriture à la naissance du monothéisme*. París, 2008.
Bryce, T. *The Routledge Handbook of the Peoples and Places of Ancient Western Asia*. Londres y Nueva York, 2012.
Bryce, T. y Birkett-Rees, J. *Atlas of the Ancient Near East*. Nueva York y Londres, 2016.
Butterlin, P. *Histoire de la Mésopotamie*. París, 2019.
Carreira, J. N. *História antes de Heródoto*. Lisboa, 1993.
Garelli, P. *et al. Le Proche-Orient asiatique des origines aux invasions des peuples de la mer*. París, 1997.
Glassner, J. J. *La Mésopotamie*. París, 2002.
Huot, J. L. *Une archéologie des peuples du Proche-Orient*, 2 vols. París, 2004.
Joannès, F. *Les premières civilisations du Proche-Orient*. París, 2006.
Joannès, F. (ed.), *Dictionnaire de la civilisation mésopotamienne*. París, 2001.
Lafont, B. *et al. La Mésopotamie: De Gilgamesh à Artaban (3000 av.-120 av. J.-C.)*. París, 2017.
Margueron, J. C. *Mesopotamia*. Ginebra, 1965.
Margueron, J. C. y Pfirsch, L. *Le Proche-Orient et l'Égypte antiques*. París, 1996.
Matthiae, P. *Dalla terra alla storia. Scoperte leggendarie di archeologia orientale*. Turín, 2018.
Meyer, E. M. (ed.) *The Oxford Encyclopedia of Archaeology in the Near East*, 5 vols. Nueva York y Oxford, 1997.
Moorey, P.R.S. *The Ancient Near East*. Oxford, 1994.
Nadali, D. y Pinnock, F. (eds.) *Archeologia della Siria antica*. Roma, 2021.
Nadali, D. y Polcaro, A. (eds.) *Archeologia della Mesopotamia antica*. Roma, 2015.
Potts, D. T. *A Companion to the Archaeology of the Ancient Near East*. 2 vols. Oxford, 2012.
Sasson, J. M. (ed.) *Civilizations of the Ancient Near East*, 4 vols. Peabody, 2000.
Sauvage, M. (dir.) *Atlas historique du Proche-Orient ancien*. París, 2020.
Stiebing, W. H. Jr., Helft, S.N., *Ancient Near Eastern History and Culture*, New York, 2023.

Tavares, A. *As civilizações pré-clássicas*. Lisboa, 1995.
Wisnom, S. *The Library of Ancient Wisdom. Mesopotamia and the Making of History*. Londres, 2025.

CAPÍTULO 1. ÉRASE UNA VEZ MESOPOTAMIA

Ares, N. *Desenterrando* momias. *Los grandes aventureros de la arqueología*. Barcelona, 2018.
Botta, P. E. y Flandin, M. E. *Monument de Ninive*, 5 vols. París, 1849-1850.
Charpin, D. *Comment peut-on être assyriologue?* París, 2015.
Charpin, D. *L'assyriologie*. París, 2023.
Chevalier, N. *La recherche archéologique française au Moyen-Orient, 1842-1947*. París, 2002.
Fontan, E. (dir.), *De Khorsabad à Paris. La découverte des Assyriens*. París, 1994.
Larsen, M. T. *La conquête de l'Assyrie*, 1840-1860. París, 2001.
Layard, A. H. *Nínive. Historia de los descubrimientos en Mesopotamia*. Almería, 2016 (edición en inglés de 1851).
Márquez Rowe, I. *La colección mesopotámica del Museo de Montserrat*. Barcelona, 2015.
Place, V. *Ninive et l'Assyrie*, 3 vols. París, 1867-1870.
Sauvage, M. (dir.) *Atlas historique du Proche-Orient ancien*. París, 2020.

CAPÍTULO 2. AGUA

Finet, A. «L'Euphrate, route commerciale de la Mésopotamie», *AAAS*, 19, 1969: 37-48.
De Graeve, M.Ch. *The Ships of the Ancient Near East (c. 2000-500 B.C.)*. Leuven, 1981.
Böck, B., Ghazanfar, S. A. y Nesbitt, M. *An Ancient Mesopotamian Herbal*. Kew, 2023.
Liverani, M. *El Paraíso y su entorno. Paisaje rural del Próximo Oriente antiguo*. Madrid, 2024.
Margueron, J. C. «Problèmes de transports au début de l'âge du Bronze», en M. Lebeau y Ph. Talon (dir.), *Reflets des deux fleuves. Volume de mélanges offerts à André Finet*. Louvain, 1989, 119-126.
Margueron, J. C. «L'adoption de la roue et les debuts de la civilisation urbaine», en J. Becker, R. Hempelmann y E. Rehm E. (eds.), *Kulturlandschaft Syrien, Zentrum und Peripherie, Festschrift für Jan-Waalke Meyer*, Münster, 2010, 331-347.
Margueron, J. C. «La Mésopotamie antique: un monde mono- ou bipolarisé?», en P. Matthiae *et al.* (eds.) *Proceedings of the 6th International Congress of Archaeology of the Ancient Near East. Vol. 1*. Weisbaden, 2010, 1-27.
Michel, C. «Le commerce dans les textes de Mari», *Amurru*, 1, 1996: 385-426.
Sanlaville, P. «Considérations sur l'évolution de la Basse Mésopotamie au cours des derniers millénaires», *Paléorient*, 15, 1989: 5-27.
Sanlaville, P. «Pays et paysages du Tigre et de l'Euphrate. Réflexions sur la Mésopotamie Antique», *Akkadica*, 66, 1990: 1-12.
Sauvage, M. (dir.) *Atlas historique du Proche-Orient ancien*. París, 2020.

CAPÍTULO 3. CIUDAD

Anastasio, S. *Building between the Two Rivers. An introduction to the building archaeology of ancient Mesopotamia*. Oxford, 2020.

André-Salvini, B. *Babylone*. París, 2001.
Azara, P., Mar, R., Riu, E. y Subías, E. (eds.) *La fundación de la ciudad. Mitos y ritos en el mundo antiguo*. Barcelona, 2000.
Butterlin, P. «Du monde proto-urbain aix villes mésopotamiennes», *Histoire Urbaine*, 61, 2021: 9-40
Butterlin, P. «Le projet 'Citadelle de Sargon', résultats préliminaires des nouvelles recherches françaises à Khorsabad», en *Académie des Inscriptions et Belles-Lettres. Comptes rendus des séances de l'année 2022*. París, 2022, 249-283.
Crüsemann, N., Van Ess, M., Hilgert, M. y Salje, B. (eds.) *Uruk. First City of the Ancient World*. Los Ángeles, 2019.
Dalley, S. *The City of Babylon. A History, c. 2000 BC-AD 116*. Cambridge, 2021.
Elayi, J. *L'Empire assyrien*. París, 2021.
Elayi, J. *L'Empire babylonien*. París, 2024.
Finkel, I. L. y Seymour, M. J. (eds.) *Babylon. Myth and Reality*, London, 2008.
Gries, H. *The Ishtar Gate of Babylon*. Berlín, 2022.
Huot, J. L., Thalmann, J. P. y Valbelle, D. *Naissance des cités*. París, 1990.
Liverani, M. *Imaginar Babel. Dos siglos de estudios sobre la ciudad oriental antigua*. Barcelona, 2014.
Margueron, J. C. *Mari. Métropole de l'Euphrate*. París, 2004.
Margueron, J. C. *Cités invisibles. La naissance de l'urbanisme au Proche-Orient ancien*. París, 2013.
Marzahn, J. *La Puerta de Ishtar en Babilonia*. Maguncia, 1993.
Montero Fenollós, J. L. «De Mari a Babilonia: ciudades fortificadas en la antigua Mesopotamia», *Vínculos de Historia*, 11, 2020: 15-32.
Pedersén, O. *Babylon. The Great City*. Münster, 2021.
Van de Mieroop, M. *The Ancient Mesopotamien City*. Oxford, 1999.

CAPÍTULO 4. REALEZA

Balzat, J. S. (coord.) *Mari en Syrie. Renaissance d'une cité au IIIe millénaire*. Mariemont, 2023.
Brereton, G. (ed.) *I am Ashurbanipal, king of the world, king of Assyria*. Londres, 2018.
Butterlin, P. «Mari, une ville circulaire ordinaire?», *Subartu*, XLII, 2020: 265-274.
Cluzan, S. y Butterlin, P. (dir.) *Voués à Ishtar. Syrie, Janvier 1934, André Parrot découvre Mari*. Beirut, 2014.
Durand, J. M. *Documents épistolaires du palais de Mari. Tomes I-III*. París, 1997-2000.
Frankfort, H. *Reyes y dioses*. Madrid, 2001 (edición original en inglés de 1948).
Garelli, P. (ed.) *Le palais et la royauté*. París, 1974.
Marchesi, G. y Marchetti, N. *Royal Statuary of Early Dynastic in Mesopotamia*. Winona Lake, 2011.
Margueron, J. C. *Recherches sur les palais mésopotamiens de l'âge du Bronze*. 2 vols. París, 1982.
Margueron, J. C. *Mari. Métropole de l'Euphrate au IIIe et au debut du IIe millénaire av. J.-C.* París, 2004.
Parrot, A. *Mari, capitale fabuleuse*. París, 1974.
Scott, J. C. *Contra el estado. Una historia de las civilizaciones del Próximo Oriente antiguo*. Madrid, 2022.

CAPÍTULO 5. JUSTICIA

André-Salvini, B. *Le Code de Hammurabi.* París, 2003.
Bottéro, J. *Mesopotamia. La escritura, la razón y los dioses.* Madrid, 2004.
Charpin, D. *Hammu-rabi de Babylone.* París, 2003.
Finet, A. *Le code de Hammurabi.* París, 2004.
Joannès, F. (dir.) *Rendre la justice en Mésopotamie.* Saint Denis, 2000.
Kitchen, K. A. y Lawrence, P. J. N. *Treaty, Law and Covenant in the Ancient Near East.* Wiesbaden, 2012.
Lafont, S. *Femmes, droit et justice dans l'Antiquité orientale.* Friburgo-Gotinga, 1999.
Molina, M. *La ley más antigua. Textos legales sumerios.* Madrid, 2000.
Roth, M. T. *Law Collections from Mesopotamia and Asia Minor.* Atlanta, 1997.
Roth, M. T. «Women and Law», en M.W. Chavalas (ed.), *Women in the ancient Near East.* Londres-Nueva York, 2014, 144-174.
Sanmartín, J. *Códigos legales de tradición babilónica.* Barcelona-Madrid, 1999.
Van de Mieroop, M. *King Hammurabi of Babylon.* Malden, 2005.

CAPÍTULO 6. ESCRITURA

Black, J. *et al. The Literature of Ancient Sumer.* Oxford, 2010.
Bottéro, J. *La epopeya de Gilgamesh. El gran hombre que no quería morir.* Madrid, 1998.
D'Agostino, F. *Gilgameš o la conquista de la inmortalidad.* Madrid, 2007.
Finkel, I. y Taylor, J. *Cuneiform.* Londres, 2015.
Foster, B. R. *Before the Muses. An Anthology of Akkadian Literature.* Bethesda, 2005.
Jacobsen, Th. *The Harps that once... Sumerian Poetry in Traslation.* New Haven y Londres, 1987.
Lambert, W.G. *Babylonian Wisdom Literature.* Winona Lake, 1996.
Lévêque, J. *Sabidurías de Mesopotamia.* Estella, 1996.
Lion, B. y Michel, C. (dir.) *Histoire de déchiffrements. Les écritures du Proche-Orient à l'Égée.* París, 2009.
Pedersén, O. *Archives and Libraries in the Ancient Near East,* 1500-300 B.C. Bethesda, 1998.
Radner, K. y Robson, E. (eds.) *The Oxford Handbook of Cuneiform Culture.* Oxford, 2020.
Sanmartín, J. *Epopeya de Gilgameš, rey de Uruk.* Barcelona y Madrid, 2005.
Schmandt-Besserat, D. *La genèse de l'écriture.* París, 2022.
Verderame, L. *Letterature dell'antica Mesopotamia.* Florencia, 2016.

CAPÍTULO 7. RELIGIÓN

Biga, M. G. y Capomacchia, A. M. *Il politeismo vicino-orientale.* Roma, 2008.
Black, J. y Green, A. *Gods, Demons and Symbols of Ancient Mesopotamia.* Austin, 2014.
Bottéro, J. *La religión más antigua: Mesopotamia.* Madrid, 2001.
Bottéro, J. y Kramer, S. N. *Cuando los dioses hacían de hombres. Mitología mesopotámica.* Madrid, 2004.
Buccellati, G. *«Cuando en lo alto los cielos...». La espiritualidad mesopotámica frente a la bíblica.* Madrid, 2021.

Chanteau, J. *La divine machinerie. L'invention du temple au Moyen-Orient ancien.* París, 2017.

Margueron, J. C. «Le temple dans la civilisation syro-mésopotamienne: une aproche généraliste», en *La casa del Dio. Il tempio nella cultura del Vicino Oriente Antico.* Milán, 2005, 5-30.

Montero Fenollós, J. L. «Babilonia, Marduk y Etemenanki: la hora de la apoteosis», en V. Sánchez, E. Ferrer y A. P. Guija (eds.) *Apoteosis. De lo humano a lo divino. La figura del héroe.* Sevilla, 2024, 15-26.

Pedersén, O. *Babylon. The Great City.* Münster, 2021.

Sanmartín, J. y López, J. *Mitología y religión del Oriente antiguo I. Egipto – Mesopotamia.* Sabadell, 1993.

Schmidt, K. *Le premier temple. Göbekli Tepe.* París, 2015.

Vicari, J. *La torre de Babel.* México D.F., 2006.

CAPÍTULO 8. MUERTE

Al-Aati, N. *Putting on a Show: A Re-Analysis of Gender and Performativity at the Royal Cemetery of Ur.* North Carolina State University, 2023.

Alster, B. (ed.) *Death in Mesopotamia, XXVIe Rencontre assyriologique internationale.* Copenhagen, 1980.

Baadsgaard, A., Monge, J., Cox, S. y Zettler, R. L. «Human Sacrifice and Intentional Corpse Preservation in the Royal Cemetery of Ur», *Antiquity*, 85, 2011: 27- 42

Cohen, A. C. *Death Rituals, Ideology and the Development of Early Mesopotamian Kingship.* Leiden y Boston, 2005.

Collins, S. *The Standard of Ur.* Londres, 2015.

Crawford, H. *Ur. The City of the Moon God.* Londres y Nueva York, 2015.

Marchesi, G. «Who was Buried in the Royal Tombs of Ur? The Epigraphic and Textual Data», *Orientalia*, 73, 2004: 153-197.

Moorey, P. R. S. «What do We Know About the People Buried in the Royal Cemetery?», *Expedition Magazine*, 20, 1977: 24-40.

Pollock, S. «Chronology of the Royal Cemetery of Ur», *Iraq*, 47, 1985: 129-158.

Vidale, M. «PG 1237, Royal Cemetery of Ur: Patterns in Death», *Cambridge Archaeological Journal*, 21, 2011: 427-451.

Woolley, C. L. *Ur Excavations. Vol. II. The Royal Cemetery. A report on the Predynastic and Sargonic Graves excavated between 1926 and 1931.* The British Museum, 1934.

Woolley, C. L. *Ur. La ciudad de los caldeos.* México D.F., 2015 (edición original en inglés de 1929).

Zettler, R. L., y Horne, L. (eds.). *Treasures from the Royal Tombs of Ur.* University of Pennsylvania Museum. 1998.

CAPÍTULO 9. EL FUTURO DE UN LEGADO EXCEPCIONAL

Al-Khabour, A. *Illicit Trafficking of Cultural. Properties in Arab States.* Oxford, 2023.

Bessenay-Prolonge, J., Herr, J. J. y Mura, M. (eds.) *Archéologie des conflits / Archéologie en conflit. Documenter la destruction au Moyen-Orient et en Asie Centrale.* París, 2019.

Córdoba, J. M. «Iraq: memoria y expolio. Robo y comercio ilegal de antigüedades 1991-2003», *Nación Árabe*, 51, 2004: 11-21.

Del Cerro Linares, C. «El patrimonio arqueológico iraquí y su destrucción desde la Guerra del Golfo hasta nuestros días», *Isimu*, 14-15, 2011: 81-101.

Emberling, G. y Hanson, K. (eds.), *Catastrophe! The looting and destruction of Iraq's past.* Chicago, 2008.

Espejel Arroyo, F. «El patrimonio arqueológico iraquí y su destrucción a lo largo del tiempo», *Panta Rei*, 9, 2015: 9-25.

Fales, F. M. *Saccheggio in Mesopotamia. Il museo di Bagdag dalla nascita dell'Iraq ad oggi.* Udine, 2006.

Foster, B. R., Foster, K. P. y Gerstenblith, P. *Iraq Beyond the Headlines. History, Archaeology and War.* Singapur, 2005.

Stone, P. G. y Farchakh Bajjaly, J. (eds.), *The Destruction of Cultural Heritage in Iraq.* Woodbridge, 2008.

PROCEDENCIA DE LOS TEXTOS CITADOS

(Capítulos 1 a 9 y Epílogo)

Andrae, W. *Memorias de un arqueólogo. Viajes y descubrimientos en Babilonia y Asiria.* A Coruña, 2010 (1ª edición en alemán de 1961).

André-Salvini, B. *Babylone.* París, 2001.

André-Salvini, B. (dir.) *Babylone.* París, 2008.

Botta, P. E. y Flandin, M. E. *Monument de Ninive*, 5 vols. París, 1849-1850.

Bottéro, J. *La epopeya de Gilgamesh. El gran hombre que no quería morir.* Madrid, 1998.

Bottéro, J. *La cocina más antigua del mundo. La gastronomía en la antigua Mesopotamia.* Barcelona, 2005.

Bottéro, J. y Kramer, S.N. *Cuando los dioses hacían de hombres. Mitología mesopotámica.* Madrid, 2004.

Briend, J., Puech, E. y Lebrun, R. *Tratados y juramentos en el Antiguo Oriente Próximo.* Estella, 1994.

Brodersen, K. *Las siete maravillas del mundo antiguo.* Madrid, 2010.

Casson, L. *Las bibliotecas del mundo antiguo.* Barcelona, 2003.

Ceram, C. W. *Dioses, tumbas y sabios.* Barcelona, 2022 (1ª ed. en alemán de 1949).

Chavalas, M. *Historical Sources in Translation. The Ancient Near East.* Malden, 2006.

Christie Mallowan, A. *Ven y dime cómo vives.* Barcelona, 2008 (edición original en inglés de 1946).

D'Agostino, F. *Gilgameš o la conquista de la inmortalidad.* Madrid, 2007.

De Morgan, J. *Histoire et travaux de la Délégation en Perse.* París, 1905.

Durand, J. M. (ed.) *Documents épistolaires du palais de Mari.* 3 vols. París, 1997-2000.

Feliu, L., Millet, A. *Enûma eliš y otros relatos babilónicos de la Creación*, Barcelona-Madrid, 2014.

Finkel, I. «El lujo de los jardines», en Fletcher, A. (dir.), *Lujo. De los asirios a Alejandro Magno.* Barcelona, 2019, 161-171.

Fontan, E. (dir.), *De Khorsabad à Paris. La découverte des Assyriens.* París, 1994.

Foster, B. R. *Before the Muses. An Anthology of Akkadian Literature.* Bethseda, 2005.

George, A. R. *Babylonian Topographical Texts.* Lovaina. 1992.

GEORGE, A. R. *La epopeya de Gilgamesh*. Barcelona, 2015.

HUOT, J. L., THALMANN, J. P. y VALBELLE, D. *Naissance des cités*. París, 1990.

JURSA, M. *Aspects of the Economic History of Babylonia in the First Millennium BC*. Münster, 2010.

JACOBSEN, Th. *The Harps that once... Sumerian Poetry in Traslation*. New Haven y Londres, 1987.

KRAMER, S. N. *La historia empieza en Sumer*. Madrid, 2010 (edición original en inglés de 1956).

KUHRT, A. *El Oriente Próximo en la Antigüedad*, 2 vols. Barcelona, 2000.

LAMBERT, W. G. *Babylonian Wisdom Literature*. Winona Lake, 1996.

LACKENBACHER, S. «Fondations assyriennes», en Azara, P., Mar, R. y Subías, E. (dir.), *Mites de fundació de ciutats al món antic (Mesopotàmia, Grècia i Roma)*. Barcelona, 2001, 69-74.

LARA PEINADO, F. *Textos para la historia del Próximo Oriente Antiguo*. Madrid, 2011.

LARA PEINADO, F. *Mitos de la antigua Mesopotamia*. Madrid, 2017.

LAWRENCE, T. E. L. *Lawrence (antes) Lawrence de Abrabia. Cartas de sus viajes de juventud (1906-1914)*. Madrid, 2015.

LAYARD, A. H. *Nínive. Historia de los descubrimientos en Mesopotamia*. Almería, 2016 (edición en inglés de 1851).

LAYARD, A. H. *Discoveries in Nineveh and Babylon*. Londres, 1853.

LÉVÊQUE, J. *Sabidurías de Mesopotamia*. Estella, 1996.

LIVERANI, M. *El antiguo Oriente*. Barcelona, 1996.

MAGDALENA NOM DE DÉU, J. R. (ed.) *Libro de viajes de Benjamín de Tudela*. Barcelona, 1989.

MARGUERON, J. C. *Los mesopotámicos*. Madrid, 1996 (existe edición actualizada y aumentada de 2003 en francés).

MARZAHN, J. *La Puerta de Ishtar en Babionia*. Maguncia, 1993.

MOLINA, M. *La ley más antigua. Textos legales sumerios*. Madrid, 2000.

MONTERO FENOLLÓS, J. L. «La "maison de sucession" à l'époque néo-assyrienne», *Gerión Anejos* IX, 2005: 205-222.

MONTERO FENOLLÓS, J. L. «La diosa Istar y la reina Semíramis un atípico modelo femenino en la civilización asirio-babilónica», en Alfaro, C. y Blasco A. A. (eds.) *Espacios de infertilidad y* agamia *en la Antigüedad*. Valencia, 2007, 161-170.

MONTERO FENOLLÓS, J. L. *Babilonia y la torre de Babel: desenterradas por la arqueología*. Barcelona, 2020.

MORAN, W. L. (ed.) *Les lettres d'el Amarna*. París, 2004.

PARROT, A. *Mari une ville perdue... et retrouvée par l'archéologie française*. París, 1938.

PLACE, V. *Ninive et l'Assyrie*, 3 vols. París, 1867-1870.

PRITCHARD, J. B. *The Ancient Near East. A New Anthology of Texts and Pictures*. 2 vols. Princeton, 1975.

SANMARTÍN, J. *Códigos legales de tradición babilónica*. Barcelona-Madrid, 1999.

SCHEIL, V. *La loi de Hammourabi: (vers 2000 av. J.C.)*. París, 1904.

VARELA DAFONTE, J. A. *A mi manera. Recuerdos de una vida en la carrera*. Oviedo, 1999.

WOOLLEY, C. L. *Ciudades muertas y hombres vivos*. A Coruña, 2007 (edición original en inglés de 1920).

WOOLLEY, C. L. *Ur. La ciudad de los caldeos*. México D.F., 2015 (edición original en inglés de 1929).

Para los textos de los autores clásicos se ha utilizado la *Biblioteca Básica de Gredos* y la colección *Alma Mater* de autores griegos y latinos.

Para los textos bíblicos se ha empleado la *Sagrada Biblia* de F. Cantera y M. Iglesias (*Biblioteca de autores cristianos*).

* * *

Con el fin de simplificar la transcripción de nombres propios (antiguos y actuales) y de léxico (sobre todo del acadio) se ha prescindido del uso de signos diacríticos. Por el peso de la costumbre, a la hora de transcribir el sonido de algunos topónimos y antropónimos, hemos usado el dígrafo 'kh', que se emplea internacionalmente (en inglés y francés) para representar un sónido próximo a la 'j' española. Por ejemplo, se ha escrito Khorsabad en lugar de Jorsabad o Khabur en lugar de Jabur. Así mismo, siguiendo la tradición anglosajona, se ha optado por escribir Jebel en vez de Ŷebel ('montaña' en árabe) o Jazira ('isla') por Ŷazira.

CRONOLOGÍA

Mesopotamia en fechas

A continuación, se ofrece una selección de reyes, de ciudades y de hechos históricos fundamentales dentro de la historia de Mesopotamia, desde el nacimiento de la escritura y de las primeras ciudades (ca. 3200 a.C.) hasta la caída de Babilonia ante los persas (539 a.C.). Para las fechas absolutas, hemos seguido las usadas por el *Dictionnaire de la civilisation mésopotamienne* (París, 2001).

Al final de este apartado, hay una tabla cronológica simplificada de los grandes períodos en los que tradicionalmente se ha organizado la compleja historia mesopotámica.

3200 a.C. Primeros documentos escritos hallados en la ciudad de Uruk, en el sur de Mesopotamia.

3100 a.C. Habuba Kabira, una «colonia» de Uruk, presenta todos los rasgos de una ciudad en el norte de Siria.

2700-2334 a.C. Primeras dinastías sumerias hasta la llegada del imperio semita de Akkad.

2700 a.C. Enmebaraggesi, rey de la ciudad de Kish.

2650 a.C. Gilgamesh, rey de la ciudad Uruk y protagonista del gran poema épico mesopotámico.

2600-2550 a.C. Tumbas «reales» del cementerio de Ur.

2450 a.C. Eannatum, rey de la ciudad de Lagash, célebre por su victoria sobre la ciudad de Umma, grabada en la llamada *Estela de los Buitres*.

2334-2279 a.C. Sargón de Akkad, rey semita fundador del primer imperio conocido.

2254-2218 a.C. Naram-Sin, rey acadio de los «Cuatro cuadrantes» que se hizo divinizar.

2250-1810 a.C. Shakkanakku, importante dinastía de gobernadores instalada en la ciudad de Mari.

2112-2004 a.C. Renacimiento del viejo mundo sumerio.

2112-2094 a.C. Ur-Namma, rey fundador de la IIIª dinastía de Ur y del denominado Imperio neosumerio.

2094-2047 a.C. Shulgi, rey de la ciudad de Ur que se consideraba hermano de Gilgamesh.

2017-1763 a.C. Las ciudades de Isin y Larsa se disputan la herencia política de Ur, tras su caída en 2004 a.C.

1900-1830 a.C. Mercaderes paleoasirios se instalan en Capadocia, Turquía.

1894 a.C. Fundación de la que se conoce como la Iª dinastía de Babilonia por el rey Sumuabum.

1796-1775 a.C. Samsi-Addu, rey de Ekallatum, extendió su poder por la alta Mesopotamia.

1792 a.C. Llegada al trono de Babilonia del soberano amorreo Hammurabi.

1774-1762 a.C. Zimri-Lim, último monarca de la ciudad de Mari, en Siria.

1760 a.C. Destrucción de Mari por las tropas babilónicas de Hammurabi.
1750 a.C. Redacción definitiva del llamado código de Hammurabi.
1595 a.C. Los hititas conquistan Babilonia.
1380 a.C. Llegada al trono de Babilonia del rey kasita Kurigalzu I y construcción de la ciudad de Dur-Kurigalzu.
1374-1333 a.C. Los reyes de Babilonia Kadashman-Enlil I y Burnaburiash II mantienen relaciones diplomáticas con el Egipto faraónico.
1244-1208 a.C. El rey asirio Tukulti-Ninurta I conquista Babilonia y construye la ciudad de Kar-Tukulti-Ninurta, en el Tigris. Para este soberano se ha propuesto otra datación más baja (1233-1197 a.C.).
1158 a.C. Los elamitas invaden y saquean Babilonia. Se llevan a Susa, en Irán, la estela del código de Hammurabi como botín de guerra.
1126 a.C. Nabucodonosor I, cuarto rey de la IIª dinastía de Isin, logra un gran triunfo sobre los elamitas.
1114-1076 a.C. Tiglat-pileser I fue el primer rey asirio en alcanzar el Mediterráneo en sus campañas militares.
891 a.C. Adad-nirari II firmó un tratado de paz con Babilonia, que perduró casi ochenta años.
883-859 a.C. Assurnasirpal II llevó a cabo expediciones contra los fenicios, en el Líbano, y transformó Kalhu en una gran capital asiria.
745-727 a.C. Tiglat-pileser III, verdadero fundador del imperio neoasirio.
706 a.C. Fundación de Dur-Sharrukin por el rey Sargón de Asiria.
689 a.C. El monarca asirio Senaquerib destruye Babilonia como castigo por la muerte de su hijo.
680-669 a.C. Asarhadón saquea el Bajo Egipto e inicia la reconstrucción de la ciudad de Babilonia.
668-630 a.C. Assurbanipal, rey de Asiria cultivado en las artes y creador de la primera biblioteca conocida.
652 a.C. Shamash-shum-ukin se rebela contra su hermano, el rey Assurbanipal.
626 a.C. El príncipe caldeo Nabopolasar se hace con el trono de Babilonia e inaugura la llamada dinastía neobabilónica.
614 a.C. Toma de Assur por el rey medo Ciaxares.
612 a.C. Caída de Nínive, la capital de Asiria, a manos de una coalición de medos y babilonios.
605 a.C. Instalación en el trono de Babilonia del rey Nabucodonosor II.
597 a.C. Primera toma de Jerusalén y deportación a Babilonia de la aristocracia política e intelectual judaíta.
590 a.C. Finalización de la construcción del zigurat de Babilonia, la bíblica torre de Babel.
587 a.C. Segunda toma de Jerusalén por las tropas de Nabucodonosor II.
556 a.C. Llegada al trono del rey Nabónido, último rey de Babilonia.
539 a.C. Conquista de Babilonia por Ciro el Grande.

Datación	Período histórico	Período arqueológico
3200-3000 a.C.	Uruk reciente	Calcolítico reciente
3000-2900 a.C.	Jemdet Nasr	Bronce antiguo
2900-2334 a.C.	Dinástico Antiguo	
2334-2190 a.C.	Imperio de Akkad	
2190-2112 a.C.	Anarquía Guti	
2112-2004 a.C.	IIIª dinastía de Ur	
2004-1900 a.C.	Isin-Larsa	Bronce medio
1900-1500 a.C.	Paleoasirio/Paleobabilónico	
1595-1026 a.C.	Mediobabilónico o Kasita	Bronce reciente Edad del Hierro
1500-900 a.C.	Medioasirio	
900-612 a.C.	Neoasirio	
1026-539 a.C.	Neobabilónico o Caldeo	

Cuadro cronológico básico de la historia de Mesopotamia.

GLOSARIO BÁSICO

Acadio
Lengua semítica hablada por las poblaciones de Mesopotamia entre el III y I milenio a.C., que se convertirá en la lengua franca de los reinos de Oriente Próximo. Sus principales dialectos son el asirio y el babilonio.

Adobe
Material constructivo de tierra característico de la arquitectura mesopotámica. Su uso estuvo determinado por la ausencia de piedra en la llanura aluvial regada por los ríos Tigris y Éufrates.

Akkad
Primer imperio de la historia, fundado por el rey semita Sargón I hacia 2334 a.C. Su capital no ha sido hallada aún por la arqueología.

Akitu
Nombre de una de las fiestas más antiguas y tradicionales de Mesopotamia. Era la celebración más importante del calendario religioso y en Babilonia conoció su mayor desarrollo. En esta ciudad se correspondía con la fiesta del Año Nuevo, que duraba doce días y tenía lugar en primavera (marzo/abril).

Amorreo
Población semítica occidental de carácter seminómada que se estableció en Mesopotamia a finales del III milenio a.C. La mención más antigua en los textos cuneiformes proviene de la ciudad sumeria de Shuruppak, hacia el 2400 a.C. Es sinónimo de amorrita.

Aqueménida
Dinastía de reyes que gobernó el Imperio persa entre el 557 y el 331 a.C. Se consideraban descendientes de Aquemenes, el fundador de la dinastía. En el 539 a.C. pusieron fin al Imperio babilónico.

Arameo
Pueblo semítico formado por tribus seminómadas, que se asentaron en los principales centros urbanos de Oriente Próximo, incluida Mesopotamia, a partir de finales del II milenio a.C. En el territorio de la actual Siria, los arameos fundaron importantes principados.

Asiria
Este concepto tiene un sentido político y geográfico, ya que hace referencia tanto a un antiguo reino mesopotámico como a la región que se extiende al norte y al este de la ciudad de Assur, en el valle del Tigris. En su acepción política, el reino de Asiria se corresponde con la expresión acadia *mat Assur* ('país del dios Assur'), que hace referencia a un reino teocrático donde el rey no era más que el sustituto de Assur, su dios nacional.

Asiriología
Disciplina nacida a mediados del siglo XIX que, inicialmente, se dedicaba a descifrar los textos mesopotámicos escritos en lengua asiria. En su acepción larga se aplica a todos los estudiosos de los textos cuneiformes. Hoy, en gran medida, se prefiere hablar de estudios mesopotámicos. A diferencia de otros países europeos, en la universidad española la Asiriología no existe como área de conocimiento propia.

Babilonia
Es una de las más célebres ciudades de Mesopotamia, su última gran capital, localizada actualmente a 90 km al sur de Bagdad. Se refiere, así mismo, al reino mesopotámico meridional, con sede en Babilonia, que alcanzó su máxima extensión territorial bajo Nabucodonosor II (605-562 a.C.).

Caldeo
Pueblo mal conocido, llamado *kaldu* en acadio. Se trata con toda probabilidad de semitas occidentales, originalmente nómadas, que se instalaron en la baja Mesopotamia a comienzos del I milenio a.C. La tradición historiográfica identifica el imperio caldeo con el período neobabilónico (625-539 a.C.).

Codo
Medida de longitud mesopotámica, llamada *ammatu* en acadio, que equivale a 50 centímetros.

Cuneiforme
Se trata de un sistema de escritura que fue utilizado para expresar diferentes lenguas en una amplia área geográfica, que abarca la mayor parte del Próximo Oriente antiguo. El Sumerio, el acadio, el hitita o el persa antiguo son algunas de las lenguas que utilizaron la escritura cuneiforme, en uso durante casi tres milenios. El último documento cuneiforme está fechado en el año 80 d.C.

Elam
Antiguo país localizado en el sur del actual Irán. Las dinastías elamitas rivalizaron con los principales reinos e imperios mesopotámicos entre el III y el I milenio a.C. Su gran capital fue la ciudad de Susa.

Estela
Monumento típico de Mesopotamia denominado *naru* en lengua acadia. Consiste en un monolito en cuya superficie hay una inscripción cuneiforme grabada, acompañada normalmente de un bajorrelieve. Fue usado por los monarcas para difundir e inmortalizar

sus grandes logros políticos (victorias militares, textos legales, decretos, delimitación de fronteras, etc.).

Hitita
Pueblo indoeuropeo anatólico. Desde su capital, Hattusa (en Turquía), los monarcas hititas planificaron un proceso de expansión territorial que les llevó hasta Mesopotamia. En el 1595 a.C. el rey hitita Mursili I tomó Babilonia. Célebre es también el conflicto con los egipcios, que llegó a su punto culminante en la batalla de Qadesh, en 1274 a.C., de resultado incierto. Ni Ramsés II ni Muwattalli II pudieron presentar ante los suyos una victoria aplastante. Esto explica el posterior tratado de paz entre Ramsés II y Hattusili III, firmadao en el 1258 a.C.

Kasita
Pueblo de origen desconocido que llegó a dominar la historia de Babilonia, especialmente entre los siglos XIV y XII a.C. Recibían el nombre de *kashshu* en acadio y de *galzu* en kasita.

Kudurru
Pequeña estela de piedra con inscripción cuneiforme y símbolos grabados característica del período kasita de Babilonia, que literalmente significa 'linde'.

Nindanu
Medida de longitud mesopotámica que corresponde a 6 metros.

Persa
Fue uno de los principales pueblos indoeuropeos que, junto a los medos, se instalaron a comienzos del I milenio a.C. en la meseta iraní. Destaca la dinastía Aqueménida (557-331 a.C.).

Siclo
Medida de peso mesopotámica que equivale a 8,33 gramos en nuestro sistema metrológico. En una economía premonetaria como la mesopotámica, el siclo equivalía a un valor de plata. Sirvió de referencia para calcular precios, multas, salarios, etc. 60 siclos eran una mina (500 g) y 60 minas un talento (30 kg).

Súmer
País del sur de Mesopotamia donde se desarrolló a lo largo del III milenio a.C. la historia de las ciudades-estado sumerias. Entre ellas, cabe destacar las ciudades de Uruk, Ur, Kish, Girsu, Umma, Nippur, Larsa, etc.

Sumerio
Lengua hablada en el sur de Mesopotamia a lo largo del III milenio a.C. Posteriormente se convirtió en lengua culta. No se hablaba, pero se estudiaba en el ámbito de las escuelas de escribas. En la actualidad, se le considera una lengua aislada, es decir, que no está emparentada con alguna de las grandes familias lingüísticas conocidas.

Sumerología
Disciplina consagrada al estudio de los textos en sumerio, la lengua más antigua conocida, que fue descifrada en 1905 por el francés François Thureau-Dangin.

Tell
Término de origen árabe con el que conocemos las colinas artificiales que conforman los yacimientos arqueológicos típicos de Mesopotamia. En turco se denomina *hüyük* y en persa *tepe*. Por ejemplo, a la ciudad de Ur los árabes la llaman Tell al-Muqayyar ('Colina de Alquitrán') y Tell Hariri ('Colina de la Seda') a la antigua ciudad de Mari.

Ur III
Período histórico de Mesopotamia, que es conocido también como tercera dinastía de Ur. Representa un renacer del mundo sumerio (de ahí que se hable, igualmente, de neosumerio). Se extendió entre el 2112 y el 2004 a.C.

Zigurat
Edificio típico de Mesopotamia, que tiene el aspecto de una montaña artificial. Se caracteriza por tener una estructura formada por la superposición de terrazas que decrecen de tamaño conforme se asciende. Sobre esta construcción de forma escalonada se encontraba un templo. El zigurat de Babilonia, el *Etemenanki*, estaba consagrado al dios Marduk. Es conocido universalmente como la torre de Babel.

«Te revelaré, Gilgamesh, una cosa oculta, y un secreto de los dioses te diré».

Epopeya de Gilgamesh

El trabajo editorial en este libro
concluyó con su impresión
en abril de
2025.